제3차 유통혁명

김승식 지음

教友社

김승식(金勝植)

충남 천안에서 1951년 출생했다.

육군사관학교를 졸업 후, 뉴욕공대와 롱아일랜드 대학원에서 연수하다.

육군 장교로 6년간 복무하고 산업자원부(현재 지식경제부)에서 25년간 근무했다.

제1, 2대 한국유통물류진흥원장, 제1대 대한상공회의소 유통물류진흥원장을 역임했다.

평생을 공직자 생활을 하면서 나라에 진 빚이 많다. 얇은 지식과 경험으로 이 책을 내려는 용기도 조금이나마 이 빚을 갚기 위함에서 나온 것이다.

제3차 유통혁명

초판 인쇄 / 2012년 10월 5일
초판 발행 / 2012년 10월 10일

지은이 / 김승식
펴낸이 / 오판근
펴낸곳 / 교우사
출판등록 / 1994년 3월 24일 제6-0256호
주소 / 서울특별시 동대문구 제기2동 148-19
전화 / 02)925-2861(총무부), 02)925-2825(편집부)
팩스 / 02)925-2860

kyowoo@kyowoo.co.kr
http://www.kyowoo.co.kr

ISBN 978-89-8172-931-8 (03320)

가격 **15,000**원

새로운 유통시장에 대한 책을 내겠다고 말씀드리니 "20년 전에도 신新유통이라고 했는데…"하시며 손경식 대한상공회의소 회장님께서 걱정해 주신다. 사실 기업환경과 유통기술, 소비자의 취향과 구매행태가 급변하는 현대의 유통시장은 오늘 다르고 내일 다른 시장이다. 매일 맞이하는 새로운 시장을 굳이 '신 시장'이라고 표현하기에 적절치 않을지도 모른다.

그런데 작은 변화가 아니라 시장의 판도를 바꿀만한 대전환을 혁명이라고 한다면 세계는 두 차례의 유통혁명이 있었다.

오랫동안 마을공동체에서 농업으로 자급자족하던 시대에서 공업혁명과 도시화로 생산과 소비가 분리되면서 市場이 탄생하고 전국적, 세계적으로 상거래가 이루어지는 구조적인 대 변화를 1차 유통혁명이라고 할 수 있겠다.

그 후 백화점과 대형슈퍼, 각종 할인점, 편의점과 전문점, 창고형 매장 등 다양한 소매 업태들이 우후죽순처럼 시장에 출현하여 경쟁하면서 유통업이 대형화되고 고도화된 일대 변혁을 제2차 유통혁명으로 볼 수 있다.

각 나라마다 유통혁명의 시점은 상이하다. 우리나라의 경우는 조선후기 시장금지정책이 완화되고, 대외개방으로 외제상품이 들어오면서 5일장, 10일장의 재래시장이 전국적으로 형성되는 시기를 1차 유통혁명의 시대로 볼 수 있다.

제2차 유통혁명 또한 변화의 바람은 외부로부터 시작되었다. 1990년대 중반 외국기업에 대한 시장개방 이후, 대형마트라는 신업태를 갖고 온 글로벌 유통기업들과 치열하게 경쟁하면서 다양한 유통업종이 생겨나고 유통업이 대형화와 고도화된 시장구조로 탈바꿈한 것을 2차 유통혁명으로 부를 수 있겠다.

이제 또 한 차례 시장의 판도가 바뀌게 될 새로운 유통혁명이 다가오고 있다. 거리에서 흔히 마주치는 상점이 아니라 가상의 화면상점인 온라인쇼핑이 등장하면서 부터다. 현재 온라인 쇼핑은 국내외 시장에서 초고속으로 성장하고 있다. 여기에 스마트폰의 모바일 기술이 융합되면서 '언제 어디서나 상품정보를 검색하고 쇼핑'하는 유비쿼터스 상업시대가 열리고 있는 것이다.

유통시장에서의 경쟁양상도 달라지고 있다. 종전에는 생산과 판매의 분업화가 이루어져 제조업과 제조업, 유통업체와 유통업체 간의 경쟁이 주를 이루고 있었다. 그러나 유통기업들이 자체 브랜드PB상품 개발을 본격화하면서 이제 생산자와 판매자 구분 없이 제조, 유통기업이 서로 뒤섞여 경쟁하는 새로운 시장구조로 변화되고 있다.

주력 소비자층도 바뀌고 있다. 아날로그 시대의 소비자와는 전혀 다른 디지털 시대의 신세대가 주요 소비자집단으로 등장하고 있다. 유비쿼터스 매장은 디지털 신세대에게 딱 어울리는 쇼핑장소다. 또한, IT와 모바일 기술의 급속한 발전은 한 차원 더 높은 유통정보시스템을 만들어 신세대 소비자의 구매행태 변화를 가속시킬 것이다.

하나하나의 요소들이 시장의 구조적 변화를 가져올만한 것들인데, 같은 시기 한꺼번에 급한 속도로 움직이고 있는 것이다. 유통지각변동의 물결이 큰 파도처럼 다가오고 있는 것처럼 보인다. 제3차 유통혁명이 시작되고 있다고 말할 수 있겠다.

물자가 부족하여 상품을 만들기만 하면 팔렸던 제1차 유통혁명기에는 생산자 위주의 시장이었다. 상품관리와 마케팅의 제2차 유통혁명은 시장권력을 생산자에서 판매자로 이전시켰다. 소비자인 고객이 왕이라고 하지만, 상품정보의 투명성이 미흡하여 다소 소비자를 속일 수도 있는 어정쩡한 시장이었다. 제3차 유통혁명은 확실하게 '소비자를 위한 시장'으로 변혁시킬 것이다. 유통시장은 점점 고도화되고 투명해져 승자 독식률이 높아진다. 능력 있는 기업은 더욱 번창하겠지만, 경쟁력 없는 기업은 도태되는 칼날처럼 무서운 시장이 된다.

국내시장은 첨단의 현대적 유통기업과 다른 한쪽은 재래식 상업활동이 공존하고 있다. 갈등이 심하고, 곳곳에 가격거품이 많은 유통구조다. 빠른 속도로 변화하면서도 새로운 거래질서와 오래된 상거래관습, 정부의 규제가 얽혀있는 복잡한 시장이다. 이 시장에서 제3차 유통혁명 전쟁이 시작된다. 앞으로 10년간의 변화는 우리의 예상을 뛰어넘는 것일 수도 있다. 어쩌면 시장의 지배자가 바뀌는 모습을 볼 수 있을지도 모른다.

이 책은 이 땅에 시장이 모습을 드러낸 때부터 지금까지 유통시장의 흐름을 정리하고, 이를 토대로 미래의 시장을 예측하기 위해 집필되었다. 제2차 유통혁명기에 성공한 기업과 실패한 기업들의 사례를 분석하고, 제3차 유통혁명의 전장에서 승리하기 위한 유통능력과 덕목이 무엇인지 살펴보았다. 특히 이 시기에 생존의 위협을 받을 수 있는 중소유통업과 농수산 유통업의 발전방향 그리고 대기업의 해외시장진출 전략을 제시하고자 노력하였다.

정부의 유통정책 부서와 대중소 유통기업의 임직원, 유통창업을 꿈꾸는 이, 유통물류를 공부하는 학생들에게 다소나마 도움이 되었으면 하는 바람이다.

짧은 지식과 단견으로 책을 내려니 두렵고 부끄러울 뿐이다. 혹시라도 잘못된 분석과 식견으로 독자 여러분께 혼란을 일으키지 않을 까 걱정되기도 한다. 그럼에도 이 책을 펴낸 까닭은 한국유통물류진흥원장과 대한상공회의소 유통물류진흥원장으로 재임했던 지난 7년간의 경험과 정보를 공유하여 한평생 나라에 빚을 많이 진 자로서 조금이나마 갚아야겠다는 욕심이 용기를 주었다. 이 책의 부족함과 모자람은 모두 저의 천학과 비재에서 비롯된 것이라는 점을 널리 혜량하여 주길 바란다.

끝으로 유익한 조언과 좋은 자료로 이 책의 내용을 알차게 채워 준 대한상공회의소 유통물류진흥원의 배경한 박사와 염민선 박사, 이은철 선임연구원에게 특별한 고마움을 표하고 싶다. 지금까지 많은 지도편달과 사랑으로 보살펴주신 박용성, 손경식 대한상공회의소 회장님, 직장 동료와 선후배분들께도 감사드린다. 이 책 소재의 기반인 유통물류진흥원의 직원들과 함께 한 열정의 시간들을 소중히 간직하며….

2012년 10월

| **차 례** |

1

제 1 차
유통혁명

우리의 근세사는 생산력의 전례 없는 발달, 국제 교역망 확대, 그리고 보편적 교환수단으로서 화폐의 사용으로 특징지어진다. 근대경제의 핵심제도는 시장이다.

~칼 폴라니(초기제국에 있어서의 교역과 시장에서)

초기 인류는 작은 집단들이 이동하면서 수렵이나 목축으로 생존하였다. 그러다가 약 1만 년 전에 씨앗을 뿌리고 작물을 가꾸는 농업혁명이 퍼져, 한 지역에 정착하는 새로운 생활이 시작된다. 필요한 모든 물품은 마을공동체에서 자급자족했고 마을 간의 이동은 거의 없었다.

20세기 산업혁명은 다시 인류의 삶의 모습을 바꾸어놓는다. 거대한 공장의 출현과 대량생산, 공업도시화는 마을과 국가의 장벽을 넘어 사람과 상품의 자유로운 왕래와 거래의 시대를 열었다.

생산자와 소비자가 다르고, 생산지역과 소비지역이 분리되었다. 농어민은 각종 농수축산물을 상품화하여 도시로 보내고, 도시의 공장에서는 공업제품들을 다른 도시와 농어촌, 외국으로 운송한다.

이격된 생산과 소비를 연결해주는 시장의 출현, 유통업의 태동은 필연이었다. 도시의 거리에는 소매점들이 생겨나 상가를 형성하고, 상인들이 번창했다. 마을단위의 자급자족시대에서 전국적, 세계적인 상품거래시대로의 변혁을 제1차 유통혁명이라고 할 수 있다.

시장市場의 탄생과 진화

1962년 1월 27일, 제3공화국 정부는 경상도 끝자락의 시골마을 울산을 제1호 특정 공업지구로 지정, 공포하였다. 한적한 농어촌 지역이 인구 115만 명의 거대 도시로 탈바꿈하는 시작의 순간이었다. 바닷물이 여기저기 고여 있던 광활한 습지에 자동차, 조선, 정유, 석유화학 공장들이 꽉 차게 들어섰다. 근로자와 가족들이 기거하는 아파트단지와 쇼핑상가, 숲으로 가꾸어진 공원도 생겼다. 국내 제1의 수출항구인 울산항으로 이어지는 도로와 철도망이 나선처럼 연결된 공업도시가 탄생한 것이다.

출퇴근 시간 바쁘게 출렁이며 움직이는 차량과 사람들, 휴일에는 형형색색의 옷을 입은 남녀들이 쇼핑도 하고 산책을 즐긴다. 불과 50여 년 전, 생선 썩는 냄새와 분뇨냄새가 뒤섞인 어둠침침한 골목과 허름한 집, 배고픔에 시달리던 누런 얼굴들, 어쩌다가 고래가 잡히면 남루한 옷을 걸친 동네사람들이 모여들어 구경하고, 시골마을 입구의 느티나무에서 하루 종일 하품하며 소일하던 모습은 찾아 볼 수 없다. 그야말로 천지가 개벽한 것이다.

거의 200년 전, 세계 최초의 공업도시인 영국의 맨체스터에서도 이와 비슷한 변혁이 있었을 것이다. 제임스 와트가 증기기관을 발명하자 물레방아식의 소규모 수력에 의한 가내공업은 사라지고, 석탄연료로 가동되는 대형공장들이 들어섰다.

코크스를 이용한 금속 제련기술의 발명은 정교한 기계장치를 각종 산업공장에 공급하여 섬유류와 비누, 시계, 화장지 등의 대량생산을 가능하게 했다. 새로운 연료장치와 철강소재로 자동차와 기차도 발명되고, 증기기관의 대형선박들이 건조되어 상품의 교역지역은 점점 더 전 세계로 넓혀졌다.

거의 같은 시기에 에너지 동력과 금속 제련기술, 수천의 공업기술과 운송기술이 발명되고, 다양한 상품들이 대량생산되어 전국적, 세계적으로 교역의 길을 연 이 거대한 사건을 역사학자 토인비는 1760~ 1830년의 시기를 위대한 "산업혁명"의 시대라고 정의한다.[1]

산업혁명은 영국을 부강한 제국으로 만들었다. 주민들의 삶의 모습도 일신되었다. 이 당시 스텐포드셔 지역의 도자기 제조업자인 웨지우드가 주민들에게 한 말이다.

> 여러분들의 부모에게 우리가 살고 있는 이 땅이 어떠했는지 설명해달라고 부탁해 보십시오. 이엉을 얹은 오두막집에 토지는 형편없어 농산물을 산출하지 못해 굶주렸습니다. 통행이 거의 불가능한 길들이 다른 세계와 단절시켰습니다. 이 지방의 현재는 어떻습니까. 지금 노동자들은 종전 임금의 배에 가까운 액수를 벌고 있고, 그들의 집은 안락하며 도로 등 생활환경은 유쾌해졌습니다. 공업은 이 행복한 변화의 어버이입니다.[2]

부강해진 나라는 영국만이 아니었다. 산업혁명기에 발명된 여러 가지 공업 신기술은 유럽대륙과 북아메리카, 일본으로 퍼져나가 각 나라마다 산업을 발전시켰고, 근대자본주의와 산업사회가 형성되는 대전환의 역사가 시작되었다. 16세기 전까지만 해도 별로 주목받지 못했던 영국과 북유럽 국가들이 세계 역사의 중심에 서고, 다른 나라들은 이들과 언제 어떤 방식으로 교류하느냐에 따라 민족의 운명이 달라졌다.[3] 이런 격변기에 우리는 식민지의 아픔을 겪어야 했다.

나라마다 대형 공장이 서는 곳은 큰 도시가 형성된다. 수많은 농촌 사람들이 도시로 이주하였다. 갑자기 커진 도시는 수십만 사람들이 먹고 자고, 일하며 쉬는 데 필요한 식료품과 연료를 공급하고 주택과 상하수도 등 각종 시설, 도로문제를 해결해야 했다.

앨빈 토플러는 산업혁명이 인류문명의 물결을 바꾸어놓았다고 한다. 농업국가에서 공업국가로 변화되면서, 도시로의 인구이동은 각종 재화의 생산과 소비를 분리시켰다. 그 이전에는 농민이 생산한 식량은 그의 가족과 토지 소유주가 소비하였으나, 이제 농민들은 대부분의 농산물을 상품으로 생산하여 판매한다. 모든 공업제품 또한 마찬가지다. 산업혁명은 생산자와 소비자를 완전히 갈라놓았으며, 공간적으로도 생산지역과 소비지역을 분리시켰다.

산업혁명은 지구 역사상 최초로 다수의 인류에게 빈곤에서 벗어날 수 있는 기회를 선물하였다. 그러나 대량생산만으로는 국민들이 풍요롭게 살지 못한다. 생산자와 소비자, 생산지역과 소비지역이 이격된 경제사회구조에서 물자의 원활한 유통이 있어야 가능하다.

생산자와 소비자, 생산과 소비를 연결시켜주는 市場의 탄생은 필연이다. 종래의 시장은 단순한 소규모 상품의 물물교환 장소였으나, 생산의 목적이 자기소비에서 판매거래로 바뀌면서 시장은 인류생존과 부의 축적, 기업과 국가발전의 장이 되었다.

산업혁명 초기, 영국에서 대량생산된 의복과 각종 공업제품들이 물밀듯이 독일과 프랑스 국경을 넘어 들어갔다. 인접국 정부들은 강력한 보호무역정책으로 맞섰으나, 워낙 가격이 저렴한 영국제품의 경쟁력에 밀려야 했다. 유럽 각국은 비로소 '市場'을 알게 되었고, 기업들이 재화와 서비스를 시장에 공급하는 능력, 즉 시장경쟁력이 부국강병의 길임을 인식하게 된다. 전쟁이 주요 임무라고 생각했던 각국 정부가 기업들과 협력하며, 앞다투어 시장의 효율성을 저해하는 각종 규제를 철폐하고, 기업의 경쟁력을 높이는 제도와 정책을 만들기 시작한 것도 그전에는 볼 수 없었던 산업화사회의 특징이다.

토플러는 농경사회를 제1물결의 사회, 산업혁명 이후를 제2물결의 사회라고 구분하고, 20세기 서구인들의 잔학한 식민지 정복을 제1문명과 제2문명의 충돌로 보고 있다. 보다 일찍 산업화된 유럽국들은 원자재를 저렴한 비용으로 공급받고, 완성품을 만들어 다시 판매할 수 있는 시장으로서 식민지가 필요하였다는 논리다.

오늘날 유럽국들은 대부분 근세기에 민족국가로 태어났는데, 이 또한 경제적 관점에서 해석한다. 그 당시 대량생산되는 상품을 운반하기 위한 도로와 철도, 항만건설이 필요했다. 이런 대형 사업들은 국가가 나서야 가능했으므로 민족국가들이 생겨났다는 것이다.[4]

기업들은 대량생산과 노동의 분업화로 단위당 생산원가를 줄여 시장경쟁에서 비교우위를 차지하고자 몸집을 키워나갔다. 산업에 맞는 인력을 충원하고자 공교육 제도가 생겨났다. 어린 학생들의 교육과정도 마치 공장에서 일하는 시간과 유사하게 짜여졌다. 유력한 지주들이 각자 사용하던 사주私鑄화폐가 통일되고, 물건중량이나 크기를 재는 도량형度量衡의 단위도 표준화되었다.[5]

유통의 방식과 모습도 크게 변화되었다. 백화점과 도매업자, 중개업자가 나타나고 다양한 소매점이 생겨났다. 단골손님에 의존하던 유통은 대중을 상대로 하는 유통으로 근본이 변화되었다. 유통이라는 용어를 처음 사용한 미국 하버드 대학교의 쇼A.W. Shaw 교수는 그의 저서 『Some Problems in Market Distribution(1915)』에서 기업의 활동을 생산과 유통, 촉진활동으로 구분하고, 유통활동은 수요창조와 물적 공급으로 보는 등 학계에서도 유통을 체계적으로 연구하기 시작했다.

그 옛날 인류는 대부분 작은 집단으로 나뉘어 이동해 가면서 수렵이나 목축으로 생존하였다. 그러다가 약 1만 년 전에 씨앗을 뿌리고 작물을 가꾸는 농업혁명이 지구상에 퍼지면서 촌락과 경작지를 만들어 한 지역에 정착하는 새로운 생활이 시작된다. 필요한 모든 물품은 한 부족 내에서 자급자족으로 이루어졌고, 부락과 부락 간의 이동은 침략전쟁 외에는 거의 없었다.[6]

물론 로마에 수십만의 인구가 살았고, 고대 중국과 같은 중앙집권적 국가와 베니스처럼 무역으로 먹고 사는 도시국가도 있었다. 그러나 고려시대에 번창했던 개성상인과 송나라 상인과의 철제 금붙이와 인삼 등의 교류는 일부 상류층을 위한 것이었고, 베니스의 상인들이 중개했던 비단과 향료 등도 왕과 귀족들을 위한 것이었다. 극히 일부지역에서 이루어진 소규모의 거래였다.

대부분의 국민들은 토지에 기반을 둔 가족과 마을중심의 삶이었다. 농산물 재배는 물론이고 농기구와 신발, 의복 등 생활에 필요한 것들은 모두 가족 또는 마을 내에서 해결하였다. 소금과 항아리 같은 특수한 품목들은 보부상들이 보따리 장사로 이동하며 농작물과 물물교환을 하였다. 유럽도 토지소유가 법으로 금지된 유대인과 시리아인들이 주로 보따리 장사를 하며 생계를 이어갔다. 마을과 마을을 잇는 도로는 좁고 험하여 항상 신체적 위험이 따랐다.

훨씬 옛날의 시장기능은 주로 분배위주였다. 필요한 재화는 이웃부락이나 인접국을 침략하여 조달하고, 전리품은 최고 권력자가 전사와 주민들에게 나누어주었다.[7] 보다 개화된 시기에도 조공무역으로 획득한 물자를 왕이 신하들에게 충성을 담보로 나누어주었다. 로마와 한양의 양반 귀족들은 주로 시골의 소작농들이 지대地代로 바치는 농산물을 받아 그 일가친척들에게 분배하며 공생하였다. 그릇과 철기 제품은 엄격히 통제되어 거래보다는 관청의 지시에 따라 생산, 납품하는 형태이었고 일반백성을 위한 생산과 시장규모는 적었다.

동전화폐는 고대 그리스시대에도 있었다. 하지만, 시장에서 각종 거래 시에 화폐를 사용하지 않고 신부대가新婦代價나 벌금 등에 사용되었다. 큰 무역 항구에서도 화폐대신 주로 물물교역을 하였다[8]고 한다. 로마인들이 중국의 비단을 구입할 때 금괴와 교환했는데, 금과 비단 무게를 달아 똑같은 무게의 양으로 거래했다는 식이다. 50~60년 전 우리나라 시골장터에서도 닭 한 마리와 보리쌀 2~3되를 맞바꾸는 거래가 성행되었다. 물물교환은 그리 먼 이야기가 아니다.

오늘날의 시장은 화폐로 재화와 서비스가 교환된다. 거래가격은 상품의 품질, 공급과 수요, 시장구조 등 여러 가지 요소들이 고려되지만 흥정으로 최종 결정된다. 이때, 화폐는 시장에서 가치척도의 기준이 되어 거래의 편리성과 공정성, 투명성을 높여 다양한 상품과 서비스의 거래를 가능하게 한다. 화폐는 시장거래를 촉진함으로써 산업과 시장을 다양하게 발전시킨 주역이다.

모든 재화와 서비스가 거래되는 장소가 시장이다. 그래서 시장은 오만가지 각양각색이다. 농산물시장과 어류시장, 생필품 소비재시장, 전자제품시장과 가전시장, 자동차시장, 화학제품시장, 국제 원유시장과 곡물시장, 부동산시장과 스포츠시장이 있다. 하루에 수십조 원의 자산가치(시가총액)가 변한다는 주식시장이 있고, 후진국경제 비중의 절반이 넘는다는 암시장도 있다. 직장 또한 내가 일한 대가로 월급을 받는 일종의 시장으로 볼 수 있다.

시장이 다양하게 발전함은 인류의 축복이다. 그림을 그리는 사람도 운동을 잘하는 사람에게도 시장은 각자 개성과 소질을 살려 부자가 될 수 있는 기회를 제공한다. 근세 이후의 사람들은 대부분 시장에서 살다가 시장에서 죽는다.

시장에는 매일 새롭고 다양한 상품들이 쏟아져 들어온다. 치열한 시장경쟁은 소비자들의 취향에 따라 다양한 상품과 서비스 개발을 촉진하고, 가격은 저렴하게 하여 인류의 삶을 풍요롭게 만들고 있다. 우유와 치즈만 해도 수백 가지의 다양한 제품들이 매장의 한 코너를 차지하고 있으며, 다른 상품들도 마찬가지여서 운동장만한 매장에 울긋불긋 총 천연색깔의 상품들로 가득 차 있다.

산업혁명 이전 인류가 살아가는 데 필요한 최소한의 물자도 부족했던 시대와는 전혀 다른 모습이다. 칼 폴라니는 인류의 근세사를 "생산력의 전례 없는 발달, 국제 교역망 확대, 그리고 보편적 교환수단으로서 화폐의 사용으로 특징지으며, 근대경제의 핵심제도는 시장"이라고 한다.[9]

시장은 인간을 자유롭게 만들었다. 과거의 인류는 농민으로 태어나면 평생 농민이었고, 자기를 굽는 사람은 그 후손까지 대대로 그릇을 만들어야만 했다. 이제는 공급과 수요로 이루어지는 시장에서 자신이 능력이 닿고, 원하기만 하면 언제든지 다른 일을 할 수 있다. 때로는 공급자가 되고 수요자가 되기도 한다. 어느 한 사람, 한 곳에 묶여야 할 고정된 의무가 없으며, 자유의사에 따라 이 시장, 저 시장으로 이동할 수도 있다. 거래의 성사도 자유의지에 달려 있고 시장에서의 권위적 위치도 수시로 바뀐다.

이러한 자유시장과 함께 자유롭고 평등한 민주주의, 개방된 계급체계, 종교의 자유로운 선택, 남편과 아내를 자유롭게 선택하는 것 등 산업혁명 이전의 사회에서는 상상할 수 없는 일들이 지구상에서 동시에 일어난 사실을 과연 역사적 우연이라고만 할 수 있을까?[10]

시장체제는 인류의 평화와 협력관계를 진작시킨다. 과거 원시인들은 재화가 필요하면 다른 부족을 침략하였다. 사회학자 배링턴 무어는 알렉산드로, 카이사르 시저를 비롯하여 20세기 식민지 침탈에 이르기까지 사람들은 오랫동안 폭력을 사용하여 부와 권력을 추구해 왔다면서, 시장 쪽으로 눈을 돌린 것은 최근이라고 했다.[11]

시장은 개인과 사회적 욕망을 상거래를 통하여 평화롭게 해결함으로써 전쟁이나 살인과 같은 범죄를 감소시킨다.

『우리 본성의 더 나은 천사들』의 저자 스티븐 핑커는 수천 년 인류의 유골과 혈흔을 분석한 결과, 선사시대에는 인간의 15%가 타살을 당했다고 한다. 국가 사법제도의 확립과 상업이 확대되면서 인간의 폭력성은 점점 온순해졌다는 것이다.

시장은 전 세계인들을 협력적으로 만들어 평화를 진작시키고 생산성을 증가시킨다. 폴 시브라이트는 그의 저서 『협력의 비밀』에서 인간들이 협력으로 만들어낸 경제활동의 기적에 대해 다음과 같이 설명하고 있다.

> 오늘 아침 나는 시장에 나가서 셔츠를 한 장 샀다. 이 사실 자체는 그다지 특별한 것은 아니다. 전 세계적으로 2,000만 명쯤은 나와 같은 행동을 했을 테니까. 놀라운 것은 2,000만 명도 그렇겠지만, 나 역시 그 누구에게도 셔츠를 구입하겠다는 계획을 미리 말해둔 적이 없다는 사실이다. 그런데도 목화는 인도에서 재배되었고 목화종자는 미국에서 개발했다. 인조섬유는 포르투갈에서 생산했고 컬러 라이닝은 브라질에서 했다. 사용된 기계는 독일제다. 셔츠는 쾰른에서 말레이시아 출신 엔지니어들이 만들었고, 버밍엄의 화학자들도 오래 전부터 이 일에 관여했다. 물론 어느 누구도 총괄적인 계획을 세우지 않았다. 그러나 이른바 시장에서 거래를 통해 협력의 기적이 이루어져, 사람들은 자신이 원하는 시간과 장소에서 자신이 원하는 사이즈, 디자인, 색깔의 셔츠를 아무 문제없이 구입하게 되었다.

티셔츠 구입이라는 단순한 소비활동에 전 세계 수천 명의 협력자들이 개입되어 있다. 그리고 이것은 우리가 사는 세계를 만들어 가는 탄탄한 기반이 된다.[12] 우리가 매일 즐기는 커피도 그러하다.

> 커피는 아주 먼 길을 돌아서 우리들 곁에 와 있다. 다른 지역도 있지만, 내가 마시는 커피의 경로는 남아메리카 어느 시골 마을에서 시작된다. 이곳에서 재배되고 수확되어 포장된 커피원료는 트럭운전사에게 가공공장으로 운반된다. 어떤 것은 원료상태로 큰 배에 실려져 소비지역의 가공공장으로 운송되기도 한다. 이곳에서 만들어진 커피제품은 다시 여러 소비지역으로 배달되어 소매업체의 판매대에 올려지는데 그때서야 우리는 이들을 만나게 된다. 재배와 포장, 운송, 가공, 판매단계에서 우리가 알지 못하는 수많은 기업체와 사람들이 일을 하고, 각종 기계와 장비, 선박과 화물트럭이 움직이고 있는 것이다.

어떤 이유로 지구 반대편의 모르는 사람들이 나를 위하여 커피를 재배하고, 말려서 포장하고 운송하는가? 그것도 내 기호에 맞추어 가장 맛있는 커피를 만들려고 노력하면서…. 市場이다. 시장이 지구상의 모든 사람들을 협력적으로 일하게 하고 더욱 열심히 더 좋은 상품을 개발하게 한다.

우리 주변의 모든 것들, 옷가지와 주방기구, 전기와 가스, 거실에 있는 모든 기구들, 주택에 소요되는 하나하나의 자재들, 승용차와 버스, 지하철, 도로와 항구, 상하수도… 모든 것들이 우리가 알지 못하는 사람들에 의하여 만들어진다. 우리 모두는 타인의 수고와 도움, 협력으로 살아가고 있다. 나 자신 또한 나의 일터에서 남들과 협력을 하면서 일정한 상품을 생산하고 소비한다.

시장은 이 모든 활동을 조율하면서 우리 모두를 체계적으로 협력하게 만들고 있다. 시장체계가 인류를 서로 의존하고 협력하게 함으로써 평화를 더욱 진작시키며, 경제 효율과 생산성을 높이고 있는 것이다.

시장은 우리들의 삶을 풍요롭게 한다. 시장 경쟁은 새로운 상품과 서비스 개발을 촉진하고, 교류를 확대하여 부와 풍요를 창출한다. 사실 근대시장 이전의 세계에서 일반 백성들이 그토록 헐벗고 굶주렸던 이유는 농업기술도 낙후되어 있었지만, 일을 열심히 해봐야 남는 것은 대부분 왕과 귀족, 지주들이 가져가는 경제구조가 더 큰 문제였다고 한다. 양반들은 일을 하는 것을 창피하게 여겼고, 소작인들은 "머슴 마당 쓸기" 식으로 일을 했다.

게다가 국가별 부락별로 통로가 막혀 있어 물자 교류가 없었으니 심한 가뭄이 들면 굶을 수밖에 없었다. 지역 간, 대륙 간의 물자교역이 인류의 삶을 얼마나 풍요롭게 하였는지 『간결한 세계경제사』의 저자 론도 캐머런은 이렇게 기술하고 있다.

> 18세기 신대륙 발견 이후 아메리카의 인디고나 염료는 유럽인 옷감의 색상을 화려하게 했으며, 아프리카산 커피, 아메리카산 코코아, 아시아산 차는 유럽의 주요 음료가 되었다. 중국의 도자기와 면화, 그리고 아메리카에서 감자, 토마토, 강낭콩, 고추, 호박, 옥수수 등이 건너와 유럽의 식탁을 풍요롭게 하였다.[13]

풍요로워진 곳이 어디 유럽뿐이겠는가? 우리나라 또한 고려 공민왕 시절 문익점이 중국으로부터 가져온 목화는 헐벗은 백성들을 따뜻하게 해주었다. 16세기경(영조39년, 1783), 옥수수와 고구마 종자가 들어오고, 페루가 원산지인 감자는 구한말 순종시대(1825년)에 비로소 도입되어 우리 선조들의 배고픔을 덜어줄 수 있었다.

특히, 우리나라는 지난 40~50년간 국제시장을 무대로 국가 간 무역을 통하여 기적과 같은 경제발전을 이루었다. 아마도 우리는 시장의 덕을 가장 크게 본 민족일 것이다.

시장은 유통기구를 혁신한다. 생산자와 소비자의 간격은 공간적, 시간적으로 다양하고 복잡하다. 각자 다른 소비자들의 개성에 맞추어 적정 규모의 상품을 적절한 시점과 장소에 배치하기란 그리 쉬운 일이 아니다. 이 공급망의 여러 단계를 거치면서 상품의 소유권이 달라지고 분실되고 부패되기도 한다. 많은 기업과 사람들, 장비들이 전 세계 생산지와 소비지에서 동시에 움직인다. 이런 유통과정에서의 다양한 활동들이 조금이라도 차질이 생기면, 곧바로 비용이 발생하여 그만큼 소비자들의 상품 구입가격이 높아지거나 원하는 상품을 제때 구입할 수 없게 된다.

복잡한 유통망을 시장은 경쟁을 통하여 효율적인 유통체계로 만든다. 유통비용을 최소화하면서 소비자들이 원하는 상품을 제때에 매장에 갖다놓게 한다. 특히, 제조와 유통의 분업체계는 최고의 가치체계이다. 제조업체는 제품을 생산하고, 유통업체는 상품을 판매한다. 이런 구조가 아니라면, 제조업체들은 각자 전국지역 또는 지구 전체에 수많은 점포를 차려야 한다. 소비자들은 제조사 브랜드별로 차려진 상품매장을 찾아 이리 저리 헤매야 할 것이다.

자동차와 선박과 같은 일부 중량급 품목은 업종특성에 따라 제조업체들이 직접 직영점이나 대리점을 운영하고 있지만, 나머지 값이 싼 생활용품을 생산하는 중소 제조업체들은 그럴 능력도 없고, 그럴 필요도 없다.

제조업과 유통업의 분업은 제조원가와 유통비용을 최소화할 뿐만 아니라, 각자의 영역에서 전문화하여 상품의 질과 소비자 편익을 높인다. 이 체계는 제조/유통기업을 발전시키고, 소비자에게는 보다 다양한 상품을 저렴한 가격으로 한 장소에서 편리하게 구입할 수 있도록 제도화하고 있다.

근대시장은 생산자로부터 소비자에게 상품을 이전시키는 활동주체들의 통합인 유통기구를 효율적으로 만들었다. 누가 시켜서가 아니라, 수요와 공급의 상호작용에 의해서 상품가격이 결정되는 시장기구market mechanism와 비교우위적인 경쟁력을 가져야 승리할 수 있는 시장원칙에 따라 자동적으로 진화된 것이다. 유통소매점도 백화점과 중소 대형 슈퍼, 편의점, 할인 전문점 등 다양한 업태의 모습으로 발전하였다.

상품이 덜 다양했고 물자도 부족하여 '만들기만 하면 팔렸던 시절'에는 고객서비스란 말이 없었다. 제조업체나 유통기업이 값을 정하면 그만이었다. 이제 수많은 제조브랜드 상품들이 넘쳐나 시장에서 치열한 판매경쟁을 해야 하는 시대가 되었다. 소비자들이 제대로 대접받는 시장이 된 것이다.

산업혁명 초기 아담 스미스의 "소비는 모든 생산의 유일한 종착지이고 목적이다"라는[14] 말이 200년이 지난 오늘날의 시장에서 빛을 발하고 있다.

누가 시장을 움직이는가

아프리카 가나의 마콜라 시장은 대다수 여성 상인들이 곡식과 채소, 의복 등 생활필수품을 판매하는 재래시장이다. 1979년 상품가격이 폭등하자 시민들은 아우성쳤다. 가나 독재정부는 가격 통제선을 지키지 않는다면서 '돈벌이에 눈이 먼' 한 상인을 현장에서 사살하고, 시장을 다이너마이트로 폭파해버렸다. 당시 가나 언론은 시장폐쇄를 '행복한 비극'이라면서 "속수무책으로 당하던 노동자들의 두 눈에서 기쁨어린 눈물이 솟구쳤다"라고 보도하기도 했다. 극심한 물자부족과 인플레이션 정책실패를 상인 탓으로 돌린 것이다. 그런데 그로부터 일주일이 채 안 되어 상인들은 다시 그곳으로 돌아와 곡식과 채소를 팔고 있었다. 전과 다른 것은 시장에 지붕이 없어졌다는 점뿐이었다.[15]

1995년 베트남 하노이 노점시장에서는 원뿔 밀짚모자를 쓴 아낙네들이 어린아이를 업고 과일, 채소와 잡다한 생활용품들을 잔뜩 실은 좌판에서 물건을 팔고 있었다. 하노이 시민은 이 거리의 좌판을 "개구리 좌판"이라고 부른다. 경찰이 나타나면 물건을 갖고 뛰어야 하기 때문이다. 우리나라에서도 남대문과 동대문시장을 6·25전쟁 직후 미군물자를 팔다가 경찰이 오면 다른 물건으로 얼른 바꿔친다고 하여 "도깨비 시장"이라고 부른 적이 있었다.

이런 일들은 옛날만이 아니다. 중국에서는 달걀까지 짝퉁을 만들어 화제가 된 적도 있지만, 오늘날 현대시장에서도 불법 가짜상품들이 넘쳐난다. 언론보도에 의하면, 최근 5년간 우리나라에서 적발된 짝퉁명품의 밀수금액이 무려 4조 3천억 원에 이르고 있다.[16]

시장의 생명력은 이토록 치열하고 질기다. 왜냐면 자신과 가족이 먹고 살기 위해, 필요한 돈을 시장에서 벌어야 하기 때문이다. 물건을 파는 쪽도 이윤이 남아야 하지만, 사는 사람도 시장에서 필요한 것들을 구해야 자신과 가족이 생계를 유지할 수 있다. 상인들은 '밑지고 판다'라는 말을 자주 하고, 소비자는 물건을 구입하면서 바가지를 쓰는 경우도 있지만, 통상적으로는 상품과 서비스를 사고파는 거래는 구매자와 판매자 모두 이득을 볼 때 발생한다. 옛날 물건이 귀했던 시절에는 생산자와 판매자가 항상 우위에 있었다. 오늘날은 한쪽만 이득을 보는 거래는 성사되기 어렵고, 이런 시장은 오래가지 못한다.

상품이나 서비스를 생산, 판매하는 기업들에게도 시장은 그들의 근로자와 가족들의 생계를 유지하고, 재생산과 연구개발 등 기업발전의 기반이 되는 이윤을 만들어준다. 생산자와 소비자 모두가 상호 교환을 통하여 이윤과 가치창출이 가능한 곳이 시장이다. 개인과 기업이 생산자와 소비자가 되어 시장에서 만들어진 이윤으로 재산을 형성하여 삶의 안정과 기업의 번영을 이루게 한다.

이윤과 재산권이 시장을 움직이는 원동력이라고 할 수 있겠다. 개인의 욕심들이 시장을 움직이고 있다. 사람들은 수익이 보장되어야 모험적으로 투자하고, 자발적으로 뛰어다닌다. 사회주의 공산권처럼 개인의 재산을 국가나 사회가 보장해주지 않으면 힘들게 일하려고 하지 않는다. 모진 어려움에도 사업을 성공으로 이끄는 기업가 정신과 투자의욕을 불태우게 하려면 그들의 이익과 재산권을 보장해야 한다. 봉급생활자도 마찬가지다. 과거 동서양의 지주처럼 소작인의 농작물을 모두 가져간다면 그저 일하는 시늉만 내지 않겠는가.

시장에서 재산권의 힘이 어떻게 작동하는지 베트남 경제관리중앙연구소장 레 당 도안은 이렇게 설명한다. 1990년대 초반 베트남에 있는 거의 모든 트럭이 멈춰서고 말았다. 옛 소련제 낡은 제품인데다가 소련이 무너지면서 부품을 구할 수가 없었기 때문이다. 다급해진 정부는 운전기사들에게 트럭소유권을 부여했다. 그러자 기적 같은 일이 발생했다. 트럭들이 갑자기 움직이기 시작한 것이다.[17]

소유권은 특히 혁신이라는 면에서 중요하다. 산업혁명기에 영국은 '발명하면 갑부가 될 수 있다'는 인간의 욕망들이 용솟음쳤던 지역이었다. 전기, 전화, TV 등 세기적인 발명품들도 이런 욕망에서 출발하였다고 한다. 발명자에게 특혜를 주는 특허제도가 크고 작은 기술혁신을 촉진한다. 재산권 보장이야말로 생산적 노력과 위험도 마다하지 않는 모험정신을 이끌어내는 강력하고도 확실한 동기를 제공하여 시장을 움직이며 발전시키는 원동력이라고 할 수 있겠다.

남대문 옆 대한상공회의소 주변의 고층빌딩 지하에는 작은 규모의 식당들이 즐비하다. 메뉴도 다양하면서 맛도 있고 가격도 저렴하여 많은 직장인들의 점심시간을 즐겁게 한다. 썩 괜찮은 이런 시장이 어떻게 조성되었을까?

음식업을 하고자 하는 K씨는 우선 어떤 종류의 식당을 해야 돈을 벌 수 있을 것인지 면밀하게 시장조사를 하였을 것이다. 이 부근의 음식점과 사무실의 위치, 직장인들이 어떤 길로 다니고 무엇을 좋아하는지, 수백 번 관찰하면서 음식메뉴를 정한다. 미래의 경쟁자인 주변의 식당에 들려 꼼꼼히 음식 맛을 보면서 이 정도면 해볼만 하다고 다짐도 한다. 음식점을 차릴 공간도 살펴보고, 실내 인테리어 구상도 마쳤다. 식당 임대료와 실내 장식비용, 영업비용 등 소요비용도 치밀하게 계산하여 필요한 돈을 조달할 것이다.

막상 영업을 시작하여 식당가에 손님들이 좌우로 몰려다니면 경쟁심은 더욱 높아진다. 업체들 간의 경쟁심은 점점 더 맛있는 음식을 개발하게 할 것이다. 입맛도 까다롭지만 주머니 사정도 챙겨야 하는 직장인들이 이리 저리 식당을 골라 다니기 때문에 가격도 마음대로 올리지 못한다.

하나의 작은 시장을 예로 들었지만, 시사점은 많다. 만약 누군가 'A 음식점은 여기에, B 음식점은 저기에'라고 기획하고 시행하였다면 어떻게 되었을까?

현재의 식당 주인들처럼 꼼꼼하고 치밀하게 시장을 조사하고 준비하였을 것인가. 어느 통닭구이 사장님처럼 더 맛있는 통닭구이를 만들기 위하여 하루 세끼 닭고기만 먹을 수 있겠는가. 식당공간은 더 넓어지고 실내 인테리어는 술집처럼 휘황찬란하게 만들지도 모른다. 게다가 투자비용은 더 부풀려지고, 관리비용은 '주머닛돈이 쌈짓돈' 식으로 낭비될 수도 있다. 아마도 막대한 비용손실과 함께 다른 사업에 투자도 못하게 기회비용만 상실하고, 실패에 대한 책임논란을 벌이다가 슬그머니 묻혀 질지도 모른다.

자유로운 경쟁이 시장을 움직이고 발전시킨다. 자동차에서부터 어린이 장난감까지 업체들 간의 시장경쟁이 새로운 상품을 발명하도록 하고, 상품 품질을 높이면서도 가격을 낮추고 있다.

세계 경제사에서 가장 주목받는 사건은 공산주의 몰락과 중세기에 발전했던 중국이 유럽에 뒤쳐진 일이라고 한다. 이 양대 사건에 대하여 경제학자들의 연구실적도 꽤 많다. 공통적인 결론은 두 사건 모두 경제구조의 관료화, 정부에 의한 계획경제와 지나친 시장 간섭이 체제 몰락의 주된 원인이라고 지적하고 있다.

11세기 중국의 연간 철강생산량은 12만 5천 톤, 이는 유럽 전체가 700년 동안 생산한 수량과 비슷한 규모이다. 1275년부터 1292년까지 중국을 여행했던 마르코 폴로는 60여 명을 태운 중국 상선의 위용에 놀라기도 했다. 그런데 왜 중국이 그 후에는 유럽에 뒤졌는가?

『기업의 역사』를 저술한 존 미클스웨이트와 에이드리언 울드리지는 오래된 절대 권력에서 유래된 관료적 문화유산 때문이라고 분석한다. 많은 양의 철강이 군사무기에 사용되었고, 민간의 농업용기 제작에는 소홀했다. 민간 기업이 발전할 만한 시장이 없었다.[18]

경영학자로서 최초로 영국왕립학회 정회원으로 선출된 존 케이John Kay는 부유해진 나라와 가난한 나라들의 특징을 분석한 결과, 시장제도의 다양성, 다원주의의 역할에 차이가 있었다는 점을 발견한다. '서유럽에는 다원주의가 존재했으나 중국에는 거의 없었다. 중국은 일원적인 국가였지만, 유럽은 항상 세분화되어 있었다.'[19]는 것이다. 그런데 경제 다원주의는 자유롭고 경쟁적인 시장에서 발현된다.

소련의 사회주의는 붕괴되었다. 국가의 계획경제로는 공동체의 욕구를 맞출 수도 없었고 국민의 삶을 보장해줄 수도 없었다. 제철소에서는 국가에서 부여된 철강생산량 목표치인 톤(t) 수를 달성하려고 철판을 두껍게 만들었다. 이렇게 만들어진 자동차가 잘 굴러갈 리 있겠는가.

한편, 계획자도 책임자도 없는 시장체제는 승리했다. 시장 참여자 각자가 치열한 시장경쟁 속에서 스스로 문제를 창조적으로 해결하는 힘이 승리의 원동력이었다고 본다. 시장의 활력은 자율과 분권화에서 비롯된다.[20]

기업이 시장의 핵심 주체다. 오늘날 기업은 시장에서 가장 중요한 역할을 한다. 거의 모든 상품과 서비스를 시장에 공급하는 시장 운영과 발전의 주체이다. 과거의 상품들은 혼자 만들거나 3~4명의 가족들이 만든 조잡한 것들이었지만, 현대에는 기업적 조직이 없으면 만들기 힘든 디자인과 각종 기술들이 융합된 상품들이 대부분이다. 또한, 시장이 광역화되고 공급망이 복잡해지고 있어 기업적 조직이어야 효율적인 운영이 가능하다.

기업 없이는 시장의 발전이나 산업과 경제의 부흥이 어려운 시대가 되었다. 기업 이외에 정부와 군대, 비영리 기관 같은 여러 가지 형태의 조직이 있지만 기업만큼 시장과 경제, 우리의 일상생활과 밀접하게 관련된 조직은 없다.

기업은 효율적으로 체계화된 조직이다. 로마시대에 세금징수를 목적으로 만들었던 기업 성격의 조합Societates이나, 12세기 피렌체에서 생긴 최초의 가족기업 콤파니아Compagnia도 사업을 보다 효율적으로 추진하기 위한 것이었다. 고대 상인들과 직접 거래하는 유통비용보다 직원을 고용하여 관리하는 것이 훨씬 경제적이었기 때문에 기업이 생겨났다고 한다.[21]

시장경쟁이 치열해진 오늘날의 기업들은 더욱 창조적이고 효율적이다. 시장에서 경쟁우위를 선점하기 위한 노력들이 필사적이다. 내외부 조직의 수직적 통합과 수평적 협력, 분업화와 전문화, 기계장치의 사용 등 각종 방법과 수단을 총동원하여 지속적으로 생산비용을 절감하고 효율성을 높이고 있다. 최근에는 IT기술을 활용하여 네트워크 조직, 가상기업 등 새로운 조직형태로 발전하고 있다.[22]

『기업진화의 속도, 클락스피드』의 저자인 MIT 교수 찰스 파인은 카메라와 필름, 반도체, 컴퓨터, 자동차시장 등 전체 산업의 진화 속도가 점점 더 빨라지고 있다고 한다. 이 클락스피드가 빠를수록 한 기업의 경쟁우위는 일시적이 된다. 따라서 기업은 체질적으로 창조적이고 효율적이어야 시장에서 오래 살아남을 수 있고, 경쟁우위를 점할 수 있는 것이다.

이처럼 치열한 기업의 활동들은 시장경쟁에서 승리하여 기업의 번영과 이윤을 극대화하기 위한 것이다. 하지만, 결과적으로는 소비자 국민에게 보다 양질의 상품을 더욱 저렴한 가격으로 공급할 수 있게 한다. 자동차 대중화를 선도한 헨리 포드는 수많은 자동차 부품공급과 조립 프로세스를 수직적으로 통합하고 분업화하여 초기 모형인 T모델 승용차 가격을 850달러에서 290달러로 인하할 수 있었다.[23]

기업이 조직원의 개별능력을 체계적으로 통합하여 더욱 값싸고 더 좋은 식음료와 의약품, 휴대폰과 자동차를 시장에 내놓음으로써 인류의 삶을 윤택하게 만들고 있는 것이다. 이것이 기업의 가치고, 인류에 대한 최대의 공헌이라고 할 수 있다.

자유시장주의자인 프리드리히 하예크는 "악한 자들의 해악을 최소화하는 시스템이 시장"이라고 주장한다.[24] 시장에는 사기꾼도 많고, 법망을 교묘하게 피해서 돈을 버는 사례도 적지 않다. 범죄까지는 아니더라도 이기적으로 행동하는 것이 단기적으로 더 유리할 때도 있다.

그러나 사람들 사이의 거래가 이루어지는 시장은 대부분 상호 신뢰와 믿음을 기반으로 작동된다. 시장에서 남을 해롭게 하거나 반사회적 또는 불법적인 행동은 오래가지 못한다. 시장이 악당들에게 항상 승리하는 것은 아니나 대체로 승리한다. 시장의 제도와 규칙 등이 잘 정비된 선진시장일수록 더욱 그러할 것이다.

원래 인간은 모두가 서로 다른 재능을 갖고 태어난다. 그림을 잘 그리거나 요리를 잘하는 사람도 있고, 운동을 좋아하는 사람도 있다. 시장은 각자 자기가 최고로 잘하는, 하고 싶은 일을 하도록 하고 이것을 교환하게 해준다. 우리나라 축구 간판스타 박지성 선수가 만약 100년 전에 태어났다면 그는 한적한 시골의 농부로 살았을 것이다. 화가와 음악가, 건축가와 기업인, 자영업자와 봉급생활자 모두가 자신의 능력과 노력을 교환해주는 시장이 있어야 존립이 가능하다. 이러한 시장의 교환기능은 우리 인류에게 각자 타고난 재능을 마음껏 발휘하게 하여 삶의 가치와 보람을 갖게 하고, 인간의 경쟁심을 자극하여 더 좋은 능력개발로 세상을 발전시키고 있다.

그럼에도 오늘날 전 세계적으로 자유시장과 기업을 비난하는 목소리가 커지고 있다. 찰스 린드블롬은 자유시장체제가 우리 조상들이 상상도 못했던 놀라운 협력과 평화, 풍요로운 사회발전의 업적을 이루었지만, 다른 한편으로는 시장체제가 갖고 있는 응분보상원칙이 사회 자체를 위협하고 있다고 했다. 시장에서 투자한 만큼 거두어야 한다는 응분보상원칙이 오히려 물려받은 재산의 차이와 같은 요인으로 소득과 부를 불공평하게 분배한다고 주장한다.[25]

앨빈 토플러는 시대의 물결이 다시 변하고 있다고 말한다. 제2물결 산업화의 문명 속에서 살아가는 사람들의 행동양식, 대량생산을 위한 규격화, 전문화, 중앙집권화 등의 원칙들이 인류가 이전에 경험해보지 못한 비정하고도 강력한 관료기구를 만들어 인간을 짓누르고 있다. 시장체제는 냉정해지고 대다수 인류의 행복을 보장하기 어려운 구조가 되어, 사람들은 다시 변화하기 시작하였다는 것이다.[26]

1948년 세계인권선언을 기초한 스테판 에셀도 자유, 경쟁, '언제나 더 많이' 갖기 위한 질주, 이런 것들로 이루어지는 진보란 주위의 모든 것을 파괴하는 폭풍이 될 수 있다고 경고한다.[27]

『미래는 어떻게 오는가』에서 J. K. 갤 브레이스는 21세기의 풍요 속에서 불공평한 빈곤, 소득격차의 양극화 현상을 우려하고 있다.[28]

'풍요한 사회'에서는 생산을 최우선시하는 경향, 재화를 좀 더 늘리기 위한 경주를 중단하면 우리들의 삶에 어마어마한 진공상태가 남을 텐데 이 공간을 무엇으로 채울 것인가. 재화가 더 이상 행복의 상징이 될 수 없다면, 무엇으로 행복해질 수 있는가에 대한 답을 준비해야 한다라고 강조하고 있다.[29]

특히, 우리나라는 경제사회조직이 여러 형태의 장막들로 둘러싸여 있고, 그 안에 있는 자와 바깥에 있는 자의 갈등이 심각하다. 서구기업들과는 달리 근로인력의 자유로운 이동이 제약된 사회다. 인간을 자유롭게 만든 근대시장의 최고의 가치가 국내에서는 직장 안에서나 직장 밖에서도 작동이 잘 안 된다. 그 옛날 유럽의 귀족들은 성 안에서 매일 파티를 열었고, 나머지 일반백성들은 굶주림을 운명으로 알고 살았지만, 오늘날 자유시민은 이런 것들을 불공평하다고 생각한다. 그래서 요즈음 정의로운 사회에 대한 관심들이 많다. 소득과 부, 권력과 기회 등을 어떻게 분배하는지 묻고 있는 것이지만, 구체적인 분배방식으로 들어가면 복잡해진다.

종교인이나 철학자는 다를 수도 있겠지만, 보통사람들은 더 맛있는 식사와 더 성능 좋고 우수한 제품, 보다 즐거운 삶과 여행을 원한다. 개인과 기업들의 자유로운 시장경쟁 그리고 이윤보장이 안된다면 과연 누가, 어떻게 이런 욕구들을 만족시키는 다양한 상품과 서비스를 개발할 수 있을까? 아직은 자유시장체제와 기업 이외에 인류 대다수를 행복하게 할 다른 대안은 찾기 어려운 것 같다. 그렇다면, 이 틀 속에서 삶의 다양성과 자기실현을 즐기며 살아갈 수 있는 세상은 어떤 모습인 것일까? 누구에게나 공정한 기회가 주어지고 실패한 사람들에게도 새로운 희망과 용기를 줄 수 있는 시장체계는 어떤 것인가?

우리사회는 그동안 경제발전의 주역인 대기업을 보는 시선이 곱지 않다. 그런데 미래를 보면 꼭 비난만 해서는 안 될 것 같다. 21세기 소비자들은 점점 더 멋있고 날렵하며, 선명하고 기능이 우수한 스마트 제품을 요구한다. 디자인과 첨단 소재, 생물 화학, 시스템 공학 등 고도의 과학기술이 융합된 제품들이다. 또한, 사업영역과 물자 공급망은 점점 더 전 세계지역으로 넓어지고 있다. 더 크게 조직화된 기업, 대기업이 유리한 쪽으로 글로벌시장의 속성이 변하고 있는 것처럼 보인다. 이런 관점에서 중소기업 위주의 대만보다는 대기업과 중소기업이 조합된 우리나라의 경제구조가 훨씬 미래의 경쟁력이 있다고 본다.

영국에 관하여 항상 한 가지 질문이 있었다. 19세기 산업혁명의 본거지로서 산업기술과 기업발전에 있어 단연 앞서 나갔던 영국, 세계 1, 2차 대전의 승전국인 영국이 전쟁으로 쑥대밭이 된 패전국 독일, 일본에 공업발전이 뒤쳐진 이유는 무엇인가? 미클스웨이트와 울드리지는 그들의 저서 『기업의 역사』에서 영국은 가족중심의 중소기업이 발전한 반면, 독일과 일본은 정부의 지원 아래 대기업이 육성된 점이 큰 차이라고 한다. 당시 영국에서 종업원이 가장 많았던 기업은 6000명이 일하고 있던 유니레버였으나, 독일은 수만 명이 넘는 전기제품공장과 화학공장, 제철소 등이 즐비하였다.

여기에 독일은 중소기업들이 포함된 기업연합을 구성하여 대/중소기업간 협력체제를 구축하였으며, '기업도제제도'를 고안하여 장인정신과 생산성을 높였다. 독일은 기업 관리자들이 고위 공무원과 똑같은 대우를 받았으나, 영국은 고위 임원까지 "기업의 하인"이라고 부르다가 1920년대에 들어서야 극소수의 임원이 이사회에 참여할 수 있었다고 한다.[30]

미래의 시장을 바라보면, 이 시대 국내산업의 최대 과제는 대기업과 중소기업의 상생협력이고 공정한 거래인 것 같다. 현대산업의 특성은 1개 기업 단독으로 잘할 수 있는 일이 거의 없다는 점일 것이다. 성질이 다른 수많은 부품들은 다른 업체가 생산하고, 이를 조립하여 완성품을 만들고 판매하는 기업은 따로 있다. 소비재 상품생산과 운송, 판매업으로 구성된 유통업도 수많은 업체들의 활동으로 조합되어 있다. 이러한 분업화가 소비자에게 양질의 상품을 값싸게 제공할 수 있는 가장 효율적이며 경쟁력 있는 체계로 증명되어 왔다. 따라서 오늘날의 시장경쟁은 관련 기업들과의 협업으로 이루어진 공급망과 공급망 간의 경쟁이라고 많은 사람들이 알고 있지만, 실제 행동으로의 협력은 쉽지 않은 것 같다.

문제는 모든 참여주체들이 협업을 실현하는 방법과 생각에 괴리가 있고 기업경영문화에 결함이 있는 것처럼 보인다. 중소기업인들은 대기업의 일방적인 의사결정과 협력과정에서 사업성 있는 기술이나 아이디어를 뺏기지 않을까 두려워하고 납품가격 결정방식에 불만이 많은 것 같다. 대기업과 중소기업의 상생협력과 공정거래는 대기업이 중소기업에게 베푸는 시혜성격의 것이 아니라고 본다. 중소기업군이 좋은 부품들을 대기업에 공급하여 더 우수한 성능과 품질의 완성품을 만들어야 시장경쟁에서 승리할 수 있다. 이를 실현하기 위한 상생협력이며, 중소기업들에게 기술개발과 품질을 높일 수 있도록 제값의 납품가격 지급과 공정한 입찰로 생태계 경쟁을 촉진하는 공정거래를 의미한다. 그러나 현재의 기업 관료제 문화와 단기실적 위주의 업무성과 평가방식으로 상생협력과 공정거래를 실현하는 데에는 근본적인 한계가 있는 것 같다. 향후 기업번영을 좌우할 핵심요소에 구조적인 문제가 내재되어 있는 것이다. 극심한 경쟁의 미래시장은 우리 기업에게 '근본적으로 변하지 않으면 큰 일 난다'라고 소리치고 있는 것 같다.

앞으로 신세대들이 주역이 되는 사회의 기업환경은 현재와는 매우 다를 것으로 예상된다. 기업 내부도 그렇고 외부의 여건도 크게 달라진다. 기업에게 다가오는 새로운 현실은 사업성공과 지속가능발전이 서로 복잡하게 연결되어 있다는 점이다. 점점 더 지역사회와 소비자들은 기업에게 사회적, 환경적 인류문제에 공헌하기를 요구하고 있고 이와 관련된 국제적, 국내적 규범도 강화되고 있다. 고용인들은 더욱 의미 있는 직장을 찾는다.[31]

세대간의 인식차이도 상당하다. 우리나라 역사상 가장 풍요로운 시대에 살면서도 젊은이들의 표정은 밝지 않다. 직장을 찾아 헤매는 이들은 말할 것도 없고, 직장 안에 있는 사람들도 피곤해 보인다. 우리기업들은 세계 최첨단의 상품을 생산하면서도 기업문화는 중세기 유럽의 성곽처럼 단단해 보인다고 말한다.

한편, 중소기업들은 일손이 부족하고 3D업종의 일을 하기 위해 몰려오는 외국인 근로자들을 보면서 수많은 청년 실업층에 대한 기성세대의 시각은 곱지 않다. 가정이나 사회에서 어렵고 힘든 일은 젊은이들의 몫이 아닌가. 자유로운 시장체계에서 경쟁을 즐기며 젊은 도전정신이 넘쳐나야 개인과 기업, 나라가 발전할 수 있다고 생각한다.

이 세대 사이의 간격과 기업조직의 상하좌우 계층 간 벽 없는 열린 마음들의 소통이 중요한 시대인 것 같다. 격의 없는 소통은 사회와 기업의 분위기를 밝게 하고 기업발전과 사회 활력을 넘치게 만들 수 있겠다. 기업 내에서는 자유롭고 창조적인 분위기를, 기업 밖에서는 사회와 환경을 생각하는 기업이 제3의 문명시대에서 지속발전 가능한 기업이라고 전문가들은 말한다.

마이클 샌델은 『정의란 무엇인가』에서 돈으로 살 수 없는 미덕과 고귀한 재화는 존재하는가라는 질문을 던진다. '네, 있지요'라고 대답하는 기업인이 있었다. 세계 최초로 백화점을 만든 유통의 거인 아리스티드 부시코다. 살벌했던 200년 전의 불모지 유통시장을 근대화하고, '따뜻한 시장의 가치'를 구현한 그의 생애와 업적은 제3의 문명의 시대, 그 물결과 맞닿아 있다.

유통거인
아리스티드 부시코

프랑스 시민들이 국왕 루이 16세와 귀족들에 대항하여 정치범수용소인 바스티유 감옥을 습격1789.7.14했다. 프랑스 대혁명의 시작이다. 이 대사건이 발발한 지 약 20년 후인 1810년 노르망디 벨렘에서 아리스티드 부시코는 시골의 아주 작은 모자가게 아들로 태어났다. 가난한 상인의 자식이라 학교는 못 다니고, 노르망디 다른 가게에서 점원으로 일하다가 알게 된 옷감 행상인의 조수가 되어 파리로 이동한다.

그 당시 고객들은 상점을 자유롭게 드나들 수 없었다. 고객은 어둡고 천장이 낮은 마치 동굴 같은 작은 공간의 가게에 들어갈 때 "안녕하세요(봉주르 무슈, 마담)"라고 정중히 인사하지 않으면 안 된다. 그 뿐인가. 점원이 "어떤 걸 찾으십니까" 하며 다가왔을 때 횡설수설하면 점원은 수상쩍은 얼굴로 손님을 흘겨본다. 옷가게, 책방이나 구두방에서도 견본상품을 진열해놓지 않고 손님이 원하는 것을 듣고 난 후에야 구석의 창고에서 물건을 갖고 오는 경우가 많았다.[32] 물건이 귀하던 시대에 흔히 볼 수 있었던 상거래 모습이다.

이런 시절에 3, 4층까지 이어지는 널찍한 건물에 밝고 큰 쇼윈도가 있는 여성용 의류 상점 "마가쟁 드 누보테"가 파리에 등장하였다. 각각의 상품에는 정가를 붙여, 손님들이 노련한 점원들과 가격을 흥정하는 부담을 줄였다. 또한, 현금판매를 개시하였으며, 가급적 도매상을 거치지 않고 제조업체로부터 물건을 직접 구입하여 물건을 싸게 파는 등 당시로는 획기적인 불특정 다수의 고객에게 판매하는 새로운 방식이었다. 바로 이 상점에 부시코라는 20세의 시골청년이 식사와 숙소만 제공되는 무급점원으로 일을 시작한 것이다.

누보테는 시대를 앞서 나간 상점이었다. 아직 산업혁명이 본격적으로 시작되기 전이었던 프랑스는 직물제조기술도 취약하여 주로 저급품을 생산했고 수작업 고급품은 가격이 너무 비쌌다. 고급품은 다른 상점들과 가격이 비슷하여 단골손님을 끌어들이지 못했다. 빈부격차가 심하고 중산층이 엷었던 탓에 소비규모도 적었고, 제조업체들도 빈약하여 수요와 공급 양쪽에서 문제가 많았다. 결국, 자본을 회전시킬 수 있는 매출을 올릴 수가 없었다. 시대적으로도 1848년 11월 혁명과

1851년 루이 나폴레옹의 혁명 등 사회적 불안으로 경기가 침체되어 결국 최초의 근대식 상점였던 "누보테"는 도산하고 만다.

부시코는 누보테 상점점원으로 있던 1836년, 세탁소 일을 했었던 마르그리트 게랑과 결혼했다. 그녀의 어머니는 바느질일로 생계를 꾸려나갔는데 아버지는 누구인지 몰랐다고 한다. 게랑은 남편을 지극히 대하였고, 야무져서 가난한 살림에도 저금을 불릴 수 있었다.

쥐스텡 비도가 1852년 누보테의 계열상점이었던 "봉 마르셰"를 공동경영하자는 제안을 받았을 때, 모아둔 5만 프랑으로 그 권리의 반을 살 수 있었던 것도 아내 덕분이었다. 부시코의 혁신적 경영에 겁이 난 쥐스텡이 나머지 절반의 권리를 팔고 달아난 시점에 봉 마르셰는 종업원 12명에 매장 수가 4개, 연매출액 45만 프랑이었다. 그로부터 11년 후인 1863년에는 연매출액이 700만 프랑을 넘었다.[33]

부시코 봉 마르셰 설립자의 생전의 모습

부시코는 봉 마르셰(싸다라는 뜻)라는 명칭답게 최대한 물건을 싸게 팔았다. 다른 상점은 30~40%의 마진을 남겼지만, 그는 20% 정도의 마진을 남겨 저렴한 가격으로 상품을 많이 파는 박리다매의 전략을 펼쳤다. 개별 상품판매의 순이익은 4~5%밖에 안 되었지만, 판매량이 많아 오히려 득이 되었다.

물건값을 낮추기 위해서는 어떤 모험도 두려워하지 않았다. 영국이나 네덜란드, 벨기에서도 물건을 들여와 국내 제조업체들과 경쟁을 시켰다. 이제 막 대량생산 시기로 진입하고 있었던 그 무렵은 물건이 귀하여 제조업체가 유통권력을 갖고 있었던 시대이다. 그러나 부시코는 오늘날의 대형 할인점과 같은 다양한 공급망을 구축하여 직물공장과 작업장을 지배하는 구도를 만들었다.

그럼에도 이 당시 그의 회사신문 『봉 마르셰 소사』를 보면, 제조업체와 수평적 협력의 상생정신과 소비자인 대중의 이익을 최우선시하는 그의 유통 철학이 생생하게 보인다.

> (봉 마르셰 소사, 1867.10)
>
> 당사의 매입 담당자와 생산업자는 동일한 이해관계를 가지고 있으므로 새로운 상품을 만들어내기 위해 함께 생각하고 노력한다. 상업도 공업도 이렇게 끊임없이 새로움을 추구하며 발전해 가는 것이다.
>
> 이러한 봉 마르셰의 방법이 어떤 경제적 이익을 가져왔는지는 주지하는 바와 같다. 즉 봉 마르셰는 우리나라의 공업에 일거리를 공급하는 동시에 다량의 주문을 냄으로써 유리한 조건으로 제조업자와 거래할 수 있게 되는 것이다. 그 결과 소비자도 똑같이 유리한 조건으로 물건을 살 수 있게 된다.[34]

19세기 프랑스 파리의 겨울은 어둡고 차갑다. 온통 석탄가루를 뒤집어쓴 건물들이 시꺼멓게 늘어서 있고, 퀴퀴한 매연 냄새가 진동하는 울퉁불퉁한 거리에는 찬바람이 매섭다. 시내를 다니는 마차도 적어 아예 사람들은 외출할 생각도 못한다. 이러하니 겨울철은 옷이 팔리지 않는 계절이고, 상점운영이 매우 어려운 시기다. 부시코는 어느 날 창가에 내리는 하얀 눈을 보면서 기막힌 아이디어를 떠올린다.

웬만한 파리의 여인들이 눈을 부릅뜨고 달려 왔다는 "엑스포지시옹 드 블랑(백색 대매출)"이라는 지구 최초의 바겐세일을 창안한 것이다. 이 행사는 매년 2월초, 전 매장을 백색 천으로 바꾸어놓고, 여성 속옷과 혼수감 등 하얀색의 옷가지만을 할인 판매하는 행사이다. 결혼식 신부들을 위한 다양한 흰색 드레스도 선을 보였다.

옛날이나 지금이나 유통은 돈과 상품이 잘 돌아야 하는데 항상 재고처리가 문제였다. 오늘날에는 백화점에서의 할인행사, 아울렛, 지방의 할인판매행사 등 다양한 재고처리방법이 있지만 당시에는 그런 개념이 없었다. 의류를 팔다 남으면 친척이나 종업원들이 입었고 그래도 남으면 안고 가는 것이 재고라는 인식이었다. 그런데 제조업체나 소매점이나 대형화될수록 재고처리가 잘 안 되면 기업이 위험해진다. 부시코의 바겐세일은 당시 상업을 한 단계 발전시킨 최고의 발명품이었다. 또 하나의 겨울철 마케팅 걸작품인 미국백화점에서 발명한 12월의 산타크로스는 아직 없었던 시절이다.

부시코는 늘 점원들에게 상품을 무리하게 팔아서는 안 된다고 교육시켰다. 의류에 결함이 있으면 손님에게 반드시 알려주도록 했다. 아직 사용하지 않은 상품을 고객이 반품을 원할 때, 언제든지 환불해주거나 다른 상품과 교환해주겠다고 선언했다. 반품으로 입은 손해보다는 고객의 신뢰를 얻는 것이 긴 안목에서 득이 된다고 생각했고, '신뢰'가 상업의 기본이라고 믿었다. 이러한 그의 상업적 신념과 철학은 봉 마르셰 영업규모를 계속 확장시켜 인접 건물로 점포를 확대해갔다. 매장을 조금씩 덧대어가며 넓히다 보니 상품구성도 하기 어렵고 매장 모양새도 안 좋았다. 대안은 하나, 대형 상가를 어딘가에 건설하는 일이다.

세계 최초의 백화점을 건설하다

파리의 중심지역 5,000m^{2}의 광대한 부지에 역사상 최초의 백화점 공사가 1869년 9월 9일 시작되었다. 공사는 에펠탑을 건설한 젊은 건축기사 에펠에게 맡겼다. 주변의 사람들은 어마 어마한 공사현장을 보면서 "아니 이게 상점인가? 궁궐인가?" 하면서 부시코는 곧 망할 것이라고 수군댔다.

그의 생각은 달랐다. 지금까지의 판매 품목은 비단과 무명, 몇 점의 기성복, 와이셔츠와 넥타이, 속옷과 장갑, 그리고 침대 시트류와 화장도구, 부인용 모자뿐이다. 건물이 완성되면 신사복, 숙녀복, 아동복 코너를 만들고 침대와 의자 등 가구와 주방용품, 가죽제품과 문방구, 도자기, 화장품과 여행용품, 구두, 장난감 등 모든 생활용품을 한곳에서 판매하여 소위 원스톱쇼핑이 가능한 백화점百貨店을 만들 구상을 하고 있었다.

세계 최초의 백화점(봉 마르셰)

또한, 건물 외관부터 다른 상점과 달라야 한다고 생각했다. 그의 집념은 1870년의 보불전쟁에도 불구, 신관은 공사시작 3년만인 1872년에, 사방의 모든 전관은 착공 18년 만인 1887년에 완공되었다. 이로써 인류 최초의 백화점이 탄생한 것이다.

부시코는 유통의 달인이었다. 백화점을 경영하면서 봉 마르셰 학교를 만들어 그 당시 막 생겨나는 중산층에게 이런 때에는 이런 의상을 입고 가구와 식기류는 이렇게 배치한다고 라이프스타일을 교육했다. 2층의 독서실에는 신문이나 책을 비치했고, 그림과 조각을 전시한 갤러리를 만들어 상업에 문화를 접목하기도 했다.

문화전략의 극치는 봉 마르셰 종업원으로 구성된 오케스트라 연주였다. 가끔 오페라 극장의 스타가수도 초청되었는데, 당시 상류층의 문화를 접하기 어려운 중류층 소비자들에게 대단한 인기를 얻었다. 화장실이 거의 없었던 파리의 거리에서 백화점 안의 냄새나지 않는 화려한 화장실은 언론이나 시중에서 이야깃거리였다.

그의 유통전략은 한 단계 더 도약했다. 지금까지는 백화점에 상품을 진열하여 '고객들을 오게 하는' 영업방식이었다. 그런데 공간·시간적 제약으로 백화점에 올 수 없는 고객들이 더 많다. 이들에게 백화점의 좋은 상품들을 '보게' 하는 마케팅 전략, 상품을 소개하는 전단을 만들어 소비자들에게 배포하는 카탈로그 쇼핑을 개발한 것이다.

부시코는 이 카탈로그를 프랑스 국내지역은 물론, 독일, 스위스, 이탈리아, 폴란드까지 무료로 배송하였다. 프랑스 지방과 외국지역에서 주문받은 통신판매 규모는 매년 증가하여 1902년에는 총 3,300만 프랑에 달하였고, 아메리카 대륙에서도 약 100만 프랑의 주문이 있었다고 한다.[35] 그의 카탈로그 상업은 온 유럽과 미국, 일본의 상인들까지 새로운 눈을 뜨게 하였고, 전 세계로 퍼져 나갔다.

부시코의 죽음 봉 마르셰 전관이 완성되기 전 67세의 나이로 1877년에 갑자기 운명하였다. 창업시절부터 부시코를 도와 온 그의 부인 역시 대인大人이었다. 마르그리트 게랑 여사는 봉 마르셰 임직원들로 주주를 구성한 주식합자회사를 만들고 남편이 남긴 전 재산을 회사에 기부하였다. 그의 남편이 타계한 지 10년 후인 1887년 세상을 떠날 즈음에는 회사주식 전체 400주 중 자신이 갖고 있던 250주 전부를 종업원에게 양도했다.[36] 이로써 부시코와 그의 부인이 평생에 걸쳐 쌓아 올린 봉 마르셰는 이 기업을 위해 땀을 흘린 종업원들의 회사가 된 것이다.

생전의 부시코는 종업원들에게 관심이 많았다. 그 당시 종업원들의 주거시설과 식사내용은 형편없었다. 그는 신관 4층에 800여 명이 식사할 수 있는 직원식당을 만들고 무료로 식사를 제공하였다. 고기와 생선, 채소 그리고 포도주를 곁들인 당시 최고의 메뉴였다고 한다. 다른 상점들은 상상하기 어려운 직원 휴게실과 의무실, 도서실을 만들고 독신자 기숙사도 무료로 제공하였다.[37] 지금도 가끔씩 그렇겠지만, 그 당시 백화점을 출입하는 상류층 고객들은 직원들을 무시하는 경향이 있었다. 부시코는 사환에서 매장 주임까지 깨끗한 옷맵시와 남자직원들에게는 출퇴근 시 실크해트를 쓰고 다니도록 요구했다. 직원들에게 영어와 고급 스포츠인 펜싱도 가르쳤다.

부시코 부부는 1869년 9월 9일 백화점 신관 초석 밑에 선서문을 묻었다. 이 문안을 보면, 그의 경영철학과 기업가 이념이 잘 나타나 있다.

> 여기에 건립되는 이 특별한 건물에, 우리는 박애주의에 바탕을 둔 조직을 세우기를 간절히 바랍니다. 우리는 항상 우리의 노력에 성공이라는 관을 씌워 보답해 주시는 신께 감사드릴 수 있기를 바랍니다. 우리가 동포에게 봉사하는 마음으로 임하기만 한다면 이 조직에 의해 소원을 이룰 수 있을 것으로 확신합니다.[38]

그는 직원들의 퇴직 후 삶까지 걱정을 하였다. 희망하는 직원들에게 사내저금을 장려하고, 그가 죽기 1년 전인 1876년에는 기업의 순익에서 기금을 내는 퇴직금 제도를 신설하였다. 퇴직금 지급 연령은 남자 55세 여자 45세이다. 그로부터 10년 후인 1886년 부시코 부인이 퇴직한 직원들에게 매년 일정액의 연금을 주는 양로연금제도를 발표했을 때에는 직원뿐만 아니라 온 프랑스 국민이 감동하였다. 이 연금용 기금에 그녀는 500만 프랑을 기부하였고, 매년 봉 마르셰의 순익에서 충당토록 하였다. 그 이듬해 세상을 떠났을 때에는 2만여 명의 인파가 몰려 그녀의 공덕을 기렸다고 한다.[39]

역사상 최초의 백화점인 봉 마르셰는 유통산업은 물론 전체 산업발전사에 특별한 의미를 갖는다. 부시코가 만든 근대식 백화점은 수많은 제조업체들에게 판로를 제공하고 넓혀서, 취약한 초기 산업사회 발전의 활력을 넣어주었다. 소득이 적었던 소비자들에게는 값싼 상품을 공급하여 삶의 안정과 질을 높였다.

상인이라고 하면 교활하고 거짓말 잘하는 사람으로 생각했던 시절, 같은 상품도 고객에 따라 다른 가격으로 팔았고, 일단 상점에 들어가면 무엇인가를 사지 않고는 나오기 어려운 강매가 성행했던 시기였다. 이런 후진적 상업을 고객들이 안락하고 편안한 매장에서 많은 상품들을 자유롭게 구경하며 정찰제로 구입하는 유통업으로 혁신시켰다. 이것은 소매업 역사상 일대 전환점이었으며, 봉 마르셰 이전과 이후를 '전근대'와 '근대'로 나눌 수 있게 한다.[40]

봉 마르셰Bon Marche 본을 받아 유럽 인접국과 미국, 일본, 중국 등 전 세계 지역에서 백화점들이 계속 출현함으로써, 각국 유통시장의 모습이 달라졌다. 파리에 라파예트와 프렝땅, 런던에 헤로드와 셀프리지, 베를린에 베드르 하임, 뉴욕에 스튜어트, 도쿄에 미쓰코시, 상하이에 융안백화점 등이 개점되었다. 20세기 초에는 호주와 브라질, 남아공, 터키 같은 나라들로 퍼져나갔다.

각 나라마다 유통환경은 다르지만 이들 모두가 봉 마르셰를 모델로 하여 만들어진 것들이다. 문화와 오락이 곁들인 화려한 궁전 같은 시설에 다양한 상품을 진열해놓고 정가로 판매하는 방식이고, 바겐세일 등 마케팅 방법도 유사했다.

파리 바빌론 역 근처의 봉 마르셰 백화점은 오늘날까지 문화와 예술 마케팅으로 시크한 파리지엥들이 가장 좋아하는 백화점이고 특히 패션관과 식품관이 유명하다. 우리나라의 롯데와 신세계, 현대백화점 또한 개점초기에 일본으로부터 백화점 시설과 운영방식 등을 배웠으니, 따지고 보면 봉 마르셰가 원조인 셈이다.

각국으로 전파된 부시코의 현대식 매장 건설과 상품판매, 관리방식은 그 나라의 유통 효율성을 높여, 소매업과 제조업을 발전시켰고 국가 경제발전에도 크게 기여하였다. 또한, 가난하고 배우지 못한 하류로 취급받던 직원들을 예의와 겸양이 밴 부르주아에 봉사하는 부르주아, 즉 "화이트컬러" 직원으로 만든 첫 번째 사례로 세계 노동사에도 큰 업적을 남겼다.

그는 단지 상품을 판매하여 이문을 남기고 돈만 버는 장사꾼이 아니었다. 진정으로 소비자 이익을 위하고, 유통업을 상도商道와 문화로 승화시킨 상업의 개척가다. 또한, 20세기 초반 자본주의 시대의 삶의 방식을 가장 잘 드러내주는 공간을 만든 창조자였고[41] 예술가였다. 그는 오늘날의 현대식 유통업으로 발전하게 한 제2차 유통혁명을 이끈 선구자였으며, '따뜻한 자본주의'를 실천한 위대한 기업인이었다.

오래 지속된 국내 재래시장의 모습

보부상

전형적인 농업국이었던 고려, 조선시대의 사람들은 토플러의 제1물결의 삶처럼 마을중심으로 자급자족하며 살았다. 다만, 중앙집권적 국가였기에 마을과 마을 간의 이동은 유럽보다는 다소 많았을지도 모른다. 곡식과 채소와 같은 농산물은 물론이고 의복과 신발(짚신)도 부락단위에서 생산하고 소비하였다. 일반 농어촌에서 생산할 수 없는 항아리와 자기그릇은 보부상들이 지게나 어깨에 메고 다니며 파는 원시적 시장형태였다. 보부상위에는 오늘날 도매상격인 객주가 있어 이들에게 물건과 숙식을 제공하고 신변안전도 지켜주었다.

임금과 양반들이 사용했던 비단과 향료 등 특별한 물건들의 유통은 주로 공무역형태로 이루어졌다. 고려시대에 송나라 사신이 올 때마다 개경에 큰 시장이 열려 중국인들은 비단, 자기, 금박, 차, 서적, 악기와 서남아시아 지역 산물인 상아, 침향, 설탕을 가져왔고, 고려인들은 인삼과 금, 구리, 초석, 나전기구 등을 서로 거래했다. 특히 고려의 청자기와 인삼, 종이와 먹은 중국인들에게 인기가 많았다. 민간무역도 점차 활발해져, 송나라 상인들이 120여 회에 걸쳐 5,000여 명이 고려를 왕래하였다. 규모는 작았지만, 일본과 아라비아 상인들과도 교역을 하였다.[42]

조선시대는 농업을 중시하고 상업을 억제하는 '중농억상重農抑商' 정책으로 시장이 제대로 형성되지 못했다. 왕실과 조정에서 필요한 곡식은 각 지방 관아에서 농민에게 거둬들인 세곡稅穀으로 충당했고, 양반관료들은 국가로부터 봄, 여름, 가을, 겨울 4차례에 걸쳐 곡식과 명주, 저화 등을 녹봉으로 받았다.[43] 나머지 한양 백성들은 재래시장에서 필요한 식량과 땔감을 구해야 했는데, 조정에서 허가 한 관설시장인 육의전(종로시장)에 독점적 상권을 부여하여 가격횡포 등 폐해가 심하였다.

남대문과 동대문, 마포에는 무허가시장인 난전亂廛이 있었다. 이곳에서 정부 관리들은 천민인 상인들을 수시로 잡아 가두고 물건을 빼앗아 그들에게 뇌물을 상납하거나 결탁하기도 하고, 속으로는 '비웃고 원망하며 비방'하는 시장문화가 형성되기도 하였다.[44]

궁궐신축 등 대규모공사나 과거시험 보는 때에는 소란하였지만, 평상시 한양의 시장규모는 작았고 조용했다. 정조 24년(1800) 3월에 시행된 정시*의 경우, 초시에 응시한 자가 문과 11만 1,838명, 무과 3만 5,891명으로 모두 14만 7,729명이었다. 전 해인 1799년 서울 한양의 인구가 19만 2,662명이었으니, 거의 한양 전체 인구와 맞먹을 정도의 사람들이 몰려든 셈이다.[45] 많은 사람들이 친척집에서 숙식을 하고도 대부분의 사람들은 임시로 설치한 숙박시설과 음식점에서 북적거렸을 것이다.

* 정시(庭試) : 나라에 경사가 있을 때 대궐 안에서 보던 과거시험

삼국사기에 따르면 신라 소지왕 12년(서기 490년) 경주에 경사시라는 시장이 섰고, 고려시대에는 한 달 간격으로 열리는 시장이 있었다고 한다.[46] 고려 수도인 개성지역 외의 다른 큰 마을에 이런 시장이 있었는지는 확실하지 않다. 있었다고 해도 인구 1~3만의 마을에 작은 상점 십여 개의 규모였을 것이다.

조선의 조정은 아예 한양 이외의 지방에서 시장서는 것을 금지하였다. 농업을 떠나는 이농자移農者들을 막기 위한 정책이었다. 그러다가 1470년대인 성종 초기 전라도에 심한 가뭄이 들자 식량교역을 위한 상점이 처음 만들어졌다.

시장다운 시장은 구한말 고종시대에 생겼다. 유럽처럼 공업화로 상품이 많아져 시장이 형성된 것은 아니다. 외국 열강과의 조약으로 시장이 개방되면서 외국상품들이 국내시장에 들어 온 결과다. 일본과의 '조일수호조규'1876 체결 이후, 1882~1983년 미국, 영국, 프랑스, 독일, 러시아와의 수호통상조약 체결로 문호가 개방되어 외국 상품들이 물밀듯이 들어온 것이다.

시장은 풍성해졌다. 신발은 짚신과 나막신에서 비가 와도 물이 새지 않는 고무신과 운동화, 구두가 시장에 등장했다. 난방과 취사용 연료는 땔감 나무에서 석탄이 추가되었고, 석유로 등잔불을 밝히기 시작했다. 성냥은 화로에 불씨를 지키기 위해 밤낮을 설치며 전전긍긍해야 했던 여성들의 굴레를 벗겨주었다. 시계, 세숫비누, 자전거도 볼 수 있었다.[47]

전국적으로 큰 마을에는 시장이 생겼다. 조선 말기 고종시대 증보문헌비고增補文獻備考에 의하면 전국 1,075개소의 시장이 형성되었다고 한다. 이중 5일마다 시장이 열리는 5일장이 1,016개소로 제일 많았고, 10일장은 48개소, 매달 9~12회 열리는 시장이 11개소 있었다.[48] 오늘날 두산그룹의 시초인 "박승직 상점"도 이 당시 1896년도에 서울 종로4가 배오개에서 문을 연 상점이다.

한양과 시골의 시장모습은 달랐다. 마을과 마을 간의 이동이 적었던 시절에 5일장이나 10일장은 외부의 소식과 문물을 접할 수 있는 유일한 기회였다. 장터에서는 노래와 춤을 파는 사당패들의 외줄타기 묘기도 보고, 이웃마을 친지나 친구들과 주막에서 술도 한 잔 할 수 있었다.

수도 한양과 전국지역에서 시장이 형성되자 외국 수입품의 공급망도 생겼지만, 농어촌과 도시를 연결하는 국산 농수축산물의 공급망이 구축되기 시작했다. 우마차와 지게로 운송, 판매하는 원시적인 것이지만, 한반도에서 최초로 일어난 전국적 규모의 상업 활동이었다. 유럽에서 산업혁명으로 발전된 전국적, 국가 간 상업 활동을 1차 유통혁명이라고 한다면, 국내 유통사에서는 이시점이 제1차 유통혁명의 시작이라고 할 수 있겠다.

도시와 농어촌에 활기가 돌았다. 그러나 이것도 잠시였다. 조선이 일제 식민지로 전락하여, 큰 어장과 곡물 공급망 등 주요상권이 일본인 손에 넘어감으로서 조선상인은 몰락하는 암흑기를 맞는다.

일찍 개화된 일본은 시장의 중요성을 알았다. 1910년 8월 22일, 한일합방조약으로 한반도를 강점한 일본은 바로 그해 시장의 설치와 변경에 관해 총독부의 허가를 받도록 한다. 1914년에는 시장규칙을 발포하고 체계적으로 통제하기 시작하였다.[49]

일제가 조선의 시장을 중요시한 것은 조선 경제의 중심을 통제하려는 것이다. 또한, 사람들이 많이 모이는 곳을 통제하려는 의도가 있었다. 일제는 1939년 "조선미곡주식회사"를 설립하여 미곡시장을 독점하였으며, 조선인들이 주로 사용하는 재래시장에는 판매액의 1/100을 시장세로 내도록 규정하고, 일본인들이 사용하는 공설시장은 사회시설이란 이유로 세금을 면제했다.

우리 상인들의 원성이 높아지자 시장세는 1926년에 폐지되었지만, 각 시장별로 시장진흥동맹회 등 친일단체를 만들어 시장을 지배하였을 뿐만 아니라, 큰 어장 등 주요 생산지와 시설을 일본인들이 소유하였다.[50]

관청 소요물자의 납품권, 곡물시장과 어채시장의 상권도 일본인들이 장악하자 조선시대의 육의전과 객주는 몰락하였다. 대신 1920년대부터 한국인에 의한 상설 소규모점포가 증가하였는데 총독부 조사자료에 의하면 1924년에는 서울과 변두리에 66개소의 소매점포가 있었고, 1938년도에는 전국에 74,493개의 일용잡화상점이 있었다.

서울의 종로 일대에는 우리 민족상점들이, 명동 일대에는 일본상인들의 점포가 있었다. 노점시장이었던 서울의 남대문시장도 기와집과 함석 지붕건물을 갖춘 시장으로 변모하였다.[51] 삼성의 모태가 된 "삼성상회"는 1938년 대구에서 문을 열었다. 지하 1층 지상 4층인 목조건물에서 별표 국수를 만들고, 청과물과 건어물을 판매하였다고 한다.

일본상인들의 시장장악은 조선 상인들의 생존을 위협했다. 그럼에도 일부 상인들은 전국 장터를 누비며 정보를 수집할 수 있는 능력을 바탕으로 항일운동에 협력하고 참가하였다. 이러한 민족 상인들의 활동 덕분에 사농공상 신분구조상 천민으로 남아있던 계급의식이 퇴조하기 시작하였다.

(상인들의 독립운동사례)

1898년 10월에는 독립협회 운동에 참여하기 위해 종로 가게들이 문을 닫았으며, 1904년에는 일제의 황무지개척권에 대항하는 철시를 단행하였고, 1905년의 을사조약 체결 시와 1907년의 고종 강제 퇴위에도 이에 저항하는 철시 투쟁을 하였다.[52]

1919년 3월에 발표된 "경성시 상민일동 공약서"에는

1. 3월 9일에는 상점을 일체 폐점할 것
2. 모든 상인은 만세운동 시위에 가담할 것
3. 약속을 어긴 상점은 응징할 것

등의 내용이 담겨있다.

실제로 3.1운동 당시 1,000여개의 상점들이 일본 경찰이 점포 문을 열 것을 강요했지만, 4월 중순까지 의연히 철시를 계속했다.[53]

특기할 만한 사실은 일제가 전국 거의 모든 시장을 장악하였으나, 개성 상권은 건재하였다는 점이다. 그 옛날 고려시대 송나라와 빈번하게 교역한 개성상인들은 조선시대에도 중국과의 교역과 국내 상업을 발전시켰는데, 당시 사용한 회계장부인 개성부기는 현대의 서양식 복식부기에 비하여 손색이 없을 정도였다.[54]

일반백성들의 삶은 피폐해졌다. 수입상품 1위인 면제품 옥양목과 막베는 1910년 영국제품이 52%, 일본제품이 47%였으나 점차 일본제품으로 독점되었다.[55] 이 결과 부르는 게 값이라 서민들은 제대로 된 옷이 없었다. 1923년 최초로 광목을 출하한 민족자본의 경성방직은 생산규모도 작았고, 일본제품과의 경쟁에서 어려움을 겪었다.[56] 좋은 쌀은 일본으로 가고, 중국으로부터 들어오는 질 나쁜 좁쌀과 콩깻묵이 주된 식량이었는데 이마저도 부족한 실정이었다. 식민지의 고달픈 삶이 일

제 36년간 지속되었다.

일제로부터 해방된 이후에도 국민생활은 좋아지지 않았다. 오히려 해방 직후의 혼란, 남북한으로의 분단으로 더 나빠졌다. 대다수 국민들은 식량과 옷감이 없어 굶주리고 헐벗은 기아상태에서 헤맸다. 정치적으로도 좌우익으로 나뉘어 서로 죽고 죽이는 이념전쟁이 치열했다. 이 당시 우리나라 총인구는 2,512만 명, 이중 남한에 약 63%인 1,590만 명이 살고 있었다.[57] 한반도 지형구조가 농지면적은 남한에, 지하자원은 북한에 편중되어 있는데다가, 남쪽 지역은 경공업 위주로, 북쪽 지역은 중공업 위주로 발전된 상황이었다. 현격하게 차이나는 지형과 산업구조에서 남북한으로 분단된 결과는 참담한 것이다.

또한, 당시 약 9,300여 개 제조공장의 소유주와 기술자였던 일본인들이 달아나 공장운영이 어려웠고, 기계부품을 구할 수 없어 유지보수도 쉽지 않았다. 당시 국내 발전량의 92%를 차지하던 북한이 1948년 5월 14일 전력공급을 중단하자 산업생산은 결정적인 타격을 입었다. 해방 후 남한의 공업생산능력은 그 전의 30% 미만으로 떨어졌다.[58] 이런 상황에서 1950년 6월 시작된 3년간의 6·25 전쟁은 그나마 남아 있던 모든 것들을 폐허로 만들었다.

6·25전쟁으로 한국인과 유엔군이 약 150만 명(북한 및 중공군은 약 250만 명)의 인명피해가 있었고, 수많은 주택들과 제조공장은 70~80%, 전력시설은 80% 이상, 철도시설은 47% 이상 파괴되었다. 전후 복구와 국민생계는 주로 외국의 원조에 의존할 수밖에 없었다. 국제연합의 한국재건단UNKRA과 FOA의 원조자금으로 주요 산업시설과 주택을 건설하였다. 미국은 1945년부터 1961년까지 17년 동안 총 31억불의 경제원조로 국민생계를 지원했으며, 3~4억불의 군사원조를 제공하였다.[59]

모든 물자가 절대적으로 부족했다. 먹고 살아야 하는 식량과 의복, 신발 등 생필품마저 구하기 어려웠다. 그럼에도 화폐는 시중에 풍부하게 돌았다. 일제가 패망하고 미군이 남한에 진주하기까지 20여 일간 조선총독부는 거액의 화폐를 발행하여 일본인들에게 배포하였다. 우리의 새 정부도 세수입은 적고 국방비와 행정비용은 증대되어 계속 통화를 발행해야 했다. 곧이어 6·25전쟁 비용 조달을 위한 통화증발로 전후 물가는 최악의 상황이었다. 해방이후 1960년까지 서울시 소비재 도매물가는 무려 2129배, 소비자물가는 1739배나 상승한 것이다.[60]

6·25전쟁 후, 외국으로부터 긴급구호물자가 들어오자 시장이 다소 활기를 띠기 시작했다. 서울의 인현시장을 비롯하여 염천교, 청계천 부근에는 정부로부터 허가받지 않은 "자유시장"이 생겼다.

1960년대 동대문시장

남대문시장과 광장시장(동대문시장의 전신), 청계천변의 시장들은 천막이나 종이판자로 만든 '하꼬방' 가게에서 구호물자 또는 미군부대에서 불법으로 흘러나오거나 홍콩 밀수품인 화장품, 장신구 같은 외제품을 주로 판매하여 '양키시장'이라고 불렸다.

시골의 재래시장은 더욱 한심했다. 상품도 별로 없었지만, 농민들이 보따리에 곡물을 갖고 시장에 나가면 상인들이 갖고 다니는 되와 말을 사용하여 거래하였는데, 기구자체가 제각각이고 물량을 속이기 일쑤였다. 지금부터 50년 전인 1960년대 초까지 이런 시장에서 이런 거래가 지속된 것이다.

국내시장의 근대화

시장은 상품이 다양하고 고객들이 많아야 시장답다. 그러나 세계에서 가장 가난한 국가였던 1960년대의 우리나라는 상품을 생산할 공장도 소비자들의 구매능력도 거의 밑바닥 수준이었다. 시장에는 상품도 별로 없고 찾는 사람도 적어 거래가 많지 않았다. 대부분의 상인들은 하루 벌어 하루 살아가는 서민 중의 서민들이었다.

재래시장은 오늘날 아프리카 후진국 시장의 모습이었다. 여름에는 비가 줄줄 새고, 겨울에는 찬바람이 그대로 들어오는 종이판자 상점들이 다닥다닥 붙어있다. 시장 바닥은 항상 질퍽거리고 지저분했다. 천막으로 둘러싸인 간이화장실도 부족하여 항상 줄을 서서 기다려야 했다. 그 인분냄새는 국밥 끓이는 냄새와 섞여져 온 시장통을 항상 덮고 있었다.

70~80년대는 한국역사상 가장 큰 변혁의 시대일 것이다. 진흙탕 시장이 근대적 시장으로 변한 것도 이 시기였다. 시장의 외관이 노점에서 상점으로 변했고, 그 속에는 냉장고, TV, 세탁기 등 가전제품과 각종 식료품, 생활용품들이 다양해졌다. 초기에는 해외 수입품이 인기가 많았지만, 점차 성능 좋은 국산품으로 대체되었다. 기존의 재래시장 외에 백화점이 들어섰고, 슈퍼와 편의점이 등장했다. 소비자 국민들은 단군역사 이래 최초로 다양한 상품들을 보고 즐기며 구입하는 선진국형 쇼핑시대를 맞이하고 있었다.

모든 변화는 기적 같은 경제성장과 산업발전 덕분이다. 국내 총생산은 10년마다 거의 10배 이상 증가하였고, 1인당 국민소득도 1960년 1만원에서 1980년에는 100만원으로 늘어났다. 국민들의 지갑이 두툼해지면서 구매능력이 높아지고, 산업발전이 가속화되면서 시장은 점점 더 다양한 상품들로 가득 채워졌다.

특히 시골 농촌에서 주요 도시로의 인구이동은 유통시장을 전국적으로 크게 확대시켰다. 서울의 인구는 60년 245만 명에서 80년 852만 명으로, 20년 만에 600만 명이 증가했다. 같은 시기에 부산은 약 220만 명, 대구는 120만 명 등 대부분의 주요 도시 인구가 3~4배 증가하였다. 도시가 커질수록 시민들이 먹고 입고 자는데 필요한 기초 생필품의 수요는 커지게 마련이지만, 위와 같이 인구가 급팽창할 경우에는 수요 증가에 공급능력이 따라가지 못하여 항상 비상 상황이었다.

한국의 경제성장과 인구이동현황

	60	70	80	90
국내 총생산(100억 원)	24	276	3,877	18,669
1인당 국민소득(천원)	10	90	1,000	4,350
남한인구(만 명)	2,499	3,224	3,812	4,287
서울(만 명)	245	568	852	1,047
부산(만 명)	116	205	331	380
대구	68	129	189	229
인천	40	80	125	190
광주	31	65	87	112
대전	23	55	82	104

자료: 통계청, 한국은행

국민들의 민주화, 자유화 열망에 따른 정부의 여러 가지 정책들과 국제화로 이끈 세계적인 스포츠 행사도 유통시장을 확대시켰다. 80년대 초반의 야간통금해제1982.1와 컬러 TV 방영1981, 교복 자율화1983, 그리고 1986년 아시안게임과 1988년의 올림픽 개최는 경제사회 각 분야에 다양성과 활력을 불어넣어 소비를 큰 폭으로 촉진시켰다.

국내 도소매 유통시장 규모는 68년 총매출액 5,400억 원에서 21년 후인 89년에는 85조 4,800억 원으로 무려 158배 증가하였다. 점포수도 1백만 개소가 넘었고, 종업원 수는 52만 명에서 272만 명으로 크게 늘었다. 경제발전이 누적되어 소비자들의 지갑이 더욱 두툼해지는 90년

이후에도 국내 유통시장은 지속 성장하는데, 이 기간 중 경제발전과 유통산업의 기반이 조성된 덕분이라고 할 수 있다.

세계 각국의 산업화 과정에서 이처럼 대규모의 인구가 초고속으로 이동한 사례가 있는가? 국민생존을 위한 연료와 농수산물, 각종 생필품의 수요가 이토록 폭발적으로 증가한 사례는 있었던가? 우리는 도시건설이나 물자공급 등 무엇이든지 '빨리 빨리' 하지 않으면 생존할 수가 없었다.

국내 도소매업 발전 추이

	68	79	89	99	2009
매출액(100억 원)	54	1,104	8,548	29,650	66,641
점포수(천 개소)	278	446	1,095	877	861
종업원수 (천 명)	523	882	2,726	2,192	2,626

자료: 통계청(도소매업조사 자료)

국내 최초로 시행한 1968년의 전국도소매업 센서스에 의하면, 도소매업 및 서비스업체 42만 개소 중 법인은 0.4%에 불과한 1,584개소이고 나머지는 모두 개인 업체였다. 영세한 상인들이 재래시장과 골목길의 작은 점포에서 간단한 생필품을 판매하는 것이 유통시장 거의 전부였던 시절이다.

이런 시장에 백화점과 중대형 슈퍼가 등장했다. 일반적인 상식으로는 재래시장과의 유통전쟁은 이미 끝난 게임이라고 생각하겠지만, 실제는 그렇지 못했다. 70~80년대 건설기업들이 상가와 아파트를 건설하면서 대형 슈퍼와 백화점을 개장하였지만, 모두 파산하였다.

이 당시 전국적으로 107개소의 백화점들이 개장[61]되었으나, 대부분의 기업들은 도산되어 롯데와 신세계, 현대 백화점 3강시대가 열린 것이다. 아래의 유통기업들은 그 당시 꽤 유명해서 모두 알만한 이름들인데 오늘날 흔적도 없이 사라졌다.

미도파, 새로나, 그랑프리, 그랜드, 영동, 여의도, 유니버스, 크리스탈, 파레스, 삼풍, 코스모스, 제일백화점, 한남체인, 해태유통, 뉴서울 슈퍼마켓, 새마을 슈퍼체인, 여의도 쇼핑센터, 한양쇼핑센터, 한양유통 영동점, 인천백화점, 희망백화점, 안양 본백화점과 벽산쇼핑, 부천의 로얄백화점과 의정부의 진로백화점, 부산 미화당 백화점, 유나백화점, 부산백화점, 태화쇼핑, 스파쇼핑, 세일세일 백화점, 천안의 한양유통, 전주의 코아백화점, 포항의 포라원백화점과 대백쇼핑, 울산의 주리원과 현대쇼핑, 현재모드니, 마산의 성안백화점, 제주도의 신한백화점, 청주의 흥업백화점 등

한국 민족자본의 최초 백화점(화신)

국내 최초의 백화점은 1930년 일본자본으로 설립된 미쓰코시 경성지점과 민족자본으로 설립된 화신백화점1931이다. 1954년에는 미도파 백화점이 개점되었지만, 해방 전에도 그랬고 이때도 매장을 채울 만한 상품이 적었고, 국민소득이 낮았던 시절이라 경영이 순탄치 않았다. 그러나 80년대는 다르다. 소비와 매출이 급신장되는 시장에서 많은 백화점들이 문을 닫은 것이다. 이들의 실패요인은 무엇인가?

이 당시 성공한 신세계와 롯데, 현대백화점은 무엇이 달랐던가? 이들의 공통점은 사업 초기에 선진유통기법을 일본 기업들로부터 배우며 상업능력을 키워 나갔다는 점이다. 1963년 동화백화점(전 미쓰코시 지점)을 인수한 신세계는 최초로 직영 백화점 방식으로 경영하면서 일본 미쓰코시 백화점에 직원들을 계속 연수를 보냈다. 그 이듬해인 1964년 최초의 쇼핑가이드를 시작으로 바겐세일, 정찰제 실시, 환금환품제, 자

유관람제, 포장서비스 등 선진유통기법들이 하나씩 정착되었다. 1984년에는 상품판매와 정보관리를 위해 POS시스템과 VAN시스템을 구축하여 과학적인 경영관리능력을 제고했다.

1979년 말에 시작한 롯데쇼핑은 일본의 다카시마야, 미쓰코시, 다이에이 등과 제휴를 맺었고, 1985년에 압구정점을 개장한 현대백화점은 다이마루 백화점과 협력관계를 구축했다. 이 당시 일본어를 잘 해야 유통전문가가 되고 기업에서 클 수 있다는 말이 돌았다. 3대 백화점의 임직원들은 끊임없이 배우고 노력하며 선진유통기법을 소화하고 그 능력을 향상시켰다.

이런 내공을 쌓지 않았던 기업은 바람 앞에 촛불신세였다. 1975년 정부가 소비억제차원에서 시행한 상품권발행금지조치 후 1년도 안 되어 중견 백화점기업들이 문을 닫았다. 90년대 중반, 대형마트의 등장으로 매출성장세가 주춤하던 때 외환위기가 닥치자 중소 백화점들이 우수수 떨어졌다.

한편, 명품과 패션, 고급 식료품점이라는 브랜드화에 성공한 롯데와 신세계, 현대백화점은 도산된 업체들을 인수하여 더욱 세를 불려 나갔다. 이들 3대기업이 서울과 지방의 백화점을 장악하여 과점체제의 시장이 된 것이다.

전통적으로 유통의 주요 역할을 담당해 온 재래시장도 근대화되었다. 서울의 남대문시장이 1970년 1월에 새로운 시장으로 변했고, 12월에는 동대문 종합상가가 개장되었다. 전국의 재래시장도 천막 위주의 비좁고, 지저분한 시장터가 보다 넓고 깨끗한 상설점포 위주의 시장으로 점차 변화되기 시작했다. 재래시장과 백화점은 70~80년대 국내유통시장의 두 기둥이었다.

소득이 증가하자 생활수준도 높아졌다. 거리의 구멍가게 몇몇 상품들로는 소비자의 욕구를 충족시킬 수 없었다. 보다 넓은 공간의 상점에 많은 상품들이 보기 좋게 진열된 슈퍼마켓이 등장한 배경이다. 한양유통의 '뉴서울 슈퍼마켓'과 '삼풍 슈퍼마켓'이 1968년 개장되었고, 1971년에는 정부가 설립한 새마을 슈퍼체인(9개 점포)이 문을 열었다. 그러나 이들 또한, 1~2년 후 모두 문을 닫았다. 문제는 유통업의 경영관리능력이었다. 당시 유통권력을 가진 제조업체들의 "일물일가"* 원칙 하에서 가격적인 매력도 없었고, 상품구색도 갖추기가 어려웠다.

* 일물일가(一物一價)원칙 : 오늘날 담배가격이 모든 상점에서 동일한 것처럼, 어떤 상점이든지 제조업체가 제시한 소비자가격으로 상품을 판매해야 한다는 원칙

유통업은 제조업과 건설업과는 다르다. 길고 복잡한 유통단계가 있고 수많은 상품들의 소유권이 바뀐다. 다양한 상품의 속성을 알아야 하고, 많은 납품업체들과 연계된 공급망과 자금의 관리, 시의적절한 마케팅능력의 고도화가 필수적이다. 생산지와 소비지의 전국 곳곳에서 다양한 활동들이 펼쳐진다. '사람'이 중요하고 시스템이 필요하다. 자본력도 중요하지만 그것만으로 성공하는 사업은 아닌 것 같다.

70~80년대의 유통근대화는 험난한 도전과 시련의 과정을 거치며 기업들은 유통업의 성공법칙을 체득하였고, 소비자에게는 보다 쾌적한 쇼핑환경을 제공한 시기였다. 또한, 국내 유통산업을 한 단계 발전시켜 90년대 유통시장 개방에 대응할 수 있는 기반을 구축하였다는 점에서 큰 의미가 있다.

이 기간 중 각종 유통관련 법규와 유통인프라도 정비되었다. 「생활필수품시장에 관한 법률」1961, 「근대화촉진법」과 「소비자보호법」1980, 「독점규제 및 공정거래법」1980 등 유통기본법규가 체계화되었고 「신용카드법」, 「화물유통촉진법」, 「할부거래에 관한 법률」, 「방문판매 등에

관한 법률」, 「부정경쟁방지법」, 「옥외광고물관리법」 등 새로운 판매제도에 대한 법률이 제정 공포되었다.

중소유통업 보호정책이 최초 반영된 「도소매업진흥법」1986은 1,000m² 이상의 도소매업 영업장을 설치 시 환경영향평가 등을 거쳐 시도지사의 허가를 받도록 규정하였다. 유통 인프라도 확충되었다. 60년대 말에 '유통혁명 5개년 계획'1970~1974을 수립하여, 기존 도소매시장의 시설정비와 슈퍼 개설을 지원하기 위하여 총 8,569억 원을 투입했다. 서울을 포함한 12개 지역에 유통단지를 만들고, 전국 42개 지역에 화물터미널을 설치한 유통산업근대화정책1980~1984을 추진하였고, 가락동 농수산물도매시장을 1985년 개장하였다.

정부가 제조업과 수출 진흥에 역점을 둔 결과, 유통물류정책에는 소홀하였다는 것이 유통전문가들의 일반적인 시각이다. 유통시장구조와 상거래 유통문화가 형성되는 시기에 정부의 역할은 중요하고 결정적이다. 특히 급속한 도시화로 생필품 수요증가폭이 워낙 커, 공급부족상황에 대응하느라 전전긍긍해야 했던 시기에 담당 공무원들의 잦은 인사교체로 전문성이 부족했던 점은 매우 아쉬운 부분이다. 짧은 시간의 경험과 전문성으로는 노련하고 악착같은(?) 상인들에게 끌려다니기 쉽다. 오늘날의 공무원들도 1~2년마다 교체되어 "알만하면 떠난다"라는 말들을 하고 있다. 이 당시 대표적인 실패사례가 농수산물유통인데 이는 다른 장에서 논의하도록 하고, 아래에 몇 가지 주요 사례만을 소개한다.

(사례 1)

정부는 1961년 제정한 "생활필수품시장에 관한 법률"에서 인구 5만 명 이상의 행정구역을 단위로 하여 "1도시 1개의 도매시장(기업)"을 설치하도록 규정하였다. 인구 5만에 1개 시장이라는 비현실적인 규정도 문제였고, 이를 위반 시 처벌규정도 없어 무질서한 상거래의 무허가시장을 양산하였다. 가락동 농수산물시장에도 이런 구조가 그대로 고착되어 오늘날까지 심각한 문제로 남아있다.[62]

(사례 2) 100세대이상의 공동주택을 건설하는 대지에는 일정기준의 판매시설을 설치해야 한다는 정부규정에 따라 한양, 뉴코아, 우성, 현대, 한신공영, 동아건설, 벽산건설 등 주택건설업체들이 일제히 백화점에 진출하였으나 모두 도산하였다.

(사례 3) 1973년 1차 석유파동으로 소비추세가 급락할 때, 1975년 정부의 서정쇄신 및 소비억제차원에서 시행한 상품권발행금지조치는 시행 1년도 안되어 미즈, 가고파, 새로나, 제일 백화점 등을 도산하게 하였다.

(사례 4) 1979년 12월 17일 개장된 롯데쇼핑은 당시 서울도심에는 백화점을 세울 수 없다는 규제가 문제되어 쇼핑센터란 이름으로 개장하고 1988년에 백화점으로 개명하였다. 백화점진입규제 자체가 문제였지만, 쇼핑센터와 백화점을 다른 것으로 오인한 것이다.

우리나라 경제발전이 그랬던 것처럼 국내 유통시장 또한 짧은 기간내에 크게 변화하고 발전했다. 백화점이 출현하면서 선진 유통기법을 축적하기 시작하였고, 1977년 7월 정부의 부가가치세 신설 이후 백화점에 금전등록기가 설치되어 거래의 투명성과 상관행이 발전하는 유통선진화의 틀이 만들어졌다. 재래시장과 동네슈퍼 들도 점차 모습이 변화되었고, 거리에는 각종 대리점과 단일품목점도 늘어나 전체 종사자는 80년대 말 당시 270만을 넘었다. 상업이 발전하면서 점차 도시의 거리를 밝게 하여 범죄율도 낮추고 사회를 활기차게 만들었다.

그러나 근대적 슈퍼와 중소백화점들의 몰락으로 유통구조는 재래시장과 동네슈퍼, 백화점의 양대 구조가 되어 유통시장이 다양하게 발전하지 못했다. 게다가 백화점은 롯데와 신세계, 현대 등 3대기업의 과점구조로 진전되었다. 특히 농수산 분야는 정부의 무허가시장 철거명령과 단속, 상인들의 반발, 시행과정에서의 충돌이 지속되어, 시설은 근대화되었으나 상거래의 근대화는 이루어지지 않아 농산물 파동이 지속되고 있다.[63]

재래시장과 동네슈퍼 또한 복잡하게 얽혀있는 공급망 구조가 혁신되지는 않았다. 이는 90년대 중반부터 시작된 대형마트와 편의점 등 다양한 유통업태들이 치열하게 경쟁하는 제2차 유통혁명 전쟁에서 상당한 진통과 갈등을 예고하는 것이었다.

2

제 2 차 유통혁명

월마트 창업자
Sam Walton

제2차 유통혁명은 백화점, 대형마트와 슈퍼마켓, 편의점, 온라인쇼핑 등 다양한 소매 업태들이 시장에 출현하여 치열하게 경쟁하면서, 유통업의 대형화와 전문화, 고도화를 이룩한 혁신이다. 미국과 유럽은 개략 1900~1960년대에, 일본은 1950~1970년대, 우리나라는 유통시장개방과 함께 1990년대 중반부터 새로운 혁명이 시작되었다.

지속적인 경제발전으로 개인소득이 계속 증가한 이 시기는 빈곤의 시대에서 풍요의 시대로 가는 전환점이었다. 물자가 부족했던 시절, 물건만 있으면 팔리는 시대에서 수많은 브랜드 상품을 팔아야 하는 유통환경의 지각변동이 있었다. 소비자의 구매행태도 변하였고, 마케팅이나 경영환경의 근본이 바뀌었다. 이제 비로소 고객이 대접받는 시장, 상인을 위한 시장에서 소비자를 위한 시장으로의 혁명이 시작된 것이다.

판이 바뀌다

한 시대를 구분하는 것은 쉽지 않다. 특히 경제 분야는 산업의 환경변화와 기업의 대응활동, 기술발전의 흐름이 연속적이어서 더욱 그러하다. 그럼에도 국내 유통시장은 1970~1980년대 시장의 모습과 1990년대 이후의 시장은 확연히 다르다. 무엇보다도 소비환경의 기본 틀과 유통업의 모습이 변하였으며, 다양한 업태들이 등장하여 무한 경쟁하는 시장구조로 판이 바뀌었다.

상품을 팔아야 하는 시대로 변했다.

우리 민족이 생존물자마저 부족했던 가난한 시대에서 풍족한 시대로 전환된 시기는 1990년 전후의 어느 시점일 것이다. 물건이 별로 없었던 시장에는 상점마다 다양한 상품들로 가득 채워졌다. 소비자가 필요로 하는 수요량보다 산업 생산능력이 커져, 많은 상품들이 시장에서 남아돌았다. 이제 물건만 있으면 팔리는 시대에서 수많은 브랜드 상품들을 팔아야 하는 새로운 시대로 유통환경의 구조가 변화된 것이다. 상품 재고가 쌓여가는 1990년대 중반에는 난생 처음 '절약이 미덕이 아니라 소비가 미덕이다'라는 TV광고를 자주 보았던 시기이기도 했다. 아마도 단군역사 이래 최초의 풍요로운 사회 모습이 아니었을까?

이런 풍요는 우연히 온 것이 아니다. 지난 40~50년간 정부가 선도하고 온 국민들의 피땀 어린 노력의 결과로 일궈낸 지속적인 경제발전의 성과다. 국내 기업들의 산업기술발전과 상품 생산능력이 크게 높아져 다양한 상품들이 출시되었고, 정부의 무역규제 완화로 수입품 또한 시장에서 크게 늘어난 결과다.

통계청 자료에 의하면, 국내 총생산은 1970년 2조 8천억 원에서 1990

년 186조 7천억 원으로 20년 동안 67배 증가하였고, 1인당 국민소득은 1970년 9만원에서 1990년에는 435만원으로 급상승하였다. 한마디로 기적 같은 경제발전이었으며, 다소 성장률이 낮아지는 추세이지만 현재까지 경제발전은 지속되고 있다.

	1970	1980	1990	2000	2010
국내총생산(천억)	28	388	1,867	5,787	11,728
1인당 국민소득(만원)	9	100	435	1,226	2,400

자료: 통계청

수입규제의 완화는 1988년 서울올림픽이 계기가 되었다. 이 대회를 통하여 전 세계인들에게 '가장 가난했던 대한민국이 잘사는 개방된 민주국가'로 발전하였음을 알리기 위한 조치였다. 실제로 서울올림픽 이후 대한민국의 국격은 한층 높아졌고 무역지평은 넓어졌다. 이런 정책목표 아래 정부는 수입제한 품목을 계속 해제하여, 1970년의 수입자유화율은 식음료 32%, 섬유류 36%에서 1987년은 87%, 90년대에는 거의 자유무역 수준에 이르렀다.[1]

국산품과 외국산의 치열한 경쟁을 촉발한 무역규제완화정책은 상당기간 국내기업들에게 큰 시련을 주었으나, 결과적으로 국내기업의 기술능력과 경쟁력을 높여 수출을 촉진하는 튼튼한 경제구조를 만들었다. 또한, 시장개방은 국산품과 외국 상품의 치열한 판매경쟁을 촉진하여 품질 좋고 다양한 상품들이 넘쳐나는 시장을 만들고 상품가격도 하락시켰다. 그만큼 국민 생활은 안정되고 삶의 질을 높일 수 있었다. 정부가 쿼터제로 수입을 제한했던 시절에는 일단 수입허가를 받은 개인이나 기업은 앉아서 큰돈을 벌수 있을 정도로 수입품의 시장가격이 높았다. 수입규제완화는 공정한 시장조성에도 크게 기여한 셈이다.

소비행태의 기반이 변했다. 90년대는 소비자들의 구매행태가 구조적으로 변환되는 시점이었다. 지속적인 경제발전으로 개인소득이 상승세에 있긴 했으나, 1980년대까지는 먹고 사는 데도 빠듯한 소득수준이었다. 1인당 개인소득이 400만 원대가 넘어서는 1990년대부터 기초생활비 외에 여유자금이 생겨 오락, 문화생활을 즐기는 시대로 진입한 것이다. 소비자의 구매행태도 사람이 살아가는 데 필요한 생필품 위주의 구매에서 건강과 오락상품, 안전식품, 과시적 사치상품을 선호하는 방향으로 변하기 시작하였다.

서울올림픽 이후 우리사회는 국제화와 다양성, 자유로운 활력이 넘치는 사회로 진전되어, 개성적인 소비추세를 촉진시켰다. 특히, 지하철과 도시 아파트 단지의 확산, IT 정보통신기술의 발전, 자동차와 냉장고의 대중화는 소비자 군중의 라이프스타일을 변화시켰다. 쌀보다 빵과 우유소비가 늘어나고 대형마트에서 주 1회 쇼핑 등 식생활 습관과 함께 구매행태도 서구식으로 변화되기 시작했다.

무한경쟁 시장구조로 진전되었다. 1980년대 전통시장과 백화점 위주의 경쟁이 적었던 유통시장은 1990년대 중반부터 대형할인점, 편의점과 슈퍼마켓, 아울렛, 복합쇼핑몰, 홈쇼핑과 온라인쇼핑, 다단계/방문판매 등 다양한 유통업태가 시장에 진입, 치열하게 경쟁하는 구조로 바뀌었다. 유통매장은 대형화되고 고도화되었다. 수많은 업태간의 시장경쟁은 소비자에게 보다 좋은 상품을 저렴한 가격에 판매하게 하고, 최상의 서비스까지 제공하게 하였다. 유통권력은 제조업체에서 유통업체로 넘어 갔으며, 비록 상투적이기는 하지만, "고객은 왕이다"라는 말을 자주 듣는 시대가 되었다.

한마디로 1990년대는 국내시장의 모습과 소비행태, 유통산업 환경의 구조가 변하는 분기점이었다.

제2차 유통혁명의 시작

1993년 11월 12일, 화창한 가을 날씨에 수많은 소비자들이 서울 창동의 거대한 슈퍼마켓 앞으로 모여 들었다. 지금까지 재래시장이나 구멍가게에서 몇 가지 상품을 사곤 했던 소비자들은 수 만종의 상품들이 진열된 1,560평의 운동장만한 점포에 놀란 토끼눈을 하고 있었다. 매장에는 없는 물건이 없었고 생전 처음 보는 물건도 많았다. 종업원들의 눈치를 보지 않고도 그 많은 상품들을 이러 저리 마음대로 구경도 하고 원하는 상품이 없으면 그냥 나올 수도 있다. 바구니에 물건을 담아 나중에 일괄 계산하는 셀프방식도 신기했다. 게다가 상품판매가격도 다른 상점보다 훨씬 저렴하지 않은가! 간혹 외국에 다녀 온 사람들이 옆에 있는 방문객에게 선진국의 매장은 다 이렇다고 자랑하는 모습도 보인다.

우리나라 최초의 대형마트인 이마트 창동점이 개장된 것이다. 이 사건은 국내 유통시장의 모습과 소비자의 구매행태, 경영법칙을 바꾸어 놓은 국내 유통사상 최대의 사건이었고, 제2차 유통혁명의 시작이었다. 이마트 창동점은 그 당시 모든 상점에서 똑같은 가격으로 판매하는 일물일가一物一價 원칙을 파기하고 국내 최초로 할인판매를 시작했다. 백화점이 시행했던 1년에 몇 차례의 세일이 아니라, 연중 언제나 제조업체가 표기한 소비자가격보다 저렴한 가격으로 판매하는 방식이다. 소비자들의 반응은 열광적이었다. 그렇지만 상품 조달이 어려웠다. 제조업체들이 상품공급을 제한했는데, 몇몇 유력 제조업체는 아예 상품공급을 중단하기도 하였다. 유통권력을 제조업체들이 쥐고 있는 상황에서 '멋대로의 가격인하'는 위험한 짓이었고, 당시 대부분의 유통인들은 실패를 예상하고 있었다.

몰려드는 소비자들에게 1인당 구매수량을 제한하기도 하고, 도매시장에서 무자료 상품을 구입하여 충당하기도 하였다. 하루하루가 살얼음판을 걷는 기분이었다. 당시 기획담당이었던 강성득 교수는 "상품의 원활한 조달에 어려움은 많았으나, 이제 소비자에게 맞추어야 한다"라는 확고한 경영철학이 흔들리지 않아 성공할 수 있었다고 회고한다.

넓은 매장 곳곳에서 크고 작은 일들이 계속 발생했다. 매장 밖의 수많은 공급망에서도 도처에서 하루하루 복잡한 일들이 터졌다. 특히 상품분류와 물류物流가 시급하고 중요한 문제였다.

상품분류는 수만 종류의 상품들을 취급해야 하는 대형마트에서 상품진열, 재고관리와 물류관리 등 매장운영을 하는 데 기초적인 핵심요소 업무이다. 국제표준코드를 관리하는 대한상공회의소 유통정보센터(현재 유통물류진흥원)의 협조가 주효했다. 미국의 UPC코드를 기반으로 전체 상품을 국내실정에 맞게 재분류하고 POS시스템을 활용한 결과, 수많은 상품들의 입·출입 상황과 흐름이 파악되기 시작하였고, 비로소 대형매장을 운영하고 경영관리를 할 수 있었다. 당시에 현장에서 근무했던 직원들이나 기획입안을 했던 중간관리자들은 유통업에서 바코드가 이토록 중요한지 처음 알았다고 실토하고 있다.

물류는 대중소 제조업체와 도매업체, 물류업체들이 복잡하게 얽혀 있었다. 초대형매장의 수 만개 공급망을 관리해본 사람도 없었다. 물류비용이 증가하였고, 상품들이 분실되거나 제때에 도착하지 않는 사례가 자주 발생하자 실패할지도 모른다는 불안감이 엄습하였다. 대형매장 운영에 경험 많은 일본 유통업체의 퇴직인력들이 긴급 투입되었다. 미국의 프라이스 사와 기술제휴를 하여 'door to door' 운영 등 선진기법도 적용하고, 용인에 물류센터가 완성되면서 제조업체와 직거래를 확대해 나갔다. 점차 물류비용 절감과 함께 상품수급이 안정궤도에 오르면서 성공을 예감하게 된다. 굴곡진 험난했던 소로가 대로가 된 것이다.

사실 2차 유통혁명을 촉발시킨 것은 국내유통시장의 해외개방이었다. 정부는 1988년 '유통시장 3단계 개방계획'을 수립하고, 89~92년간 외국 유통업체에 판매품목과 매장크기, 점포수를 단계적으로 확대 개방하였다. 그러나 백화점과 도매센터 등 대형업태는 제외되어 외국 글로벌기업들의 진출 관심은 적은 편이었다.

1993년 1월 WTO에 우리 정부의 '서비스협정 최종양허안'이 제출되었고, 이 양허안에 의거 1996년 1월 국내유통시장이 전면 개방되었다. 1998년에는 백화점, 쇼핑센터의 설립제한도 폐지되었다. 까르푸와 테스코 등 외국의 글로벌 유통기업들이 진출 준비를 하자, 국내 기업들이 긴장한 것이 혁신의 시작이다.

해외시장개방 훨씬 전인 80년대 중반, 정부가 개방계획을 입안하고 있을 때부터 국내기업들은 움직이기 시작했다. 주로 대한상공회의소가 세미나와 각종 토론회를 주관했는데, 항상 초만원이었다. 이 당시 삼성, 대우, LG, 선경 등 국내 17개 대기업이 참여할 만큼 관심이 매우 높았던 시절이다.[2] 외국의 어떤 기업과 어떤 업태들이 우리 시장에 진출할 것인지, 대응전략은 무엇인지에 대하여 매우 구체적으로 연구하고 열띤 토론이 계속되었다.

선두주자는 신세계였다. 다른 기업들은 이것저것 따지고 있을 때, 치밀한 국내 준비과정과 선진국 유통기업으로부터 기술전수를 받은 신세계백화점은 외국적 글로벌기업들이 국내시장에 진출하기 3년 전에 창동점을 개장, 대형마트 시장을 선점한 것이다. 실제 대형매장을 운영하며 경험하고 배운 3년이라는 기간은 뒷날 인공위성으로 물자를 관리하며 할인공세로 세계를 제패한 월마트와도 당당히 경쟁할 수 있는 능력을 갖게 한 소중하고도 소중한 시간이었다.

무한경쟁시대로

일단, 소비자들에게 인기 있는 신 유통업태가 자리를 잡으면 그 후의 발전은 급격하다. 대형마트의 개척자 이마트는 93년 1호점인 창동점을 시작으로 97년에는 50개 점포, 99년에는 100개 점포로 신속하게 확대해 갔다.

해외의 글로벌 유통기업들도 국내시장에 뛰어 들었다. 96년에는 프랑스 까르푸와 네덜란드의 마크로가, 97년에는 영국의 테스코 홈플러스가 1호점을 개장했다. 98년에는 미국의 월마트가 마크로를 인수하면서 국내시장에 진입하였고, 같은 해 롯데마트가 서울 광진구에 1호점 문을 열었다.

어느 나라의 시장이든지, 유통 공룡인 월마트가 들어오면 유통업체들의 긴장감은 배가된다. 96~98년간 국내유통시장은 전 세계 글로벌 유통 3대기업(Big 3)인 월마트, 까르푸, 테스코가 모두 진출하여 국내업체들과 극심하게 경쟁하는 시장구조로 재편된 시기다.

재래시장과 구멍가게형의 동네슈퍼는 이들의 경쟁상대가 되지 못했다. 백화점의 매출까지 하락시킨 대형마트는 96년 34개소에서 2006년 331개소, 2010년 437개소로 급속히 확대되었다. 매출 규모도 급신장하여 2011년의 총 판매액은 약 37조 원에 달하였으며, 2003년부터 백화점의 매출규모를 추월한 국내 최대의 유통 강자가 되었다. 2006년에는 월마트와 까르푸가 철수하여 현재 이마트와 테스코의 홈플러스, 롯데마트 등 3강 체제에 이랜드와 농협유통이 경쟁하는 구도이다.

대형마트가 출현한 시기에 **홈쇼핑**과 **온라인쇼핑**도 등장했다. 1995년 CJ오쇼핑과 GS홈쇼핑이 방송을 개시하였고, 2001년에는 현대홈쇼핑과 우리홈쇼핑(롯데), 농수산TV가 진출하였다.

인터넷 온라인쇼핑은 1996년 데이콤의 인터파크와 롯데쇼핑몰, 사이버 쇼핑사인 이베이옥션이 전자상거래를 시작한 이래 현재 25만 개 이상의 업체들이 이상의 업체들이 영업을 하고 있다.

홈쇼핑의 경우, 작년 매출액은 전년대비 22% 상승한 9조 3천억 원에 달했으며, 온라인쇼핑몰의 매출액은 전년대비 8.5% 증가한 약 16조 원, 기타 무점포 쇼핑 시장은 약 18조 원 규모이다.

특히, 온라인 쇼핑은 제조업체와 중개자 외에 소비자도 사이트를 만들기도 하고, 기존매장을 운영하는 백화점이나 대형마트, 전통시장의 작은 상점을 운영하는 유통업체들까지 On/Offline 융합형 몰로 발전하는 추세로서 그 발전의 모습과 끝을 예측할 수 없을 정도이다.

1990년대 중반까지 호황을 누린 **백화점**도 변해야 했다. 대형마트의 출현과 IMF 위기 이후 매출이 하락세로 반전된 것이다. 게다가 온라인과 같은 신업태의 등장으로 시장경쟁이 더욱 심화되자, 다른 업태와 차별화하지 않으면 쇠퇴할 수밖에 없었다.

백화점은 백화점답게 변해야 한다. 패션과 명품백화점으로 브랜딩하면서, 쾌적한 휴식공간과 커뮤니티 시설, 고객에게 수준 높은 생활문화서비스를 제공하는 백화점만의 독특한 유통문화를 만들어 소비자를 다시 끌어 모으고 있다.

또한, 소득의 양극화로 상류층의 씀씀이가 커졌고, 일반 대중도 명품을 좋아하는 사치성 소비추세가 늘어나 최근에 다시 매출이 증가되는 추세다. 전국의 중소백화점들이 도산되어 롯데, 현대, 신세계백화점의 브랜드 가치가 높아지고, 전문점 등이 아직 발전하지 못한 국내유통시장의 취약점도 백화점 매출신장에 한몫을 하고 있다.

2011년에 전년대비 11.4% 증가하여 전체 매출액 약 27조 원을 기록한 백화점은 현재 전국의 83개 매장 중 롯데가 35개, 현대 12개, 신세계

8개 점포 등 백화점 3강이 합계 55개의 점포를 운영하고 있고, 이 업체들의 시장점유율이 지속 상승하고 있는 추세다.

편의점은 작년 한해 무려 4,513개소의 점포가 늘어나, 전국의 주요 도시에 20,650개의 편의점이 운영되고 있다.[3] 시장규모도 전년보다 17.9% 증가하여, 작년 총 판매액은 8조 6천억 원을 기록하였다. 가게 임대능력만 있으면 상품보충 등 각종 서비스를 가맹본부로부터 받아 비교적 안정적으로 영업을 할 수 있다는 장점이 있어 앞으로도 계속 발전할 전망이다. 다만, 인구 2,200명당 1개 점포로 포화된 국내시장여건이 걸림돌이 될 것이다.

80년대 말에 시작된 이 업태는 90년대 외형상의 몸 불리기에 치중한 결과, 본부와 가맹점간의 갈등이 많았고, 공급망 관리능력과 경영 노하우도 적어 부진했다. 2000년대 들어서서, 본부와 가맹점 간의 계약이 투명해지는 등 경영기술도 발전했고, 패스트푸드, 캐릭터상품 등이 편의점 판매상품으로 개발되었다. 또한, 은행자동화기기 설치, 공공요금 수납창구 개설 등 다양한 서비스가 추가되어 성장기로 전환되고 있다.

현재 CU(보광훼미리마트), GS리테일, 롯데의 코리아세븐과 바이더웨이, 그리고 한국미니스톱이 경쟁하는 구도이다. 이들이 운영하는 대부분의 점포는 가맹점이고, 직영매장은 1~2%에 불과하다.[4]

본부와 가맹점간 계약으로 운영되는 여타의 **프랜차이즈형 소매기업**들은 기업의 역량에 따라 경영상황이 천차만별이다. 이중 아모레퍼시픽과 다이소 아성은 대표적인 성공사례다. 국내 프랜차이즈 산업은 외식업과 소매업, 서비스 업종으로 구분되는데, 2008년 매출액 기준으로 보면 외식업이 약 40조 원(52%), 소매업이 28조 원(36%), 서비스업이 9조 원(12%) 규모로 추정된다.

지난 3년간 외식업은 약 67%, 서비스업은 193% 증가한 반면, 소매업은 17% 감소하였다. 소매업의 가맹본부는 총 437개소, 가맹점은 61,611개소이고 종업원은 2008년 기준 169,702명으로 집계되고 있다.[5]

슈퍼마켓은 주로 식료품과 일용잡화를 판매하는 중대형매장이다. 작년 총 매출액은 전년 대비 6.5% 증가한 25조 4천억 원 규모다. 농협의 하나로마트가 총 점포수 2,070개(2010), 매출액 6조 원 규모로 가장 큰 편인데, 롯데슈퍼, GS슈퍼, 서원유통의 탑마트와 킴스클럽마트 등에서 전국적으로 총 2,981개 점포를 운영하고 있다. 이중 논란이 되고 있는 대기업 슈퍼 SSM은 99년 208개소에서 2009년 650개소, 2011년 1,045개소로 계속 확대되고 있어 최근 정부에서 엄격히 규제하기 시작했다.[6]

슈퍼마켓의 판매상품별 비중을 보면, 가공식품이 44%, 농산물이 22%, 비식품이 15%, 기타 축산물과 수산물 순이다. 유통사들의 자체 브랜드인 PL상품의 판매비율도 총 매출액의 20.9%(2010)를 차지하고 있어, 대형마트의 23.2%와 합계하면 이미 PL상품화가 일반화되고 있는 추세다.

전통시장은 매장수와 매출액이 계속 감소추세다. 종전의 재래시장에서 명칭을 바꾼 전통시장의 수는 2005년 전국 1,660개소에서 2010년 1,517개소로 줄어들고, 점포수도 239,200개소에서 201,358개소로 감소하고 있다. 시장경영진흥원의 조사에 의하면 2010년 전체 매출액은 전년대비 2.8% 감소한 약 24조 원 규모다.

전통시장에 종사하는 상인 수는 총 359,375명인데, 이중 점포 소유상인은 15%, 임차 상인 43%, 종업원이 42%를 차지하고 있고, 노점상인은 61,566명이다.[7]

대한상공회의소에서 주관한 '2012 유통산업전망세미나'에서 발표된

자료에 의하면, 도시와 농촌거리에 산재된 165m²(약 50평) 미만의 **동네 슈퍼** 점포수는 2006년 96,922개소에서 2009년 83,954개소로 3년 동안 12,968개소 감소하였다. 이들의 전체 매출액은 약 8조 원(2009) 규모로 추정된다.[8] 이중 상당수는 편의점 또는 SSM으로 전환되었을 것이다.

상점가 점포의 매출도 떨어지고 있다. 시장경영지원센터의 실태조사 자료에 의하면, 일반 상점가의 2009년 전체 매출액은 전년대비 13.8% 감소한 약 3조 8천억 원, 지하도 상점가의 매출액은 전년 대비 22.6% 감소한 약 1조 2천억 원 규모이다.

일반상점가의 21,453개 점포 중, 자기 소유점포는 21%이고 임차점포는 66%, 빈 점포도 12%에 달하고 있다. 지하도 상점가의 점포수는 12,712개소이며, 이 중 약 77%는 시도의 관리공단이나 개발회사가 관리하고, 약 23%의 점포는 상인회에서 자치관리하고 있다. 일반상점가와 지하도상점가 종사자 수는 각각 43,246명, 18,563명인데, 약 40%의 종사자는 월급 개념 없이 일하는 가족들이다.

한편, 최근 통계청의 도소매업 조사 자료에 의하면 혼자(1인) 운영하는 소상점 수가 268천 개소(2010), 5년 전보다 약 700개 점포가 늘어났으며 총 매출은 15.8조 원 규모이다. 종사자 2~4명의 소매점은 더욱 늘어나 같은 기간 21,000여 개소나 증가하고, 매출규모는 큰 폭으로 상승하였다. 앞에서 소개한 전통시장과 동네슈퍼, 상점가의 시장모습과는 상이하고, 각 기관마다 통계수치가 다르다. 중소상인들이 매출현황 공개를 꺼려 어려움은 있겠지만, 좀 더 정확한 시장조사가 필요한 부분인 것 같다. 통계청 자료는 '전통시장과 동네슈퍼' 편에서 자세히 소개하기로 하겠다.

쇼핑몰은 원래 소비자의 편리성과 체류시간 연장을 위하여 계획적으로 소매점을 집적시킨 유통 업태이다.[9] 여기에 영화관이나 게임센터, 테마공원, 스포츠시설을 갖춘 '엔터테인먼트 쇼핑몰'이 늘어나고 있다. 대규모 유통단지에 다양한 시설과 자연환경을 갖추어 소비자들이 하루 종일 즐기며 쇼핑할 수 있는 쇼핑센터도 등장하였다.

서울 삼성동의 코엑스 몰은 각국 정상들이 참석하는 국제회의ASEM 2000 유치를 계기로 만들어졌다. 업무시설과 쇼핑시설, 수족관과 영화관 등 각종 오락시설을 두루 갖춘 국내 최초의 엔터테인먼트 쇼핑몰이다. 부산의 신세계백화점 센텀시티는 연면적 19만 8500m^2(8만 8,906평)로 '세계 최대의 백화점' 기네스 월드레코드에 올랐다고 한다.

복합쇼핑몰도 잠실 롯데월드가 1988년 개장된 이래 1990년대는 동대문 패션타운을 중심으로 발전했고, 그 이후 쇼핑, 오락, 숙박을 결합한 복합몰로 진화하고 있다.

아울렛 매장 또한 패션+식품+홈 전문점을 결합하여 30~40대 주부를 겨냥한 백화점형과 몰형, 20~30대를 타깃으로 한 스트리트형, 제조업체 직영매장의 팩토리형 등 다양한 모습으로 성장하고 있다. 최근에는 롯데와 신세계가 고급 브랜드 재고품을 판매하는 프리미엄 아울렛 경쟁이 치열하다.

전문점은 한 가지 품목을 전문적으로 취급하는 상점을 말하는데, 의류, 가전, 통신장비, 도서 등 약 38만 개의 점포가 있다. 대부분 영세하여 전문점으로 명칭하기 어려울 정도다. 최근에 Health& Beauty 전문점으로 CJ올리브영과 초록마을, 한살림과 같은 건강, 미용, 친환경 식품전문점 그리고 카테고리 킬러형인 하이마트가 소비자들의 관심을 끌고 있다. 의류패션분야는 유니클로, 자라 등 글로벌 의류전문점들이 국내시장에 진출하여 국내 토종의 의류업체들을 위협하고 있다. 전문점이 취약한 국내시장에서 이들의 시장진입과 경쟁이 새로운 전문점의 시대를 열어가는 계기가 되기를 기대한다.

다단계판매업은 1980년대 피라미드식 판매와 수수료 문제 등 사회적인 문제가 많았으나, 1990년대 암웨이, 썬라이더, 포에버리빙 등이 진출하고 풀무원, 웅진 등이 가세하면서 상당한 발전을 이루고 있다. 공정거래위원회와 한국직접판매협회의 자료에 의하면 다단계판매원은 2010년 현재 357만 명에 이르고, 전체 매출액은 2004년에 기록했던 10조 원을 다시 회복하였다.

M-커머스와 **소셜커머스**는 새로운 유형으로 가파른 성장세이다. 한국 온라인쇼핑협회는 스마트폰 2,000만 시대를 맞아 M-커머스는 2010년 약 200억 원 시장규모에서 2년 후인 2012년에는 약 6천억 원 시장으로 확대 전망하고 있다.[10]

소셜커머스도 대한상공회의소가 최근 조사한 자료에 의하면, 직장인과 학생들의 50% 이상이 인터넷 블로그를 이용한 소셜커머스로 구매한 경험이 있다고 한다.

카탈로그 쇼핑도 매년 증가추세다. 주로 회원사에 카탈로그를 발송하여 판매하는 업태인데, 2004년 약 5,600억 원 규모에서 2010년 약 7,700억 원 시장으로 성장하고 있다.[11]

지난 40~50년간 한국의 경제발전을 '압축성장'이라고 표현하지만, 1990년대 중반 이후 20여 년 동안 국내 유통시장의 변화는 전 세계적으로 유례없는 급진적인 혁명이었다. 최단기간에 재래시장과 고도로 조직화된 기업형 유통시장이 혼재되어 치열하게 경쟁하며 갈등하는 구조로 진전된 것이다.

이런 시장일수록 정부가 나서야 하는 당위성을 찾기 쉽고, 정치권과 여론의 요구도 많아진다. 그럼에도 정부의 규제와 간섭은 가급적 최소화할 필요가 있다고 본다. 유통시장의 변화속도가 워낙 빨라서 실패할 가능성이 크기 때문이다. 잘못하면 오히려 시장의 다양성과 창의성, 진취성을 저해하여 결국 소비자 전체인 국민의 이익을 해칠 우려가 있다. 전 세계 최고로 역동적인 한국의 유통시장은 정부가 간섭하기 어려운 시장이 된 것이다.

다만, 10년 전 일본정부의 유통정책처럼 공정거래 감시기능을 대폭 확대하여 대중소기업들이 공정하게 경쟁할 수 있는 시장을 만드는 것이 중요하다고 할 수 있다. 모든 유통기구들이 자유롭게 경쟁하되, 상도商道의 유통문화를 만들어가는 것이다.

도전적인 유통인은 이런 시장을 좋아한다. 성공을 꿈꾸는 유통인은 빠른 변화의 속도가 기회일 수 있다. 치열한 경쟁을 즐길 줄 알아야 하고, 창의적인 아이디어와 열정으로 승부한다. 급속히 변화되는 시장은 위험도 크지만 기회도 많은 법이다.

바람직한 유통시장구조는 아니다

국내 유통소매업의 전체 시장은 연간 총 매출액 299조 원(2011) 규모다. 전년보다 8.5% 증가하여 한 해 23조 원이나 불었다. 2010년의 경우 총 매출액 276조 원에서 자동차와 부품, 연료소매를 제외한 일반소매점의 총 매출액은 195.5조 원이었다. 이중 백화점과 대형마트, 대형슈퍼가 매출 총액의 약 41%를 점유하고, 편의점과 무점포업태가 15% 정도를 차지하고 있다. 소규모 상점의 전통시장과 전문소매점의 매출비중은 43% 정도지만, 편의점과 무점포업태의 중소상인 매출액까지 포함하면 중소 유통기업의 총 매출규모는 대략 절반수준일 것으로 추정된다.

10년 단위로 유통 업태별 매출추이를 보면, 대형마트와 슈퍼, 편의점, 무점포 판매는 약진한 반면, 전통시장의 매출액은 크게 감소되었다. 백화점 상승세는 무뎌지고, 인터넷과 홈쇼핑 등 무점포의 상승세가 가파르다. 20년 전 단순했던 시장이 이제 다양한 유통 업태들이 경쟁하는 시장구조로 변하였다.

업태별 매출액/시장점유율 추이

(단위 : 십억원, %)

	1990년	2000년	2010년
백화점	2,610(6)	16,134(14)	24,317(12)
대형마트	-	16,942(15)	33,733(17)
슈퍼마켓	1,527(4)	9,040(8)	23,821(12)
편의점	-	1,582(1)	7,343(4)
인터넷쇼핑	-	1,420(1)	14,604(7)
홈쇼핑	-	n/a	7,580(4)
전통시장	n/a	40,100(35)	24,000(12)
전문소매점	36,972	30,284(26)	60,114(31)
합 계	41,108	115,503	195,511

1. 출처 : 통계청 도소매업조사(1990년,2000년)와 소매업태별판매액(2010년)
2. 전통시장 매출액은 시장경영진흥원의 전통시장 및 점포경영실태조사 결과를 참고
3. 전문소매점은 의류, 가전, 도서 등 단일의 특정상품을 판매하는 소매점을 말함. 90년 전통시장 매출액은 전문소매점 매출에 포함된 것으로 추정

전국의 일반소매업 점포수는 61만 6천여 개(2010), 전통시장 내에 약 20만 개의 점포와 골목 길 동네슈퍼 8만 4천여 개의 점포가 있다. 유통소매업의 종사자 수는 151만 명이다. 이중 1백만 3천 명이 종업원 5인 미만의 중소상점 58만 점포에서 일하고 있다.

『중소유통업총람』[12]에 의하면, 중소유통점포들의 82.5%가 단독운영 점포이며, 메이커의 대리점 또는 직영점은 8.7%, 소매체인 가맹점과 직영점은 7.8%에 불과하다.

세계 유통시장규모는 약 10조 5천억 달러(2009), 미국시장이 약 30%를 점유하고, 일본, 중국, 영국, 프랑스, 독일, 이태리 순이다. 2011년 한국의 유통시장 매출액은 1,778억불, 세계 15위의 규모다.[13]

선진국 국민의 1인당 소비 지출액은 우리의 2~3배가 넘는다. 소득이 증가할수록 우리의 소비지출액도 커져 국내시장의 규모는 계속 확대될 전망이다. 다만, 인구대비 점포수가 많은 포화시장으로 점포당 매출액은 미국의 11%, 일본과 프랑스의 20% 수준이다. 특히 소상점들의 매출이 적은데, 최근에는 중소상점 수가 늘어나는 추세여서 이들의 경영상황은 점점 더 나빠질 것으로 보인다.

온라인 쇼핑 등 한국의 무점포 매출비중은 세계 최고 수준이다. 백화점과 대형마트도 기존점포에 온라인을 결합한 ON/OFF라인 융합형 몰을 운영하여 상승추세는 계속될 것이다. 한마디로 국내시장은 최첨단 유통기술로 무장한 대기업과 재래식의 중소유통기업이 혼재되어 갈등이 심한 구조다.

주요국의 2011 소매업 현황비교

	미국	일본	프랑스	대만	한국
인구(백만명)	311.9	127.1	63.1	23.2	49
매출(10억$)	2,660	1,270	544	92	179
점포수 (천개)	907	856	298	268	519
점포당 인구(명)	344	149	211	87	94
점포당 매출(천$)	2,934	1,484	1,824	345	344
1인당 구입액($)	8,526	9,991	8,627	3,989	3,650
가구당 인터넷구입액($)	1,093	866	915	355	1,241
06~11 실질성장율(%)	~5.6	~7.0	1.0	1.4	8.7

* 자료: World Retail Data and Statistics 2010/2011(Euromonitor International)

선진국 유통시장과 비교할 때 가장 큰 차이점은 1인이 단독으로 운영하는 소점포가 많다는 점이다. 국내 도소매업의 자영업자는 전체 종사자 262만 명의 거의 절반수준인 126만 명(2010)이다. 국내 전체업종의 자영업자 비율 25.3%(2008)보다 훨씬 높고, OECD 평균 13.6%와는 더욱 그러하다.[14]

조직화, 체인화 되어 공동구매/물류/마케팅을 하고 있는 선진국 소매점보다 유통비용이 훨씬 더 들어 갈 수밖에 없는 구조다. Euromonitor의 세계 소매업통계자료에 의하면, 각국의 식음료시장에서 단독운영 소점포의 매출액 비중은 미국과 일본 8~9%(2007), 스페인 2.4%, 프랑스는 1.6%다. 우리나라는 12.3%로 나와 있지만, 당시 동네슈퍼 98,708개소의 매출만 계산된 것으로, 전통시장과 일반 상점가 단독운영점포의 매출까지 포함하면 대략 50%는 될 것으로 추정된다. 국내 유통시장의 절반은 고비용 저효율의 유통구조인 셈이다.

나머지 절반의 유통시장은 소수 대기업에 의한 과점시장이고 일부는 독점시장이다. 최근 일부 일반 의약품의 슈퍼판매가 허용되었지만, 아직도 대부분의 의약품 판매는 약국이 독점하고 있고, 일반상품도 그럴듯한 외국제품들은 대기업에 의한 독점 공급이 확대되고 있다. 특히 백화점, 대형마트, 슈퍼마켓, 편의점, 온라인과 홈쇼핑 등 주요 유통업태 모두가 소수의 대기업에 의한 과점 시장으로 진전되고 있다.

'2011년 유통산업통계'에 의하면, 백화점의 경우 롯데, 현대, 신세계가 전체 백화점시장의 88%를, 대형마트는 이마트, 홈플러스, 롯데가 87% 시장을, 편의점은 CU와 GS, 롯데가 85% 시장을, 홈쇼핑은 CJ, GS, 현대, 롯데가 83%의 시장매출을 차지하고 있다.

향후 소수 대기업에 의한 과점 현상은 더욱 심화될 전망이다. 하이마트 등 웬만한 유통기업들이 M&A 시장에 나오면 대부분 위에서 거론된 소수의 대기업들이 차지하고 있다. 이들은 대규모 쇼핑센터와 아울렛, 창고형 할인점 등을 계속 확대하고 있고, 카테고리 킬러와 패션의류전문점, 하드 디스카운터 등 신 업태시장으로 세를 불려 나가고 있다.

문제는 이런 시장구조가 소비자를 위한 방향으로 작동하느냐 아니면 유통기업을 위한 쪽으로 작동하느냐이다. 일반적으로 독점 내지 과점된 시장은 후자 쪽으로 가기 쉽다. 자유롭고 공정한 경쟁이 시장 구조적으로 이루어지기보다는 몇몇 기업들의 전략에 의해 시장이 좌우될 수 있기 때문이다. 이를 감독해야 할 정부의 유통전문능력 또한 취약하여, 으름장을 놓는 방식으로는 한계가 있을 것이다.

대기업 매장의 판매 수수료문제는 과점된 시장의 폐해를 잘 보여주고 있는 대표적인 사례다. 공정거래위원회는 대기업이 국내 입주업체들에게 판매매출액의 30% 넘는 수수료를 받는다면서 수수료 인하를 계속 요구하고 있다. 실제로 백화점 3사의 평균 판매수수료는 피혁잡화 34.1%, 남성정장 33.5%, 아웃도어 33.3%로 조사되었다. 입주업체들은 판매수수료 외에 판촉, 홍보와 공동 인테리어 설치비용을 추가로 요구한다고 불만이 대단하다. 언론에서도 외국 유명업체들에게는 10~12%의 낮은 수수료를 받으면서, 국내업체들에게는 높은 수수료를 받는다고 비난하고 있다.

그럼에도 백화점 3사에 입주하기위한 납품업체들의 경쟁은 치열하다. 여기에 들어가야 장사가 잘되기 때문인데, 입주 희망업체는 많고 유명백화점은 3사뿐이니 수수료가 높을 수밖에 없다. 만약 7~8개 백화점기업이 경쟁하는 시장구도라면 상황은 많이 달라졌을 것이다. 외국 유명브랜드의 경우는 백화점에서 서로 모셔가려고 하니 낮은 수수료는 당연한 시장이치다.

국내 백화점 3사의 판매수수료율 변화추이를 보면, 1991년 25.8%, 2001년 27.2%, 2010년 29.3%로 점점 증가하여 왔다.[15] 백화점시장의 과점 정도와 정비례하는 추세다. 시장상황에 따라 결정되는 판매수수료를 정부가 일률적으로 강제하기 어렵다. 일일이 유통기업들의 경영회계를 따져서 적정 수수료율을 제시할 수도 없는 노릇이다.

그래서 대기업에게 사정을 해야 하는 시장구조다. 백화점 3사의 2010년 영업이익률이 9.2%, 외국의 백화점과 비교할 때 상당히 높은 수준이다. 지금까지 해온 브랜딩전략에서 미래 전략으로 바꾼다면 어느 정도 수수료인하는 가능하지 않을까? 미래의 소비자는 '사회적 요구는 외면한 채, 이익만을 추구하는 기업'은 좋아하지 않는다.

백화점기업과 입주업체 간의 갈등은 지속되어 왔다. 지금부터 23년 전인 1989년 초에는 국회에서 진상조사단을 파견할 정도의 사회적문제로 고조된 적이 있었다. 그해 1월 경제기획원 공정거래실은 전국의 10대 백화점을 대상으로 조사한 "부당거래행위실태"를 언론에 공개하였다. 부당거래내용을 보면 할인특매기간 중 정상가로 판매하면서 할인한 것처럼 위장했고, 납품업자들에게 납품대가로 백화점 상품구입을 강요하거나 광고비를 부담시켰다는 것이다. 또한 판매가 부진한 상품은 강제로 반품시켜 폭리를 취했다는 내용이다.[16]

사실 세일광고비나 반품비용의 제조업체 부담 등은 상점을 임대차하는 백화점 업계의 오랜 관행이었지만, 소비자인 국민들의 인식은 달랐다. 이 사건은 정부가 불공정행행위에 대한 실질적인 규제대책을 만들기 시작한 계기가 되었으나 정부의 역할은 늘 한계가 있었다.

도매 기능 또한 취약하다. 특히 전통시장과 동네슈퍼 등 중소유통업체들에게 물건을 공급하는 중소도매상이 부실하다. 자동차 및 부품판매를 제외한 국내 도매업 종사자는 약 99만 명(2010), 총 매출액은 소매업보다 많은 499조 원 규모다.

도매업 사업체 총 236천 개 중 81%가 종업원 5인 미만의 중소업자이고, 종업원 20명이 넘는 도매 기업은 2%에 불과하다. 미국과 일본의 경우 5인 미만의 도매사업자가 약 44~46% 수준임을 비교할 때 국내도매업체들은 구조적으로 영세하다.[17]

복잡하고 좁은 소로 길의 도매/소매업의 공급망 구조는 유통비용이 많이 든다. 소규모 도매업체와 슈퍼, 영세물류기업들이 연계되어 소량상품들을 개별적으로 운송, 공급하고 있다. 고高비용 유통구조도 그렇지만, 선진국처럼 상품의 수급조절과 불확실성을 줄여주는 도매물류기능을 기대할 수 없는 구조다.

게다가 유통 대기업들이 제조업체와 직거래를 확대하고 있어, 도매업 사업기반이 축소되면서 치열한 경쟁과 혼란 속에 있다. 이 기회에 중소도매업의 구조혁신이 필요하다고 본다. 이들의 역할과 기능이 개선되지 않으면, 중소상점의 경쟁력 제고는 어려울 것이다. 중소유통업의 비중이 절반을 차지하는 시장에서 소비자인 국민의 생계비는 늘어나고 정부의 물가안정대책은 제한될 수밖에 없는 구조가 지속된다.

2009년 5월, 국회에서 대기업 규제를 위한 유통법 개정을 논의하고 있을 때, 정부의 요청에 의거 대형마트와 SSM 진출로 인한 중소유통업체들의 피해상황을 조사한 적이 있었다. 그 당시 기업형 슈퍼와 동네슈퍼의 상품판매가격을 현장에서 직접 비교해보았는데 놀랍게도 판매가격에 큰 차이가 없었다. 차를 타고 복잡한 대형매장에 가느니 가까운 동네슈퍼에서 상품들을 구입할 만한 수준이었고, 더 저렴한 가격으로 판매하는 품목도 더러 있었다.

어떻게 이럴 수가 있는가? 언론에 자주 등장하는 대형마트의 반값할인은 무엇인가? 대기업과 중소기업의 유통효율과 생산성 격차를 고려한다면 당연히 이들의 상품가격이 훨씬 저렴해야 하지 않을까? 생각하기 어려운 현실이 시장에 있었다. 대형마트의 문화접목과 고객서비스 경쟁으로 유통비용이 증가한 점도 있지만, 기본적으로 이런 현상은 국내유통시장이 치열한 가격경쟁을 하지 않아도 되는 구조이기 때문에 가능하다고 본다.

원시림의 맹수들은 사자와 호랑이처럼 강자들은 웬만해서는 서로 싸우지 않는다. 약한 먹잇감이 충분한데 싸울 이유가 없다. 대형 유통기업들도 자기들끼리 피를 흘리는 가격전쟁을 원하지 않는다. 중소상점들의 판매가격을 보면서, 적당한 가격전략으로 대응하면 되는 시장구조다. 매출이 떨어지면 그때 강자들끼리 한판 붙어 언론에 크게 나고, 소비자들을 끌어 모았다가 다시 조용해진다. 가끔 반값 상품을 시장에 내놓아 이목을 집중시키기도 한다. 중소상점과 가격차이가 크지 않아도 다양한 상품과 원스톱쇼핑 등 이점이 많아 소비자들을 끌어 모을 수 있다. 대형 유통기업들은 이런 시장구조를 즐기고 있는지도 모른다.

한미 FTA는 쌀, 인삼/홍삼, 담배, 술(주류) 판매에 대한 미국기업의 국내시장진입을 제한하고 있다. 또한, 약국과 안경점의 판매소 진입도 제한하였다. 국민들의 건강과 시력 보호를 위한 것이겠지만, 2010년 겨울 다이소의 최고경영층에게 들은 이야기가 생각나 쓴웃음을 지울 수 없다. 일본 100엔샵과 기술제휴로 시작한 다이소는 '일용품을 가장 싼 값'으로 판매하는 상점으로 소문나 있다. 수년전 시중가격 2~3만원대의 안경테를 7,000원에 판매할 수 있는 공급망을 구축했다고 한다. 그러나 국내시장의 진입장벽 때문에 판매할 수 없었다. 의약품의 약국독점판매 또한 이와 비슷한 상황일 것이다.

시장의 절반은 중소유통 고비용 구조이고, 나머지 절반은 대기업의 과점된 시장에다가 자유로운 유통을 제한하는 장벽까지 둘러싸인 셈이다. 그만큼 가격거품이 있을 것이고 국민들이 비싸게 부담해야 하는 유통구조다. 제목에서 '바람직한 유통구조는 아니다'라고 표현했지만,

실제는 '썩 좋지 않은 유통구조'라고 해야 맞을 것 같다.

정부와 국회는 작년에 대기업의 영업활동을 규제하기 위하여 유통 관련법을 개정하였다. 당분간은 소상인들의 보호가 가능하겠지만, 한편으로는 이런 좋지 못한 유통구조를 지속시키는 결과를 초래하게 된다. 상인을 위한 유통구조에서 소비자 국민을 위한 유통구조로 만들어 가는 정책으로의 대전환이 바람직하다. 그렇다고 영세 상인들을 방치할 수도 없는 상황이다.

두 가지 상극의 문제를 해결 가능한 길은 외길인 것 같다. 전통시장과 동네슈퍼업의 공급망 구조를 혁신하여 대기업들과 경쟁 가능한 수준으로 경쟁력을 끌어 올리면서 한편으로는 대기업의 규제를 해제하는 방안이다. 사실 유통거인들이 전면적인 가격전쟁을 시작하면, 피를 흘리는 쪽은 그들이 아니라 중소유통업체들일 것이다. 이런 혁신들이 늦어져 소비자들이 반란을 일으키면 그때 영세 상인들은 더욱 어려운 처지에 내몰릴 수 있다. 그전에 준비해야 한다. 중소유통과 농업유통의 경쟁력 제고문제는 뒤에서 자세히 살펴보겠다.

시장경쟁의 치열함이 적은 유통시장의 폐해는 일반적인 생각보다 훨씬 심대甚大하다. 우선 똑같은 상품이라도 높은 가격의 시장을 만든다. 소비자들이 먹고 사는 생필품 유통시장이 이러하면 국민들의 생활은 어려워지고 쇼핑의 즐거움도 반감된다. 특히 서민들의 기초적인 생활안정이 곤란해진다.

제조기업 들의 경쟁력도 저하된다. 경쟁이 치열해야 신상품 개발과 품질을 높이려는 동기가 부여되는데 그런 의욕을 느슨하게 만든다. 국민들에게 더 좋은 상품을 제공하지 못할 뿐만 아니라, 수출촉진에도 나쁜 영향을 미치게 된다. 최근 의류패션업계와 의약품제조업계의 시황이 좋지 않다. 국내시장에서 경쟁이 적었거나 비정상적인 거래시장일 경우, 국제경쟁력으로 무장된 글로벌 외국기업들이 진입하면 밀리게 되어 있다.

유통기업도 그러하다. 치열한 전장에서 다양한 전술과 유통기술을 익혀야 경쟁력이 높아진다. 허름한 시장에서 경쟁하다가 외국시장에 진출하면 '우물 안의 개구리' 신세가 될지 모른다. 그래서 선진국 정부들은 각종 규제와 장벽을 허물어 시장경쟁의 강도를 높이는 대신 공정거래기준과 감시기능을 확대하고 있는 것이다. 국민생활과 직결되어 있는 유통업처럼 정부의 정책이 직접적으로 영향을 미치는 산업은 흔치않다. 고도로 발전된 선진 유통정책이 필요하다.

조금만 양보하면

2009년 8월 7일, 날이 밝기 시작하는 새벽 7시, 서울 팔레스 호텔의 2층 음식점 큰 방에 필자와 체인스토어협회 부회장, 국내 대형유통업체들의 임원들이 자리를 함께했다. 기업형 슈퍼마켓인 SSM 문제를 협의하기 위한 조찬모임이다.

대기업들이 동네슈퍼가 있는 골목상권에 SSM을 계속 설치하자 소상인들이 머리띠를 매고 연일 항의시위를 벌였고, 국회에서는 이에 대한 규제방안을 논의하고 있었다. 가급적 법에 의한 규제보다는 대중소기업들이 타협하여 상생하기를 원한 정부가 필자에게 중재를 요청하여 마련한 자리였다. 중소유통업계를 대표하는 분들과 협의하였고, 타협점이 나올 때까지 계속할 작정이었다.

당시 필자는 대기업 임원들께 SSM보다 프랜차이즈형 슈퍼 설치를, 중소상인 대표들께는 법에 의한 규제보다 지방정부의 조례에 의한 규제를 설득하였다. 일단 법에서 규정하면 고치기가 어려워 빠르게 변화되고 있는 유통시장 환경에 맞지 않다. 지방정부의 조례로 규정해야 시장변화와 현장여건에 따라 적시에 유연하게 대응할 수 있어 바람직한 방향이라고 할 수 있다.

프랜차이즈형 슈퍼는 동내슈퍼의 주인들이 소유권을 갖고 독자경영을 하면서 대기업의 발전된 공급망을 활용하는 형태이다. 동네슈퍼의 경쟁력도 높아지면서 우리 영세상인 정서에도 부합된다. 대기업들도 공급망 여유시설을 활용도를 높일 수 있고, 구매량이 많아져 바잉파워가 증가하는 등의 이점이 있을 수 있다.

그러나 회의는 양쪽 모두 2~3회로 그쳤다. 중소기업 쪽에서는 'SSM 진출을 자제한다면' 이라는 융통성을 보였지만, 대기업들이 SSM을 포기하지 않았기 때문이다. 결국 법이 개정되어 현재 직영점 SSM의 설치는 물론, 프랜차이즈 체인형 슈퍼까지 규제대상에 포함되었으니 대기업들에게는 더욱 불리하게 된 셈이다. 만약 이때 각자의 이익을 조금만 양보하여 협상이 원만하게 타결되었다면, 대기업과 골목상권이 서로 강점을 보완하며 상생하는 모델로 진화되어 국내 유통시장이 한 단계 발전하는 계기가 될 수 있었다는 점에서 아쉬움이 많다.

대규모점포 및 SSM 연도별 출점현황

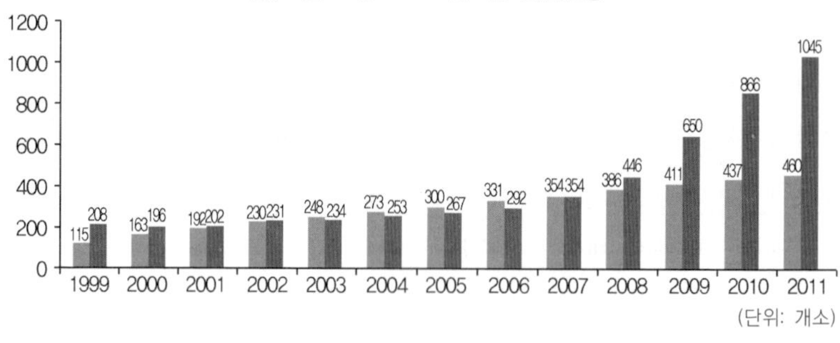

(단위: 개소)

	'99	'00	'01	'02	'03	'04	'05	'06	'07	'08	'09	'10	'11
대형마트	115	163	192	230	248	273	300	331	354	386	411	437	460
SSM	208	196	202	231	234	253	267	292	354	446	650	866	1045

출처: 중소기업청(SSM), 한국체인스토어협회(대형마트)

2010년 여름은 유난히 더운 날씨가 지속되었다. 폭염으로 땀범벅이가 된 바깥의 한더위와는 정반대로 국회 지식경제위원회의 회의실은 찬바람이 몰아치고 있었다. J 의원은 '이런 엉터리 같은 시장조사가 어디 있느냐'면서 책상을 내리쳤다. 담당 공무원을 처벌해야 한다고 목청을 높였다.

당시 국회의 요구로 정부에서 '기업형 슈퍼로 인한 동네슈퍼들의 피해상황'을 조사하였는데, 시장조사결과 당초 예상보다는 피해상황이 적다고 나온 것이다. 동네슈퍼 인접한 곳에 SSM이 들어서면 그 슈퍼는 피해가 상당하지만, 전체적으로는 새로운 상가지역에 더 많이 설치되어 평균해보면 소상인들의 피해는 그리 크지 않다는 것이 요점이었다.

보다 강한 규제를 하려던 국회의원 입장에서는 황당한 조사결과였다. 그렇다고 시장조사전문기관인 AC넬슨과 대학교수 등 유통 전문가들이 조사한 것이니 함부로 고칠 수도 없었다. 그랬다가는 더 시끄러워질 수 있어 정부 실무자는 이러지도 저러지도 못하고 몰매를 맞는 형국이다.

의원님들의 불호령은 시행절차문제로 옮겨갔다. 최초의 정부기획안에는 중소기업 관련기관만 조사에 참여토록 되었는데 대기업 유통단체인 체인스토어협회를 참여시키고, 이 단체에서 조사비용을 지원하였으니 결과가 이렇게 나온 것 아니냐는 호통이었다.

사실은 이러했다. 지식경제부는 이 조사사업을 대한상공회의소 유통물류진흥원에 위탁하였는데, 진흥원이 정부의 최초 기획안을 수정하여 시행한 것이 문제가 된 것이다. 당시 필자는 정부와 대/중소기업이 모두 참여하되, 조사시행은 전문기관에서 독립적으로 수행해야 공정하고 객관적인 조사결과를 얻을 수 있다고 판단했다. 조사비용은 대기업 쪽에서 체인스토어협회가, 중소기업 쪽에서는 정부가 지원했고, 시장조사는 전문가에게 일임했다. 모든 사업주체들이 참석한 사업 착수회의에서 결의도 했지만, 정부의 실무자도 워낙 민감한 사안이라 결과보고가 나올 때까지 보지 않았다고 한다.

결과적으로 최초의 시행기획안이 수정되어 시장을 조사하였고, 당초 기대와 다른 결론이 나왔으니 대기업을 규제해야 한다는 의원들 입장에서는 오해할 만 했다. 그러나 한편으로는 '동네슈퍼의 피해가 심각하다'라는 결론을 미리 내놓고 하는 조사라면 중소기업 관련 단체가 해야 마땅하고 대한상공회의소는 적절하지 않다. 이름만 빌려줄 수는 없는 노릇이었다. 더 중요한 점은 이런 조사활동이 올바른 정책 선택에 무슨 도움이 되겠는가, 정부예산만 낭비하는 것이 아닌가 하는 점이다. 그럼에도 소신으로 이름난 당시 김종호 유통물류과장을 비롯한 정부실무자들이 곤혹스러워 하는 모습을 보면서 '주범은 나인데'라는 생각에 미안하기도 하고, 정말 인사 조치라도 당하면 어떻게 하나 걱정이 앞서기도 했다.

유통법은 개정되고 드디어 2010년 11월 10일 '유통산업발전법'이 개정되었다. 전통시장이나 전통상점가의 경계로부터 500m 이내의 범위에서 설치되는 대규모점포 외에 그 계열회사의 직영점 또는 가맹점 형태의 SSM에 대하여 등록제를 확대한 것이다. 또한, 전통상업보존구역 안에서는 대규모점포의 등록을 제한하거나 조건을 붙일 수 있도록 하였다.

곧 이어 11월 25일에는 「대중소기업 상생협력 촉진에 관한 법률」(상생법)이 개정되었다. 이 법에서도 사업조정제도의 적용대상을 기존의 대규모점포 외에 대기업의 직영점과 가맹점 형태의 SSM 체인점으로 확대하고, 전통상업보존구역 이외 지역에서도 기업형 점포 설치를 상생법으로 사업조정토록 규율하였다.

또한, 한· EU FTA 비준을 앞두고 중소유통업자들이 다시 머리띠를 졸라매자, 국회는 2011.6.30 전통상업보존구역 지정범위를 '500m 이내에서 1km 이내'로 확대하고, 유효기간을 3년에서 5년으로 연장하는 유통법 개정안을 의결하였다.

한 · 미 FTA 체결은 중소유통업계에 또 다른 논쟁을 불러 일으켰다. 우리나라는 국제조약이 국회동의를 거쳐 체결되면 국내법과 같은 효력을 갖게 되는데, 이 조약에서 전통상업보존구역에 대한 시장제한규정이 없어 국내법에서 정한 SSM 규제조항들이 무효화될 수 있다는 주장이다.

한 · 미 FTA에서는 담배, 주류 도소매업의 국내 사무소 개설과 온라인 판매를 금지하고 있다. 쌀과 인삼, 홍삼의 도소매업은 내국인과 외국인을 차별하여 규제할 수 있다는 제한규정도 있다. 기타 안경점의 1개 영업소 개설, 의약품 및 관련 물품, 의료기기, 기능성 식품의 판매사무소 개설에 대한 제한규정이 있다. 그러나 전통상업보존구역에 대한 규정은 없어 중소 상인단체에서 한 · 미 FTA를 반대하고 있는 것이다.

필자의 견해로는 이 협정이 SSM규제관련 국내법 조항을 무력화시키지는 않을 것으로 본다. GATS와 마찬가지로 한미 FTA에서도 국가정책 목적을 달성하기 위한 서비스공급 규제와 새로운 규제의 도입 권리를 인정하고 있고, 이러한 규제조치들이 객관적이고 투명한 기준에 의거 시행해야 한다는 규정도 있다. SSM규제는 국내기업이든 외국기업이든 똑같이 특정지역의 대기업 진입을 제한하고 있다. 즉, 내국인과 외국인을 차별하지 않는 일반적인 국제원칙에 부합되고 있어 특별한 문제가 없을 것으로 판단된다.

다만, 이 조약에서 GATS 규정과 다른 점은 구체적 약속이 행해진(양허된) 서비스부문에 있어서 새로운new 또는 더 차별적인 조치more discriminatory measures를 채택할 수 없다는 규정이 있고, 자유화후퇴방지메카니즘Ratchet Mechanism이란 일반원칙이 있어, 한 · 미 FTA 체결이후의 새로운 규제도입은 문제가 될 소지가 크다. 특히 최근 정치권에서 논의되고 있는 보다 강도 높은 시장진입규제는 더욱 그러하다.

국내 유통시장은 외국기업이 진입하기 어려운 구조다. 일본 유통기업의 실력자가 내 사무실을 방문한 적이 있었다. 그때 국내 시장진출 의향을 떠본 적이 있는데, 그는 조금도 망설이지 않고 한국시장은 과포화상태이며, 쟁쟁한 국내 유통기업들과 독특한 민족 정서가 뭉쳐 있어 시장진입이 매우 어렵다고 답하였다. 우리 문화를 비교적 잘 아는 일본 기업인도 이러한데, 월마트 철수를 지켜본 미국 유통기업인들은 더욱 진입하기 어려운 시장으로 평가할 것 같다. 실제로 이들은 중국이나 인도, 브라질 등 신흥시장 진출에 역점을 두고 있어 국내시장 진입은 상당기간 없을 것으로 전망된다. 다만, 국내 유통산업이 정부의 규제보호 속에서 선진화되지 못하고 경쟁력이 취약하다고 판단되면 외국의 글로벌 유통기업들은 언제든지 다시 몰려올 것이다.

선진국들의 유통규제는? 선진 각국의 유통시장 규제내용은 국가별 문화와 전통, 시장 환경에 따라 다소 상이하다. 그러나 각국의 공통점은 유통시장을 보다 경쟁적이고 자유롭게 만들기 위하여 규제를 계속 완화하고 있다는 점이다. 일본의 경우, 대형점포 설치를 규제하는 대점법을 2000년에 폐지하고 1,000m^2 이상의 점포설치를 신고제로 변경하였다. 이때 대형점포를 운영하면서 발생할 수 있는 교통, 환경, 소음

문제 등을 심의한다. 주민생활 보호 관점에서 대형 유통점을 바라보고 있는 것이다. 동경대학의 손일선 박사는 일본 정부의 유통정책이 중소상인 보호에서 생활자 보호로, 최근에는 고령자 보호로 변화되고 있다고 한다.

미국은 각 주정부가 시행하는 주민생활과 안전을 위한 토지이용 및 건축규제를 위한 Zoning제도가 있을 뿐, 유통관련 정책이나 규제가 없다. 다만, 反트러스트법이 엄격히 적용되는 시장이다.

프랑스도 규제를 완화하고 있다. 라파랑법에 의거 매장면적 300m² 이상의 점포 설치시 지역 상업시설위원회의 건축 및 토지사용 허가를 받았으나, 2008년 1월 경제근대화법을 개정하여 1,000m² 이상의 매장으로 조건을 완화하였다.

영국은 2,500m² 이상의 매장은 교통영향평가를, 1만m² 이상의 매장은 환경영향평가를 받아야 하며, 독일은 1,200m² 이상의 매장에 대하여 허가제를 시행하고 있지만, 이런 영향평가들이 대형 유통업을 규제하는 수단으로 활용하고 있지는 않다.

대형점포의 영업시간 제한도 계속 완화추세다. 선진 각국은 유통업체들이 영업시간을 자율 결정하는 것을 원칙으로 한다. 프랑스는 노동자의 권익을 위해 주중에는 22시까지, 일요일은 영업을 금지하였으나 2009년 이후 영업시간 규제를 해제하였다. 독일의 경우도 종교 활동보장을 위하여 일요일 영업을 금지하였다가, 영업시간 규제권한을 연방정부에서 주정부로 2006년 이관하여 현재 베를린시 등은 24시간 영업을 허용하고 있다.

정부의 유통규제는 유통산업의 구조를 결정짓고, 국민생활에 직접적으로 영향을 미치는 특징을 갖고 있다. 따라서 선진 각국들의 유통규제는 자국민의 생활과 관습의 보호, 경제논리와 도시계획논리의 조화를 추구한다. 주민들의 삶의 질과 편의성, 도시의 기능과 미관, 지역경제발전과 노동자의 권익 사이에서 균형점을 찾고 있는 것이다. 시대의 흐름이나 정서에 따라 한쪽으로 쏠리지 않고, 의견을 통합해가며 역기능을 최소화 하는 방향에서 점진적으로 추진하고 있다.

최근 대기업의 영업시간 제한을 더욱 강화하려는 움직임 등을 보면서, 서로 조금만 양보하면 대/중소 유통기업들이 서로 상생하며 소비자의 가치, 즉 양질의 상품을 값싸게 제공하고 편익도 높일 수 있는데 하는 생각을 다시 하게 된다.

유통규제는 국내시장상황과 여건에 따라 필요할 수 있다. 그러나 규제는 시장경쟁을 제한하여 가격거품이 많은 시장을 만들고 유통산업의 발전을 저해한다. 점점 더 글로벌화 되는 시장에서 세계시장의 흐름과는 반대로 역 주행한다면 향후 국내 유통시장은 어떻게 될 것인가? 이 시점에서 선진 각국의 규제동향을 재점검하는 이유이다.

한국의 소비자들은 봉인가

2011년 9월, 모 방송국의 시사토론 진행자 정관용 씨는 황당했다. 이날의 주제는 휘발유 값 인하여부로 정부와 정유사 간 치열한 신경전을 벌이는 주유소 문제였다. 대형 정유사들의 직영주유소가 아닌, 개인주유소를 운영하는 사람들이 자가 폴 주유소협회를 만들고 기름값을 10~20% 인하하여 판매하겠다고 나선 것이다. 4개 정유사의 기름을 저렴한 가격으로 구입하여 정유사 직영주유소보다도 더 싸게 판매할 수 있다는 협회장의 설명에 이상한 듯 날카로운 질문을 던진다.

"각 정유사의 기름을 한 탱크에 섞어 판매해도 괜찮다는 말씀인가

요?" '정유사 직영주유소도 다른 정유사의 기름을 섞어 판매하고 있다.'는 답변에 도저히 믿을 수 없다는 반응이다. "그렇다면, 왜 정유사들이 많은 돈을 들여 광고를 합니까? 다음 기회에 한 번 더 토론이 필요하네요"라는 말로 이날의 시사토론은 끝이 났다.

사실은 중동으로부터 수입한 원유를 정제하는 프로세스 과정이 같으니 성분이 동일하여 섞어 판매해도 괜찮고, 일부 정유사 직영점들이 원거리 수송비용을 절감하기 위하여 근거리의 다른 정유사에서 기름을 공급받기도 한다. 유명한 시사토론 진행자도 이런 사실들이 생소한데, 일반 소비자들은 어떻게 알 수 있겠는가. 마이카 시대에 거의 매일 사용하는 연료조차 우리는 잘 모르고 있다.

스마트폰 가격문제로 공정거래위원회와 삼성전자, LG전자, 팬택 등 국내 휴대전화 제조회사와의 공방전도 볼 만하다. 공정위는 국내 스마트폰 가격이 외국 수출용 가격보다 많게는 약 2배 가량 높다는 주장이고, 제조사들은 수출용과 내수용 제품의 옵션에 차이가 있다고 한다. 무엇이 진실이고, 어떻게 결론이 날지 소비자들은 알지 못한다.

소고기 등 농수축산물과 각종 식료품, 생활용품 등 모든 상품들의 품질과 가격이 적당한지 알 수가 없다. 작년 9월의 언론보도에 의하면, 저지방 칼슘우유와 보통 우유의 성분이 비슷한데 가격은 차이가 많다고 하며, 몇몇 업체들이 판매하는 생수는 같은 장소, 한 지점에서 나오는 똑같은 지하수인데 가격이 다르다고 한다.

사실 거의 모든 상품들이 불확실하다. 소비자 개인은 상품성분이나 원가 내용을 알 수가 없다. 이것들을 조사할 능력도 시간도 없다. 소비자들은 생산자나 판매자를 일단 믿고 구입한다. 식품을 구입할 때 식중독을 염려하지 않고, 자동차를 구입할 때 별 탈 없이 잘 굴러 가리라고 생각한다. 다소 문제가 발생해도 애프터서비스 정비공이 잘 고쳐줄 것으로 기대한다. 소비자는 기업의 명성만 믿고 해당기업이 물건을 속이지 않고 정시에 배달해줄 것으로 상정한다. 소비자는 판매기업의 브랜드, 신뢰도를 일단 믿고 구매하는 것이다.[18]

현대시장은 신뢰를 기반으로 거래가 이루어진다. 이런 시장구조에서, 이익을 추구하는 기업들이 단합하거나, 암묵적으로 상품가격을 높게 정한다면 소비자는 억울하다. 또한, 유통혁신을 게을리 하여 상품가격이 높아진다거나, 정부의 보호로 가격거품이 많아져 보다 비싼 가격으로 상품을 구입해야 한다면 소비자는 억울하다. 그 어떤 경우에도 해당기업들은 소비자의 신뢰를 져버린 행위라고 할 수 있다. 그런데 국내유통시장은 가격거품이 구조화된 지 오래고, 일부 생산자와 판매자들은 정부의 보호에 익숙해져 이런 신뢰감에 대한 부담이 적은 것 같다. 이런 이야기를 하면 마치 절간의 스님처럼 비쳐질지도 모른다.

시장경쟁의 치열함이 적은 국내시장은 가격거품이 많다. 고급 핸드백과 시계 등 소위 명품들의 가격거품은 더 말할 나위없다. 최근 소비자시민모임(소시모)의 발표에 의하면, 국내 유모차 판매가격은 외국에 비해 최대 2.2배에 달하는 것으로 조사됐다. 이탈리아에서 51만 원에 판매되는 네덜란드 퀴니사의 버즈는 국내백화점에서 105만 원에 판매되고, 35만원 가격대인 영국제 테크노 XT는 61만원에 팔린다.[19]

서울YWCA에서 선진 8개국의 수입화장품 가격을 비교한 자료에 의하면, 국내시장에서의 판매가격이 30~40% 비싼 것으로 조사되었다. 립스틱의 수입가격은 4,673원인데 판매가격은 3만 6,714원으로 약 8배에 달한다고 추정했다. 관련 유통업계에서는 브랜드가치와 유통과정을 잘 모르고 하는 이야기라고 하지만, 독점 내지 과점화된 시장의 영향도 큰 것처럼 보인다.

저녁 TV 뉴스에 화난 표정의 젊은 주부가 있었다. 미국 GAP의 본사

온라인사이트에서 아기 옷을 신청했지만, 한국에 산다는 이유로 그녀는 이것을 구입할 수 없었다. 독점공급계약을 맺은 국내 대형 유통점에서 비싸게 구입하든지 아니면 포기하든지 선택해야 했다.

그 뿐만이 아니다. 정부의 보호정책은 가격거품을 제대로 끼게 한다. 시장에서 경쟁하고 있는 품목도 거품이 있는데, 정부에서 시장경쟁을 못하게 울타리를 쳐준 품목은 어떠하겠는가. 가장 대표적인 상품이 의약품이다.

의약품은 그 종류가 다양하고 전문적이라 일반인들이 잘 알 수도 없고, 국민건강을 지킨다는 대외명분이 강하여 특히 가격거품이 낄 소지가 많다. 한편, 의약품을 가장 많이 찾는 주 고객은 소득이 적은 서민층이고 고령자인 노인층이다. 의약품 가격이 비싸면 이들은 그냥 참고 지내거나 국가예산에 의존할 수밖에 없다. 참고 지내다 보면 더 큰 병으로 확대되어 사회적 비용이 더 든다. 고령화시대를 일찍 맞이한 선진국 정부는 이런 경험을 바탕으로 보건정책의 방향을 정립해갔다.

선진국들의 의약품 정책방향은 한결같고 분명하다. 다양한 의약품 개발을 촉진하되, 가능한 의약품 가격을 값싸게 유지하여 전 국민이 저렴한 비용으로 더 좋은 의료혜택을 받도록 하는 것이다. 이를 실현하기위한 시책은 다양한데, 기본방향은 가급적 시장경쟁을 통하여 약품의 품질을 높이면서 가격을 인하시키고 있다. 시장을 기반으로 의약 전문성이 합쳐질 때, 소비자가 원하는 다양한 약품개발이 가능할 것으로 본다.

선진국 정부는 의약품시장을 경쟁적인 구도로 만들어 약품가격 인하를 구조화하고 있다. 의약품을 인체위해성 정도에 따라 일반의약품과 전문의약품으로 구분하여 유통을 관리한다. 독성이 강한 전문의약품은 별도로 특별하게 취급하되, 사람 몸에 덜 위험한 일반의약품은 약국 외에 일반 슈퍼에서도 판매토록 하여 가격경쟁을 촉진한다.

이 정책은 약값을 하락시키는 실질적인 특효약이다. 판매독점으로 인한 가격거품을 구조적으로 제거할 뿐만 아니라, 일반 유통기업들이 운영하는 물류 공급망과 매장을 활용함으로서 유통비용을 대폭 감축시킬 수 있기 때문이다.

의약품 안전성에 까다롭기로 유명한 일본에서도 정부는 일반 약의 슈퍼판매 범위를 지속 확대해 오다가, 2009년 6월부터는 전체 의약품 중 약 95%의 의약품(매출액기준)을 일반 약으로 분류하여 일반슈퍼 판매를 허용하고 있다. 도매업이 발전한 일본은 지역별로 의약품 통합 물류체계가 발전되었다. 우리의 경우는 대부분 제조사별로 개별 운송하는 현실을 감안하면, 판매독점규제 해제로 인한 효과는 일본보다 더 클 것으로 본다.

일본의 일반약 분류체계

위험도	해당 의약품	성분례	시장비중(08)	판매처
제1류 (매우 높음)	특별한 주의를 요하는 성분을 포함한 의약품		약 5% (300억엔)	약국
제2류 (비교적 높음)	일상생활에 지장을 줄 정도의 건강피해 우려약품	감기약, 해열진통제, 위장약 등	약 60% (3,600억엔)	약국 또는 일반소매점
제3류 (비교적 낮음)	제1류, 2류 이외의 의약품	비타민, 소화제 등	약 35% (2,200억엔)	약국 또는 일반소매점

1. 자료: 일본 후생노동성, 일본 OTC의약품협회(대한상공회의소 유통물류진흥원, 2009.6)
2. 시장규모는 제약사 출하액 기준

우리나라도 일반의약품과 전문의약품으로 분류하여 별도로 관리하고 있지만, 일반 약으로 분류된 약품이 몇 개 안되어 대부분의 의약품은 약국에서 독점판매하고 있다. 최근 우여곡절 끝에 일부 의약품의 슈퍼판매를 확대한 바 있으나, 저렴한 국민의료체계를 구축하려면 이

제도를 전면적으로 확대 시행해야 소기의 효과를 거둘 수 있을 것이다.

한편, 국민건강에 위해정도가 심한 의약품은 전문의약품으로 구분하여 엄격하게 관리한다. 일본은 머리 염색약도 위해성 정도에 따라 일반약과 전문약품으로 구분하여 관리한다. 위해성분이 많은 머리염색약은 전문의약품으로 분류하여 반드시 의사나 약사의 처방을 받도록 하고 있는 것이다. 또한, 독성이 강한 의약품들은 유통실명제를 시행하여 소재파악과 관리책임을 명확히 하고 있다. 한마디로 규제할 것은 철저히 규제하고, 풀어도 괜찮은 것은 시장경쟁을 촉진하여 저 비용의 의료체계를 만들고 있는 것처럼 보인다.

선진국 정부는 가급적 의사나 약사의 진료나 처방을 거치지 않는 의약품 개발을 위하여 상당한 정부자금을 투입하고 있다. 사실 의사나 약사의 진료나 처방을 받으면 그만큼 의료비가 올라간다. 이 비용을 줄이는 정책이다. 예를 들면 감기약의 경우, 열만 나거나 재치기가 심할 때 또는 콧물이 주로 날 때 먹는 감기약 등으로 세분화하면 의사나 약사의 진료 없이 사용 가능하다. 가벼운 감기에도 병원을 찾는 불편과 비용을 줄여줄 수 있다.

자가 치료self medication 환경조성에도 많은 노력을 기울이고 있다. 집에서 간단하게 질병예방이나 진단 검사를 가능하게 하는 의약품을 개발하면 그만큼 의료비용을 줄일 수 있게 된다. 거동이 불편한 노인들이 증가하는 고령화시대에 적합하고도 유효한 대책이라고 할 수 있다.

또 하나의 의료비 감축방안은 오리지널 의약품을 복제한 제네릭 의약품의 생산과 소비를 확대하는 정책이다. 막대한 연구개발비용이 투자된 오리지널 신약은 보호되어야 더 좋은 의약품을 기대할 수 있다. 따라서 특허료가 포함된 오리지널 약은 꽤 비싸다. 대신 특허료가 만료된 복제약품은 생산원가에 유통비용만 포함되어 대개 오리지널 약값의 절반 이하로 떨어진다.

선진 각국은 이점을 십분 활용한다. 일본 후생노동성은 2012년까지 16.9%(2006)의 복제 의약품 비중을 2배 이상 끌어 올린다는 야심찬 의료비 절감정책을 추진하고 있다.[20] 복제약 확대정책은 선진국뿐만이 아니다. 오히려 소득이 적은 개도국의 국민들이 더욱 절박한데, 아래의 사례는 국민건강을 책임지는 보건당국의 열정이 국경을 초월하여 수많은 사람들의 마음을 움직인 감동적인 사례이다.

20세기말 후천성면역결핍증(에이즈)이 아프리카 대륙을 휩쓸었다. 2000년 세계 전역의 에이즈 환자 3300만 명 가운데 2300만 명이 아프리카 사람들이었다. 아프리카에서는 에이즈로 하루 5500명이 죽어가고 있었다. 그러나 그들은 비싼 에이즈 약을 구입할 돈이 없었다.

남아프리카공화국은 강제라이센스로 필수의약품을 저렴한 가격에 구입할 수 있게 하는 법안을 1997년 통과시켰고 인도와 브라질, 태국도 이와 비슷한 조치를 취하였다. 특허권을 강제 공유하여 복제의약품을 제조하고 특허권 소유자에게 로열티만 지급하는 방식인데, 이럴 경우 약값을 50~90% 내릴 수 있다고 한다.

다국적 제약업체들은 "좋게 말해 복제 업체지 도둑"이라면서 즉각 반발하였고, 빌 클린턴 미국정부는 무역제제를 가하겠다고 위협했다. 특허권위반으로 남아공을 제소하여 벌어진 법정 밖에서는 국제구호단체인 "국경없는 의사회"와 에이즈 퇴치운동단체인 "액트 업Act Up" 회원들이 '에이즈로부터 수익을 올리는 인간들', '바이러스보다 더 치명적인 존재들' 이라고 쓰여진 피켓을 들고 서 있고 언론은 특종으로 다루었다. 인간의 생명보다 돈을 더 중시한다는 비난이 쏟아지자 39개 다국적 제약업체들은 2001년 4월 소송을 취하했다. 이들은 더 좋은 신약개발을 위해서 특허는 보호되어야 한다면서, 에이즈 약품을 선진국가격의 10%로 낮추는 데 합의하였다.[21]

저비용의료체계는 국민 개인이 지불하는 의료비 부담을 덜어줄 뿐만 아니라 국가예산을 절감시킨다. 선진국들은 고령화시대로 진입하면서 노인진료와 치료비가 늘어나 국민건강보험료가 눈덩이처럼 불어나자 특별한 대책이 필요했다. 일본의 경우 의료보험재정 적자폭이 2003년 180억 엔에서 2007년 1,269억 엔으로 크게 확대되면서 의약품 유통구조의 개선 등 다양한 의료비 억제대책을 한층 강화한 바 있다.[22]

그럼에도 보건정책은 항상 국민건강을 우선시한다. 의료비용만을 줄이기 위해 국민건강을 무시하지 않는다. 국민건강을 전제로 불합리하거나 낭비요소를 제거하여 의료비용을 절감하고 있는 것이다.

예를 들면, 일본 약사회의 강력한 반대에도 의약품 유통혁신을 추진해온 일본 정부는 2009년 6월 1일부터 의약품 슈퍼판매를 전면시행하면서 유통업체에 '등록판매자' 고용을 의무화했다. 고졸이상의 학력과 병원이나 약국 등에 1년 이상 근무한 자로서 소정의 시험을 거쳐 지방정부가 등록판매자를 인정하는 제도인데, 전문약품이 아닌 일반의약품판매는 이 정도의 전문성으로 충분하다는 합리성을 기반으로 비용절감과 고용확대까지 도모하는 대책이다.

일본 후생성의 보고서는 대부분의 일반 의약품을 유통소매점에서 판매한 지 거의 3년이 지난 현재까지 후생성에 보고된 중대한 의약품 안전사고는 없었다고 한다. 등록판매자 제도가 없는 서구에서도 약국 외 슈퍼판매로 인한 안전성문제로 크게 이슈화된 적은 거의 없다.

대부분의 선진국들과 달리 프랑스와 스페인, 북유럽국은 의약품을 약국에서만 판매하는 유통구조다. 물론, 드링크제와 소화제, 비타민 등은 일반 슈퍼에서 판매하고 있지만, 최근에는 프랑스와 스페인에서 저비용 의약품유통체계를 검토하기 시작했다고 한다. 고령화시대에 국가의 의료보험부담액이 커져 재정적자가 늘어나는 상황에서 불가피한 선택일 것이다.

우리나라는 어떠한가? 의사나 약사의 처방에 따라 구입하는 약품이 거의 대부분인데, 우리 국민들은 다른 선진국보다 약을 과다하게 복용하고 있다고 한다. 게다가 약값도 훨씬 비싸다. 국내 의약품제조사들은 주로 복제약품을 생산하고 있는데, 한국개발원KDI의 조사에 의하면, 국내 복제약품 가격이 선진국보다 평균 약 60% 더 비싸게 판매되고 있다. 최근에는 시중의 약국에서 복제약을 오리지널약과 비슷한 가격으로 팔거나 더 비싼 가격으로 판매하고 있다는 언론 보도가 있었다. 건강보험진료비에서 약품비의 비중이 OECD 평균 14.5%의 두배가 넘는 29.5%(2009)에 달하는 것은 이런 요인들이 종합 된 결과라고 보여진다.[23]

한편, 고령화 사회로의 진전속도는 전 세계에서 가장 빠르다. 우리나라의 65세 이상 노인인구는 2010년 545만 명(전체인구의 11%)에서 2030년 1,269만 명(24.3%)에 이를 것으로 통계청은 예상한다. 노인 진료비는 2002년 월 평균 9만 4,405원에서 작년에 24만 7,166원으로 늘어나 총 15조 원을 넘어섰다. 매년 5조 원 수준의 정부예산이 지원되고 있는 건강보험재정은 2010년 1조 3천억 원의 적자에서 작년에는 보험료를 올려 흑자였으나 머지않아 적자폭이 커질 것은 분명하다.[24]

경제활동인구는 점점 줄어들어 성인 1명당 1명의 노인과 아이들을 부양해야 하는 시대가 온다고 한다. 국내 상황은 다른 어떤 나라보다도 좋지 않다. 가장 강도 높은 저비용의료체계로의 혁신이 요구되는 상황이다.

사실 유통관점에서 보면 국내 의약품 유통시장이 가장 낙후되어있는 것 같다. 동네슈퍼에서도 사용하고 있는 POS시스템이 약국에는 없어 입출고 현황과 재고파악이 제대로 안 된다. 대부분의 환자들이 어떤 약 성분이 더 좋고 적합한지 알 수 없는데다가 전체적으로 의약품 유통흐름이 불투명하여 의사와 약사, 약품제조업체간의 불법적인 거래가 발생할 만한 구조다. 또한, 약품은 정가가 없다. 약국별로 약사들이 가격표를 붙이면 그것이 의약품 판매가격이 된다.

의약품 공급망 구조도 취약하다. 국내 2,400여 개의 의약품도매상들은 영세하고 의약품제조사와 병원, 약국과의 직거래 비중이 절반을 넘고 있어 대부분 각 사별로 약품들을 개별 운송하고 있다. 외국산 의약품의 국내 판매는 다국적 판매기업인 쥴릭Zuellig에 독점되어 있다. 우리 국민은 쥴릭과 국내 도매상 등 몇 단계를 거쳐야 이 약품들을 최종 구입할 수 있다. 가격거품이 상당한 공급구조다.

국내 의약품 시장상황을 보면, 수많은 약사들의 처지도 매우 어려운 것 같다. 대형병원 인근의 약국들만 호황이고, 나머지 약국들의 경영상태는 좋지 않은 것처럼 보인다. 앞으로 소비자들에게 약품판매가격을 올려 마진율을 높이지 않으면 더 어려운 국면을 맞게 될 것이다. 이런 시장 상황을 고민하고 있을 많은 약사 분들께 일본시장을 보라고 권유하고 싶다.

일본 드럭스토어협회는 원래 일본의 약국들이 모여 만든 조직이다. 일본정부의 확고한 정책의지와 시민사회의 요구를 더 이상 거스를 수 없다고 판단한 이들은 살길을 모색하면서 새로운 유통 업태를 창출한 것이다.

신세대 소비자와 고령자는 건강과 미용을 중시한다. 의약품과 건강식품, 화장품과 각종 미용 상품들을 한곳에 집결하여 판매하는 매장이 드럭스토어다. 소위 Health&Beauty 형의 신 유통업태다. 일본경제의 장기 침체로 백화점과 대형 슈퍼들의 매출이 감소되고 있는 상황에서도 이들의 매출은 매년 10%이상 증가하고 있다 우리나라도 고령화시대로 가면서 이 업태는 미래의 유망업종이라고 할 수 있다.

소규모의 약국매장으로 어떻게? 라고 부정적인 생각이 앞서면 실현이 불가능하다. 약국들은 대부분 좋은 입지에 위치해 있고, 슈퍼나 다른 매장들이 바로 옆에 붙어 있다. 그들과 협력하면 훌륭한 드럭스토어를 만들 수 있다. 의약품 판매독점권은 그대로 갖고서 담배나 껌 등을 조금씩 판매하며 삶을 즐길 수 있다고 생각한다면 큰 오산일 수 있다. 소비자인 국민을 이롭게 하고, 그 요구에 부합하는 것이 미래 의약품 소매업에서 성공의 길이라고 본다.

미국도 40여 년 전까지만 해도 공공도서관에서 의사면허증이 있어야 의학도서 대출이 가능하였다고 한다. 일반인들이 섣불리 알았다가는 오히려 건강을 해칠 수 있다는 취지였다. 그러나 최근 미국과 일본의 병원들은 환자진료기록을 마음대로 복사할 수 있도록 병원로비에 무료복사기를 설치하고 있다. 환자들은 이 병원, 저 병원으로 돌아다니며 자기 병에 대해 정확히 확인하고 조치할 수 있게 되었다. 인터넷과 IT 정보기술로 환자들은 이제 "반 의사"가 돼가고 있다. 선진국에서는 이를 "똑똑한 환자Smart patient"라고 부른다.[25] 고도 정보화의 스마트한 시대, 투명한 세상의 흐름을 직시해야 새로운 길이 보일 것 같다.

경실련 등 시민단체에서 계속 요구해온 의약품 슈퍼판매 여론이 잠시 주춤하던 2010년 6월, 대한상공회의소는 '국내외 일반의약품 규제 개선사례와 시사점'이라는 연구보고서를 정부기관과 시민단체 등 각계에 배포하였다. 2009년 6월의 일본 의약품유통혁명이후 1년이 지난 일본시장을 분석한 보고서였다. 이것이 불씨가 되어 KDI의 연구 등으로 다시 여론이 비등해지고 정부와 국회에서의 논란을 거쳐 일부 의약품의 슈퍼판매가 허용되었다. 이런 흐름과 정책들을 보면서 불만이 가득

한 약사도 있고, 새로운 발전의 기회로 여기는 약사도 있겠다. 후자 쪽이 시장에서 큰일을 낸다.

2009년 11월 28일, 서울의 잠실실내체육관은 사람들의 호기심과 열기로 가득했다. 애플 아이폰의 국내시장 출시행사장에 관련기업과 언론매체, 고객들이 대거 몰려든 것이다. 곧 바로 아이폰 3세대 모델은 12월 한 달 동안 국내 휴대전화 판매량의 10%를 차지하는 신화를 만들었다.

사실 외국에서는 2007년부터 아이폰 판매를 시작했으나, 우리나라는 정부의 규제정책으로 진출이 늦었다. 국내휴대폰시장은 정부에서 정한 와이파이wipi방식을 의무적으로 사용해야 하고, 이 기준을 따르면 아이폰은 몇몇 기능을 포기해야 했다. 스티브 잡스의 애플은 시장 진출보다 자신의 경영원칙을 고수했다. 그 후 KT가 애플의 국내공급사로 선정되고, 한국방송통신위원회가 무선인터넷 표준플랫폼인 와이파이 의무화를 2009년 4월 폐지함으로서 시장이 개방된 것이다.

애플의 국내시장 진입은 휴대폰 판매경쟁을 촉진하여 보다 값싸고 양질의 스마트폰 시장을 만들었다. 이 당시 삼성전자의 스마트폰 '햅틱2'의 경우, 미국시장에서는 2년 약정으로 49.99달러에 판매되었으나 국내 시장에서는 약 30만 원대에 유통되고 있다는 인터넷 전문지 Digitalgengis.com의 보도가 있었다.[26] 사실 여부를 떠나 유통흐름이 막혀 경쟁이 적은 시장은 가격거품이 끼게 마련이다.

또한, 세계 최대의 강적인 애플과의 경쟁은 삼성전자와 LG전자를 더욱 강하게 만들었다. 국내 플랫폼 단일화로 모바일 콘텐츠 제작비용을 줄이고 미국 퀄컴사의 로열티 비용을 감소시켰지만, 소비자들의 단말기 선택권과 콘텐츠를 제한하고, 전 세계적 트렌드인 고 사양 단말기 수요확대와 범용OS 사용추세와도 배치되는 것이었다.

만약, WI-PI 폐지시기를 1-2년 늦추었다면 삼성전자가 국제시장에서 휴대폰 판매 1위를 달성할 수 있었을까? 생산자와 판매자인 공급자 중심에서 수요자인 소비자 중심의 정책결정이 기업을 살리고 나라 경제를 번영케 한다.

최근에는 주파수사용료가 내려갔는데도 LTE 요금은 비싸다는 의견이 분분하다. 통신업계에서는 방송통신위원회의 요금기준에 따른 것이라고 하는데, 이번에도 소비자들은 주파수 요금이 얼마 내려갔는지, 현재의 요금수준이 적당한지를 알지 못한다.

농수축산물은 어떠한가? 얼마 전에 소고기 파동을 겪었다. 국내산 소고기 값이 하락하자 소를 기르는 축산업자들이 어려워진 것이다. 도심지에서 소를 몰고 시위를 하겠다는 항의발표 모습도 보기 민망했지만, 정부가 발표한 대책은 더욱 이해하기 어려운 것이었다. 국내산 소 숫자를 줄여서 판매가격을 올리겠다는 내용이다. 한국의 소비자들은 국내산 소고기를 비싼 가격으로 구입해야 한다는 논리가 아닌가? 축산업자들의 생계가 중요하다면 다수의 국민들인 소비자의 권리도 중요하다. 소비자와 생산업자 모두가 만족할 수 있는 정책개발이 필요한 것 같다.

농수축산물과 의약품, 통신기기, 각종 명품들의 유통시장에서 생산자와 판매자만 보이고 소비자는 보이지 않는 것 같다. 다른 상품들은 어떠한가? 소비자의 목소리가 작으니 마찬가지 아니겠는가. '한국의 소비자들은 정말 봉이다'라는 생각을 하게 된다.

봉이 안 되려면 우선 소비자 자신부터 변해야 한다. 지난 1월 롯데백화점 샤넬매장의 매출액이 작년대비 90%나 증가하였다. 다음 달 10% 가격인상을 발표하자 미리 사두려는 국내소비자들이 몰린 것이다. 이런 소비자들이 많으면 명품가격거품은 계속 두터워진다. 사실 중국과 우리나라의 소비자들이 명품가격을 천정부지로 올리고 있는 것처럼 보인다. 국내시장에서 아기용품이 비싼 이유도 '내 아이에게 최고'를 이라는 젊은 엄마들의 심리가 주요 원인이다.

국산 도자기의 경우 외국으로 수출은 잘되는데, 국내시장에서는 고전중이라고 한다. 아직도 외제선호인식이 깔려있는가? 구미 선진국의 소비자들처럼 1원 2원 꼼꼼히 따지는 실용적이고 합리적인 소비자로 변해야 가격거품을 제거할 수 있다. 굳이 명품이 아니더라도 자기 개성에 맞는 상품을 골라 세상에서 유일한 자신만의 멋을 낼 줄 아는 새로운 소비풍조가 절실하다. 인기 있는 TV드라마에서 이런 소재를 다루었으면 좋겠다.

소비자를 보호해줄 기관이나 단체의 역할이 중요하다. 우리나라는 소비자를 봉으로 만드는 각종 정책이나 유통활동에 대하여 논리적으로 따지고 강력하게 시정을 요구하는 단체가 약한 것 같다. 정부기관인 한국소비자원과 시민단체인 소비자시민모임(소시모), YWCA의 활동들은 비교적 활발한 편이지만, 한국소비자원은 정부쪽에 강력한 목소리를 내는데 한계가 있고, 민간단체는 전문능력이 취약한 것처럼 보인다. 사실 수많은 유통업체와 제조업체들과 상대하여 소비자들을 제대로 보호하려면 상당한 전문 인력과 자금이 소요된다. 매일 변화하는 수십만의 상품가격과 품질비교, 수많은 유통업체들의 치열한 마케팅 활동을 감시하고, 소비자들의 다양한 불평과 욕구 등을 처리하기란 업무량도 많을 뿐만 아니라 추진하기도 쉽지 않다.

소비자 보호를 최고의 가치로 무장하고 전문능력을 갖춘 소비자 단체가 필요하다. 유통업체와 제조업체들이 꼼짝 못할 정도의 전문성위에 뚜렷한 명분을 내세워 어떤 정치적 그룹이나 이익단체들과도 대적할 수 있어야 5,000만 소비자 권익을 보호 할 수 있을 것 같다.

기본적으로 자유롭고 공정한 경쟁적인 시장을 만드는 것이 최고의 소비자 보호대책이라고 할 수 있다. 이를 위한 정부의 실질적이고도 전문적인 공정거래 감시기능과 규제 최소화의 중요성은 아무리 강조해도 지나치지 않다고 본다. 이 부문은 여러 곳에서 반복되고 있어 여기서는 줄이겠다.

정부가 소비자 물가안정을 위해 여러 가지 대책과 많은 노력을 기울이고 있지만, 결국 가격거품을 없애는 유통구조를 만드는 것이 물가안정의 근본적인 대책이 아닌가 생각한다. 정부 당국이 유통업체나 제조업체를 압박하여 일시적으로 가격을 하락시킬 수는 있겠다. 하지만 시간이 지나면 슬그머니 가격은 다시 올라간다. 해외에서 대부분의 원자재를 수입하고 있는 우리의 경제구조상 불가피한 면도 많다. 그래서 보다 근본적인 대책이 필요하다. 다음 장의 '물가도 잡고 경쟁력도 높이고'와 '기업이 중요하다' 편에서는 유통비용을 줄여서 상품판매가격을 구조적으로 하락시키는 다양한 정책과 유통기술들을 소개하겠다.

물가도 잡고 경쟁력도 높이고

세계에서 가장 월급을 많이 받는 사람은 누구일까? 작년에 최고의 수익을 낸 애플사의 최고경영자인 팀 쿡도 아니고 마이크로 소프트나 구글의 회장도 아니다. 2009년 아프리카 짐바브웨의 평범한 시민 시반다 씨다. 그는 월급으로 1,500억 달러를 받았는데, 이 돈으로 암시장에서 달걀 20개 또는 옥수수 10kg을 살 수 있다. 독재자 무가베 대통령이 1987년 집권한 이후 경제난이 계속되자 정부의 재정적자를 메꾸고자

10조, 20조, 50조 달러와 100조 달러지폐를 무진장 발행한 것이다. 물가가 2억% 폭등하여 국가 경제와 산업이 마비되었다. 국민 대다수가 하루 한 끼의 식사도 하기 어렵다.

1980년 로디지아로부터 독립할 때만 해도 짐바브웨는 아프리카에서 평균수명이 60세로 제일 높은 나라였으나 현재 35세로 감소하였다.[27] 하나의 극단적인 사례를 들었지만, 물가는 국가경제의 건강상태를 나타내는 지표이자, 나라 경제와 산업발전은 물론 국민 개개인의 생활에 직접적으로 큰 영향을 미치고 있다.

물가가 오르면 서민생활이 어려워지고 내수시장이 위축될 뿐만 아니라 수출확대에도 나쁜 영향을 미친다. 수출단가 1% 상승하면 1년 후 −0.43%, 2년 후에는 −1.35% 수출을 감소시킨다는 연구결과도 있다.[28] 특히, 인플레이션이 심하면 땅이나 물건 값이 올라 부자들은 더 부유해지고, 매월 일정한 월급을 받는 직장인이나 노동자들은 실질 소득이 줄어든다. 가만히 앉아서 물가가 오른 만큼 소득을 도둑맞는 셈이다. 따라서 노동자들은 임금인상을 거세게 요구하게 되고, 임금이 인상되면 물가는 다시 오르면서 국제경쟁력이 떨어지는 경제 악순환의 계기가 된다. 또한, 근로자의 노동의욕도 저하되고 기업들은 생산원가를 낮추고 품질을 높이려는 노력보다는 물건을 사서 쌓아두려는 외형확대위주의 경영으로 경제체질을 허약하게 만든다.

그렇다면 물가가 떨어지는 디플레이션은 좋은 것인가? 최근 주택매매거래가 뚝 끊겼다. 앞으로 집값이 더 떨어진다고 하는데 주택을 구입할 리 없다. 이와 같이 물가 하락이 예상되면 소비자들은 물건구입을 뒤로 미룬다. 기업들도 생산과 일자리를 줄이고 투자확대계획을 취소한다. 실업률이 높아지면서 구매력은 떨어지고 경제 불황이 지속된다. 대표적인 사례가 부동산거품이 꺼지면서 1980년 말부터 시작된 일본의 경제 불황이다. 따라서 정부는 기업의 생산성과 임금상승 등을 감안하여 인프레이션과 디프레이션 사이에서 적정한 물가(년 2~3% 상승?)를 유지하려고 노력하지만, 사실상 매우 어려운 과제이다.[29]

물가는 수많은 상품의 가격을 합하여 평균한 것이다. 따라서 상품가격을 결정하는 수많은 요인들—제조원가와 유통물류비용, 수요와 공급 상황, 환율, 정부의 금리통화정책 같은 여러 가지 요인들에 의해 물가는 수시로 변동된다. 물가를 수치로 표시한 물가지수의 그래프가 매일 위 아래로 변동하는 이유다. 특히 천연자원이 부족한 우리나라는 대부분의 원자재를 해외에서 들여오기 때문에 원유와 철광석, 유연탄, 각종 곡물류 등 국제 원자재의 가격변동에 따라 국내물가가 크게 영향을 받는다. 말하자면, 정부의 물가안정대책에 약효가 적을 수밖에 없고 정책선택의 폭도 매우 좁은 구조다.

그럼에도 지난 10년간 국내 소비자물가는 매년 2~3% 상승하는 비교적 안정적인 추세를 보이고 있다. 3개년도(2001, 2008, 2011)만 4%대의 상승률이고 나머지 해는 모두 그 이하 수준이다. 생산자물가지수도 소비자물가와 같은 선상에서 움직이고 있으나, 수입물가지수는 국제원자재 가격 변동에 따라 큰 폭으로 움직인다.

국내 소비자, 생산자, 수입물가지수의 변동추이

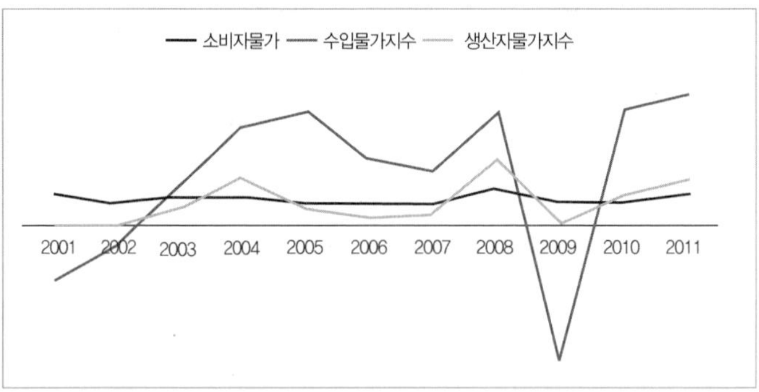

금융위기가 있었던 2009년도에 수입물가지수는 −18.8% 하락하였으나, 생산자물가지수는 −0.2%에 그쳤고 소비자물가는 2.8% 상승하였다. 2011년의 경우는 그 반대다. 원유와 곡물 등의 국제원자재 가격이 상승하여 수입물가지수는 17.6% 상승하였으나 생산자물가는 6.1%, 소비자물가는 4.0% 상승하였다.

해외 원자재가격의 급한 변동 폭을 정부의 물가안정정책과 기업이 생산/소비자가격으로 흡수하여 시장의 충격을 완화시키고 있다. 아마도 1~2년 후의 소비자가격에 서서히 반영될 것이다.

안정적인 소비자물가 추세에도 일반국민들이 피부로 느끼는 체감물가는 턱없이 높아, 주부들은 정부가 발표하는 물가지수를 믿지 못하는 경우가 많다. 소비자들이 많이 사용하는 상품과 서비스 516개 품목의 가격에 가중치를 두어 소비자물가를 계산하고 있지만, 각자 사용하는 품목의 빈도수가 다르기 때문이다. 작년의 경우 소비자물가는 4.0%이었으나 식료품가격은 8.1%, 교통비는 7.0% 상승하였다. 서민들이 먹고 사는데 필요한 기본적인 품목들의 가격 상승폭이 커서 그만큼 살림형편이 어려워진 것이다.

정부는 소비자물가의 보조지수로 체감물가와 근접한 '생활물가지수'를 1995년부터 발표하고 있다. 기본 생필품 범위를 156개로 축소하여 평균적인 가격변동을 나타내는 지수이다. 작년의 경우 소비자물가 상승률은 4.0%, 생활물가는 4.2% 상승하였다. 한편, 생산자물가는 주요 생산품목 923개를 생산자가 도소매상에게 판매한 가격기준으로, 수입물가지수는 수출 211개, 수입234개 품목의 수출입가격을 기준으로 산정한다.

특히, 생필품중의 생필품인 농수축산물의 가격급등은 국민생활을 어렵게 하면서 물가상승을 부채질하고 있다. 2010년 9월 27일은 기록적인 날이다. 그날 가락동 농산물도매시장에서 배추 한 포기 가격이 3만원을 넘어섰다. 지난 3년간 배추 3포기당 납품평균가격이 3,719원, 여기에 유통비용을 추가하여도 한포기당 2000~2500원에 매매되던 배추가격이 15배 이상 급등한 것이다.

농수축산물의 평균가격은 9~10월에 20%대로 뛰어 올라, 그해 8월까지 2% 대였던 소비자물가가 10월에는 3.7%, 생활물가는 4.8%까지 치솟았다. 김장철에 무와 배추가격이 폭등했으니 시민들은 아우성쳤고 서민들은 금 배추 먹는 것을 포기해야 했다. 이처럼 생필품 가격은 국민생활에 직접적으로 영향을 미치고 있어 중요한 정책과제라고 할 수 있다.

2010년 부문별 소비자물가

(전년동월비, 단위:%)

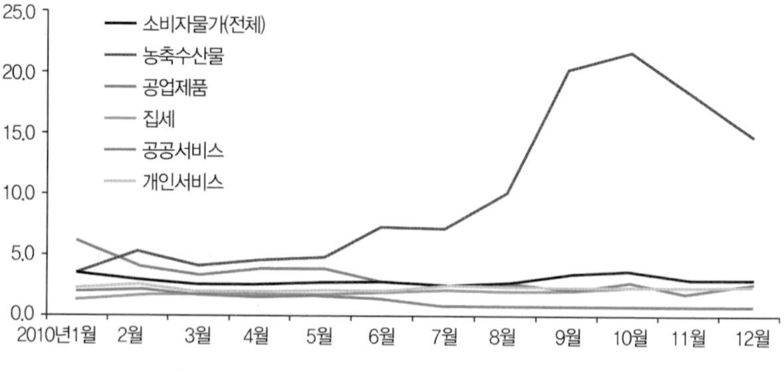

지금까지 정부의 물가안정대책은 통화와 금리조정 등 금융정책이 중심이었다는 생각이 든다. 정부는 시중자금의 유동량을 통제하여 물가를 조정할 수 있는 유효한 대책을 갖고 있다. 그런데 물가를 잡고자 자금의 유동성을 줄이면 경기가 위축된다. 물가안정과 경제성장이라는 두 마리 토끼를 동시에 잡기가 쉽지 않다. 특히 우리나라처럼 원자재의 해외의존도가 높은 나라는 금융정책 중심의 물가안정대책은 한계가 있는 것 같다. 시장에서 자원의 흐름이 왜곡될 소지가 있는 등 여러 가지 문제도 수반된다. 따라서 시장이 스스로 물가를 잡아나가는 구조를 만드는 것이 중요하다. 선진 유통시장을 만드는 것이 시장경쟁을 통해 자연스럽게 상품가격이 내려가고, 여러 가지 부작용을 최소화하면서 경제체질을 높이는 최고의 물가안정대책이라고 볼 수 있다.

선진유통시장은 막힘(규제)없는 경쟁이 치열한 시장이다. 치열함의 정도가 심할수록 상품품질은 좋아지고 가격은 내려간다. 장벽을 없애면 새로운 유통업태들이 시장에 진입하여 더욱 경쟁적인 시장을 만든다. 일반약품의 슈퍼판매를 더욱 확대하여 일본의 드럭스토어와 비슷한 업태의 발전도 필요하고 유럽시장에서 가격인하를 선도하고 있는 하드디스카운트 스토어 같은 신업태의 출현도 바람직하다. 온라인쇼핑과 함께 모바일 커머스의 활성화는 국내 유통시장에 새로운 가격전쟁을 촉발시킬 수 있을 것이다.

중소상인 보호를 위한 규제가 불가피하다면, 이들의 유통능력을 제고하여 상품가격을 내리게 하는 정책이 중요하다고 본다. 국내유통시장에서 절반의 비중을 차지하고 있는 중소유통업의 상품가격은 물가에 미치는 영향이 크다. 또한, 농축수산물의 복잡한 공급망 구조를 혁신하고 시장대응체계를 가다듬으면, 수급안정과 함께 가격폭등을 사전에 제어할 수 있고 유통비용이 적게 들어 가격하락의 여유가 생길 것이다.

중소유통업의 경쟁력제고는 경제적 약자를 보호한다는 차원 이상의 훨씬 큰 파급효과를 갖는다. 유통 대기업들과 시장경쟁이 가능해져, 국내 전체유통시장을 경쟁체질로 만들 수 있다. 대 중소 모든 유통업체들이 치열하게 경쟁하는 구조가 된다면 전체적으로 약 20~30% 정도의 상품 가격 하락은 가능하지 않을까? 구체적인 중소유통업경쟁력 제고방안은 전통시장과 농수산물 유통혁신 편에서 소개하기로 한다.

소위 방문판매나 다단계판매 등 직접판매 방식에 대한 규제도 개선할 필요가 있다. 80년대 도입기에 여러 가지 사회적인 문제로 아직까지 인식이 좋지 않은 편이지만, 이제는 비교적 정상적인 상거래 궤도에 올라와 있다. 따라서 일본 등 다른 선진국처럼 '....는 안된다' 식의 사전규제는 과감하게 풀어 시장을 자유롭게 만드는 대신, 공정거래를 위반하는 범법행위에 대해서는 매우 엄격하게 다루는 사후규제방식의 정책전환이 요구된다. 우리의 경우 사전규제는 강하되 사후규제 실행력은 약하여 위법선상을 넘나드는 '민첩하고 약삭빠른 자'들에게 성공기회를 더 많이 줄 수 있는 소지가 많은 시장인 것 같다.

오늘날 상거래는 시공을 초월하여 국경도 없고 어떤 형태나 크기로 업종을 구분하기도 어려운 시대이다. 흐르는 물처럼 업종과 업태의 모습이 자유자재로 변하고 있다. 이런 시장에서 사전규제는 유통흐름을 왜곡시키고 산업발전을 저해하는 사실상 독약과 같은 것이다. 다른 한편으로 자유로운 시장에서 공정거래를 철저하게 보장하지 못하면 그 또한 악한 자들이 판치는 시장으로 왜곡되어 발전할 수 없겠다.

또 하나의 유효한 정책수단은 가격정보체계를 발전시키는 것이다. 수년전 네이버와 다음에서 대한상공회의소 유통물류진흥원과 협정을 체결하고 표준코드 기반의 각종 상품가격정보를 제공하고 있지만, 아직은 초보 수준이다. 시도의 지방정부 홈페이지에서도 상품가격정보를 볼 수 있다. 하지만, 단순한 품목별 평균가격은 행정통계상으로는 필요할지 몰라도 소비자나 기업에게 미치는 효과나 영향은 미약하다. 소비자가 원하는 정보는 자신이 구입하고자 하는 상품을 가장 저렴한 가격으로 판매하는 장소(업체)와 구입방법을 알고 싶어 한다.

해마다 정초 1월에는 뉴욕에서 세계 최대의 유통행사인 〈Retail Big Show〉가 개최된다. 그해의 유통시장 전망과 중장기 흐름을 알고자 매년 전 세계 유통인 18,000여 명이 운집한 가운데 유통석학들의 강연과 토론이 이어진다. 2010년의 행사에서는 한 테마에 관심들이 집중되었다. 스마트폰이 막 등장했던 시절에 휴대폰으로 매장별 가격정보를 제공받아 상점을 찾아가는 소비자의 모습, 그리고 다른 매장의 판매가격이 더 저렴한 것을 알게 된 소비자가 구입한 상품을 반납하는 구매행태를 연극으로 표현한 것이다.

이것이 미래 소비자들의 모습이다. 명품이 아닌 일반상품의 경우 소비자 군중은 점점 더 가격에 민감해지고 있다. 만약 개별 소매업체들의 상품판매가격에 대한 정보가 신뢰할 만한 수준으로 발전되어 소비자들에게 제공된다면, 전체 유통시장에서 가격태풍이 불 것으로 예상할 수 있다. 모든 제조업체나 유통업체가 가격전쟁에서 진검승부를 하지 않을 수 없는 상황이 될 것이다.

이 행사를 다녀온 후 유통업체 임직원들에게 미래의 구매행태에 대하여 몇 차례 이야기하였지만 심각한 표정은 없다. 임원 한 분은 빙그레 웃으면서 그런 정보체계 구축이 가능하겠느냐는 반응이다. 농산물이나 고기류는 더욱 그렇지만, 대부분의 제품들이 모두 품질이 다르고 같은 제품이라도 소매업체들이 수량을 달리하여 포장하기 때문에 결코 쉽지 않을 것이라고 한다.

필자의 생각은 다르다. IT와 품질검사 등 관련 기술의 발전 속도는 충분하다. 다만, 가격과 품질을 비교할 수 있는 전문가 집단이 필요하다. 한국소비자원이나 농수축산물유통공사, 또는 시민단체에서도 이런 기능을 할 수 있을 것이다. 소비자가 신뢰할 만한 전문적이고 체계적인 가격정보를 생산할 수 있는 능력을 갖추면 된다. 이런 시스템이 작동되는 날은 국내유통시장에서 우리가 상상하기 어려운 가격전쟁의 불을 당기는 날로 기록될 것이다.

일본은 물가안정의 대표적 모범국가다. 일본의 소비자가격 추이를 보면 1970년대 큰 폭으로 상승, 1980년대는 안정세였다가 1990년대 이후 거의 제로 수준이다. 최근 몇 년간의 물가는 상승이 아니라 마이너스로 하락하는 추세다. 일본 또한 한국처럼 대부분의 원자재를 해외에서 수입해오는 나라인데, 이런 추세가 어떻게 가능한가?

일본 소비자물가지수(전년대비증감률)

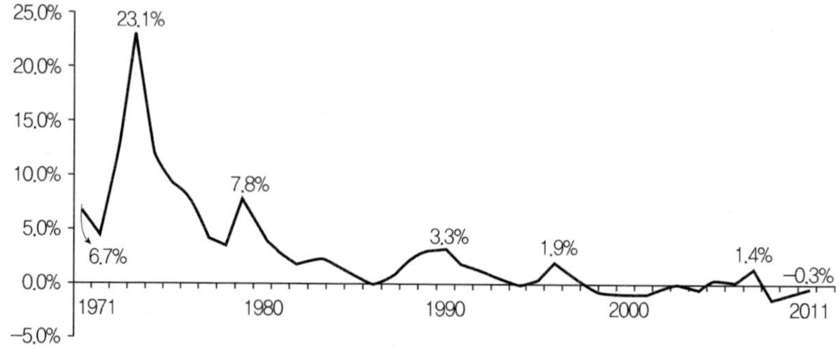

1970~1980년대 일본상품은 전 세계시장을 휩쓸면서 고도 경제성장이 지속되었다. 정부의 저금리정책으로 부동산과 주식의 버블이 생기고 물가는 계속 상승했다. 다른 나라와의 수출입 격차가 크게 확대되자, 미국과 유럽은 일본정부에 압력을 가하여 엔화절상을 위한 '프라자합의'를 1985년 체결한다.

1990년대 엔고의 지속으로 제조기업들은 생산설비를 해외로 이전하여 저가격의 수입품이 급증하면서 자국내 생산품과의 경쟁이 치열해 졌다. 통산성은 산하에 '내외 가격차문제 연구회'를 설치하여 자국생산품과 수입품의 가격 차이를 축소하고자 노력했다. 기업들은 제판

동맹을 맺어 제조업체와 유통업체가 판매정보를 공유하고 공급망 효율성을 높이는 대책 등으로 수입품과의 저가격전쟁에 맞섰다.

2000년대 초반, 일본정부는 정책의 대 전환을 꾀한다. 추진방향은 시장을 통해서 물가안정과 기업경쟁력을 제고하는 것이다. 대형 유통점의 설치규제 완화, 의약품 슈퍼판매 확대, 화장품 수입조건 완화 등 각종 규제완화로 시장경쟁을 촉진하였다. 시장을 자유롭게 한 결과 각종 전문점과 드럭스토어 등 신업태가 발전하여 더욱 경쟁이 치열 해졌다. 또한, 정부는 공정거래 감독기능을 대폭 확대하여 시장 질서를 잡아 나갔다. 그리고 일본시장이 포화되자 대형 유통기업들은 해외로 눈을 돌려 글로벌시장으로 진출하기 시작했다.

일본의 물가안정을 부동산 버블붕괴이후 계속되고 있는 경기불황 때문이라고 생각하는 사람들이 많다. 물론 불황이 주요원인 중의 하나이다. 그러나 해외 원자재가격의 지속 상승에도 물가가 안정된 것은 정부의 친시장적인 물가안정정책과 기업들의 치열한 가격전쟁에서 살아남으려는 노력, 유통혁신의 합작품이다. 일본의 사례는 우리 정부와 기업에게 강한 어조로 그 무엇을 말하고 있다.

기업이 중요하다

물가안정을 위해 제조, 유통기업의 역할이 중요하다. 정부도 통화량 조절 등 유효한 물가안정수단을 갖고 있지만, 다양한 상품과 서비스를 직접 생산, 판매하는 기업들은 더 많은 수단을 갖고 있다. 기업입장에서 보면 시장에서 가장 강력한 무기인 가격경쟁력을 높이는 것임으로 결코 소홀히 할 수 없는 부문이기도 하다. 또한 정부의 인위적인 정책수단은 역효과를 수반할 수 있지만, 기업의 각종 수단들은 효율성을 높이거나 비용을 절감하는 등 산업경쟁력을 제고하고 기업체질을 강하게 한다는 점에서 바람직한 대책이라고 할 수 있다.

제조, 유통기업은 상품가격을 하락시킬 수 있는 다양한 수단을 갖고 있다. 첫 번째 방법은 생산자가 소비자와 직접 거래하여 중간유통비용을 절감하는 것이다. 제조업체가 온라인을 통하여 소비자와 직접 거래할 수도 있고, 유통소매기업이 자체브랜드PB 상품을 만들어 판매할 수 있다. 현재 PB상품의 시장비중이 날로 커지고 있어, 앞으로 PB와 NB(제조업체 브랜드) 간 시장경쟁이 치열할수록 상품의 판매가격은 내려가고 품질은 향상될 것으로 기대된다.

원론적인 이야기지만, 제조기업은 생산원가를 낮추고 유통기업은 유통비용을 절감하면 경쟁력도 높아지고 상품가격을 인하할 수 있다. 유통소매기업이 상품소싱을 다양화하여 국내와 해외 상품경쟁을 촉진하는 전략도 가격인하 효과가 상당하겠다. 사실 국내 웬만한 대형 소매기업들은 국내와 해외시장을 넘나들며 가장 값싸고 품질 좋은 상품을 찾아 헤매고 있다. 대형 유통기업들의 해외소싱 비율은 이미 30%를 넘어 섰고 한·미, 한·EU 등 FTA시장이 확대될수록 그 비중은 더욱 커져 다양하고 값싼 양질의 상품시장이 될 것으로 전망할 수 있다.

공급망 관리능력을 제고하면 유통비용을 대폭 절감할 수 있다. 글로벌경제로 진전될수록 공급망은 점점 더 길어지고 복잡해져 공급망 관리를 어떻게 하느냐에 따라 유통비용의 격차는 커질 것이다. 특히, 효율적인 공급망 관리는 유통비용을 절감시켜 가격경쟁력을 높이는 동시에 소비자 욕구에 보다 빠른 대응을 가능하게 한다. 급격하게 변화하는 현대유통에서 사업성공의 핵심요소로 부각되고 있어 소홀히 할 수 없는 분야이다.

상품포장이나 용기에서도 상당한 비용을 절감할 수 있다. 독일의 하드 디스카운터 알디처럼 상품포장 규격을 표준화, 최소화하고, 신선상품을 담는 용기를 원산지에 공급하여 배송부터 매장전시, 판매까지 사용하고 다시 재활용하면 유통비용이 대폭 줄어든다. 대한상공회의소 유통물류진흥원의 '농수산물 유통포럼'에서는 상품포장을 표준화하면 포장비용을 약 30% 절감할 수 있다는 연구결과도 있었다.

물류비용은 절감할 수 있는 구석이 너무 많다. 가락동 농수산물 도매시장의 반출입 물량을 상하역시 수작업대신 기계화하든가, 소량의 상품을 개별 운송하는 중소유통 소매업의 물량을 공동운송으로 전환하면 물류비용을 대폭 절감할 수 있다. 각 기업별로 개별 운송하는 산업단지의 수많은 제품들을 목적지와 도착 요망 시간대별로 분류하여 공동 운송해도 그 만한 효과가 나온다.

물류정보체제를 고도화하여 공차 율을 줄인다든지, 제조기업과 물류업체 간 정보흐름을 원활하게 해도 상당한 비용을 감축할 수 있겠다. 제조기업인 화주들이 물류업체에 2~3일전에만 앞당겨 물품운송을 요청해도 물류비를 10~20% 감축할 수 있다고 한다. 자사차량이 적은 대부분의 물류기업들은 시급하게 배송차량을 수배함으로서 더 높은 비용을 지불할 뿐만 아니라 체계적이고 계획적인 물류를 할 수 없게 한다.

우리나라는 도로와 항만 등 물류의 하드인프라는 잘 되어 있으나, 소프트 인프라가 취약하여 물류효율성이 낮고 비용이 많이 든다. RFID 물류시범사업에 참여했던 IT기업의 팀장은 최종 배송지를 1km 앞두고 팔레트에 실려 있던 물품을 다른 팔레트에 옮기는 광경을 보고서 기절

할 뻔 했다고 말한다. 팔레트의 주인이 다르기 때문이다. 각종 물류 용기의 표준화가 안 되어 화물자동차와 기차, 선박, 항공운송 등 복합 물류에도 비용이 많이 소요되고 있다.

물품을 식별하는 바코드가 관련기업마다 상이하여 IT시스템 기반의 신속한 정보교류도 어렵다. 상당수의 물류기업들이 수기로 정보를 교환하는 등짝물류를 하고 있다. 국제표준코드 기반의 물류정보시스템의 선진화, 팔레트 등 물류장비와 용기의 표준화, 공동물류 등 소프트 물류 인프라의 발전이 중요하다.

석유가격이 지속 상승추세를 보이자, 월마트는 자체 보유 트럭은 물론 조달차량까지 양옆의 타이어 부분에 바람막이를 부착하도록 했다. 공기저항을 감소시켜 유류비를 절감하겠다는 정책이다. 1달러, 1센트를 절약하는 창업자 샘 월튼의 정신이 오늘날 월마트에 그대로 계승되어 시어즈와 K마트, 타겟 등 거대한 경쟁 상대들을 침몰시키고 있는 것이다.

유통 新기술은 각종 활동의 효율성을 높이고 유통비용을 원천적으로 대폭 감축시킨다. 온라인 인터넷과 모바일 기술이 대표적인 사례다. 이 기술들이 유통에 활용됨으로서 유통매장을 건설하고 관리, 유지하는 비용이 거의 소요되지 않는 새로운 유통업태로 발전하고 있다. 시공을 초월하고 형태가 없는 자유로운 비즈니스 모델로 진화되어 소비자에게 저렴하고 편리한 상품공급이 가능하며, 시장에서 기존 유통업태와 경쟁의 치열함을 배가시켜 소비자 판매가격을 인하시키는 촉진제 역할을 하고 있다.

GS1 DataBar는 1.5차원 바코드다. 1차원 바코드인 880코드보다 정보량을 많이 담을 수 있어 상품의 가격조정과 신선상품의 유효기간을 관리할 수 있는 새로운 바코드다. 농산물과 고기류 등 신선상품의 경우 운송시간이 지체되고 잘못 관리하거나 판매가 늦어지면 부패하여 폐기하는 물량이 상당하다. 생산비용과 유통물류비용뿐만 아니라, 폐기물을 처리하는 환경비용까지 결국 다른 상품의 가격에 보태져 소비자가 부담해야 한다.

GS1 DataBar 기반의 IT시스템은 신선상품의 유효기간과 가격을 연동한 마케팅을 가능하게 한다. 유효기간이 임박한 신선상품을 날짜별로 가격을 조정하여 판매를 증가시키고, 썩어서 버려지는 폐기물량이 감소되어 환경비용을 대폭 절감할 수 있다.

대형마트의 우유코너에 가면 수백 종류의 우유와 요구르트 등이 진열되어 있다. 소비자들은 이 코너에 오면 제일 먼저 상품에 표기된 유통기간을 확인한다. 대부분 유통시한이 5~6일 이상 되는 것을 집어들고, 2~3일 남은 것들은 더 이상 팔리지 않는다. 먹어도 괜찮은 멀쩡한 우유제품들이 그대로 버려지고 있는 것이다. 만약 유통시한 2~3일 남은 우유가격을 반값으로 할인하여 판매하면 어떨까?

대한상공회의소 유통물류진흥원과 롯데마트가 이 실험협약을 체결하였다. 몇 개의 상품은 수작업으로 가격조정이 가능하지만, 수백, 수천 개 상품의 가격조절은 신형 바코드 GS1 DataBar 기반의 컴퓨터시스템을 활용해야 하기 때문이다..

2009년 5~9월 동안의 실험결과는 파격적이었다. 폐기처분되었을 유통시한 2~3일 남은 우유제품 40%가 더 팔려나간 것이다. 우유뿐만 아니라 농산물과 고기류 등 신선상품 전체에 이 신형 바코드와 마케팅을 접목한다면 총 판매도 크게 신장되면서 폐기물량도 대폭 줄어들어 그 효과의 크기는 상상 이상일 것이다.

실증사업 실험은 성공적이었으나 실제 적용은 미뤄지고 있다. 국내모 인사가 비슷한 사업모델로 특허를 받은 것이다. 특허권은 존중되어야 하지만, 유통업의 특성상 크고 작은 유통소매업체들이 매일 전국적으로 수천만 번 거래할 때마다 특허료를 내야 할 상황이다. 그래서 880코드를 비롯한 상품의 국제표준코드는 개인의 것이 아니라 공용인프라다. 각국마다 별도의 특허를 내지 않고 회원제로 운영한다. 바코드 국제표준기관인 GS1이 신형바코드 GS1 Databar를 유럽시장에서 실증시험하고 있을 때 개인의 특허신청이 있었는지 여부 등을 잘 살펴봐야겠지만, 원만하게 해결되어 모든 국민들이 더욱 값싼 가격의 신선식품을 즐길 수 있기를 희망한다.

RFID는 유통혁명을 예고하는 기술이다. 이 기술이 공급망관리SCM 기법과 융합되면 생산/물류/판매 전 과정에서 혁신을 이룰 수 있다. 특히 유통/제조업체들이 안고 가는 약 20~50%의 재고물량을 10~20%까지 줄일 수 있어 영업비용의 획기적인 감축으로 상시적인 가격파괴가 가능할 것으로 예상된다.

10년 전 RFID 열풍을 타고 수많은 중소기업들이 관련기기 개발에 참여하였다가 곤욕을 겪었다. 예상보다 산업에서의 적용속도가 느려 관련 기기수요의 증가 폭이 크지 않다. 돌이켜보면, 오늘날 이 기술이 갖고 있는 경제적, 기술적으로 해결해야 할 문제들은 1970년대 초 바코드 발명 시와 매우 유사하다. 그 당시 인쇄술과 판독기술이 조악하여 처음에는 겨우 50~60%밖에 읽히지 않았다고 한다. 그럼에도 수작업보다 효율성이 워낙 뛰어나 유통부문에서 사용이 계속 확대되었고, 인쇄와 판독기술 또한 발전하여 이제 바코드 없는 유통은 생각할 수 없게 되었다.

RFID기술도 이런 길을 걸으며 유통혁신의 기반이 될 것으로 예상한다. 아래의 적용사례들은 그야말로 유아단계의 것들이고, 창의적인 비즈니스 모델에 따라 RFID 효과는 무한대로 커질 전망이다.

충남 서산의 현대자동차 공장의 조립라인은 한산하다. RFID기술을 적용하기 전에는 부품조달업체에서 나온 수백 명의 사람들이 아우성치던 곳이었다. 긴 조립라인에서 수만의 부품들이 하나씩 조이고 부착되어 자동차가 완성되는데, 이중 하나의 부품이 늦게 도착하면 전체 조립라인의 작업이 중단된다. 따라서 해당 부품기업에게 상당한 벌금을 부과하고 심하면 공급을 중단시키기도 한다. 중소 부품기업들로서는 생사가 달린 문제이다. 이들은 가까운 창고에 부품들을 쌓아 놓고 정확한 시간에 부품을 공급하기 위하여 직원들을 아예 조립라인 안과 밖에 살게 하였으니 수천 명이 항상 벅적였던 것이다.

그런데, 부품박스에 부착된 RFID 태그와 연결된 컴퓨터는 부품의 위치와 이동 상황을 실시간 조립라인에 알려 주어 제시간에 부품을 자동적으로 도착하게 한다. 부품재고율을 획기적으로 감축시켜 비용을 대폭 절감하였을 뿐만 아니라, 시장터 같았던 조립라인의 작업장 환경도 깨끗하고 조용해 졌다. 비용절감과 생산성이 높아진 만큼 현대자동차의 국제경쟁력이 높아졌고, 승용차 가격의 하락 여유가 생겼을 것으로 짐작된다.

지식경제부와 보건복지부의 지원 아래 한미약품(주)은 RFID기술을 의약품 공급망에 적용하는 시범사업을 추진하고 있다. 의약품 박스에 태그를 부착하여 사용처별 공급량과 재고량 등 흐름을 실시간 파악하여 기민하게 대처하기 위함이다. 공급망이 투명해져, 많은 의약품 재고를 갖고 있지 않아도 되고 물류비용이 감축되어 의약품 가격을 하락시킬 수 있다. 그만큼 의약품 제조기업의 경쟁력도 높아진다. 이 신기술이 전체 의약품 공급망에 적용되는 날은 국내 의약품산업이 한 단계 도약하는 날로 기록될 것이다.

유통표준과 인프라 시스템을 제조/물류/소매기업들이 공동으로 사용해도 유통비용이 대폭 줄어들어 가격을 낮출 수 있다. 상식적인 이야기지만, 수많은 기업들이 각자 시스템을 구축, 운영하는 비용보다 한 곳에서 인프라를 운영하고 기업들은 필요에 따라 이를 응용사용하면

비용은 1/100, 1/1000로 줄어들게 되어 있다. 최근 인기 있는 클라우드형 IT인프라와 비슷한 개념이다. 특히 영역활동이 넓고 복잡한 유통업은 큰 기업일수록 많은 IT시스템이 필요한데, 가급적 이것들을 공동으로 활용할 수 있다면 그만큼 유통비용을 감축시킬 수 있을 것이다. 실상 각 유통기업이 취급하는 분야와 업무성격이 비슷하여 공동 활용이 가능한 인프라시스템은 많은 편이다.

IT공급망 관리시스템의 운영기반이 되는 바코드의 경우, 모든 상품에 국제표준코드를 사용하면 시스템 자체가 훨씬 간편해지고, 운영혼란이 적어 효율성이 제고된다. 공산품은 A코드, 농산물은 B코드, 수산물은 C코드를 사용한다면 각 부서에서 보고받는 최고 경영층은 아무 문제가 없는 것처럼 보이지만, 1개로 족한 시스템운영 솔루션이 수십개나 필요하고, 자료를 통합할 때마다 별도의 프로세스를 거쳐야 가능하다. 분초를 다투는 기민성이 요구되는 현대기업환경에서 치명적인 결함이라고 할 수 있고, 특히 수많은 제조/물류업체와 실시간 정보를 공유하면서 공급망을 관리하는 데 상당한 장애가 있을 것이다.

그런데 1개 마트에서 수십 개의 코드를 사용하면 어떻게 될까? 국내 대형마트의 실제 모습이다. 게다가 최근에는 자체브랜드 PB상품에 표준코드보다 자체 바코드 사용을 선호한다고 한다. 글로벌 유통관리의 기본인 국제표준코드를 사용하지 않고 어떻게 해외시장에 진출할 수 있으며, 글로벌 소싱을 잘할 수 있는지 궁금하다.

물론 유통권력자인 소매기업이 납품업체에게 A코드를 부착하라고 하면 긴말 없이 그렇게 할 것이다. 그러나 이 업체는 각 유통업체에 납품하는 상품에 서로 다른 코드를 부착함으로서 상당한 비용이 추가될 수 있다. 이것은 납품업체 문제이지 우리 유통소매기업 문제가 아니라고 한다면 공급망간의 경쟁인 미래유통전쟁에서 큰일날 소리다.

소비재상품 중 국제표준코드를 사용하지 않는 분야는 의류와 농수축산물, 의약품이다. 의약품은 2009년 보건복지부가 표준코드사용을 의무화하여 단계적으로 확대 시행되고 있지만, 다른 분야는 아직 갈 길이 멀다. 농수축산물에 표준코드 사용계기를 만들고자 일본시장을 연구하고 국내 대형마트의 사용실태를 조사한 적이 있다. 시장조사결과는 참여자 모두를 깜짝 놀라게 했다. 쌀처럼 포장된 상품은 표준코드를 사용하지만, 나머지 대부분의 농산물의 코드는 제각각이었다. 수많은 농산물 공급업체들이 쓰던 코드를 그대로 사용하고 있다. 컴퓨터에 의한 공급량 조절이나 재고관리는 아예 불가능하다. 2006년 5월, 이런 실태를 유통업체 임원들과 협의하고 표준코드 기반의 공급망으로 개혁하기로 의견을 모았지만, 실현되지는 않았다. 실무책임자인 MD진에서 반대했다고 하는데, 유통물류진흥원 담당자 이야기로는 복잡한 먹이사슬 때문이라고 한다. 투명하지 않으면 영업이 안 되는 곳인가?

2004년 9월 해외출장 중이셨던 대한상공회의소 박용성 회장님의 이메일이 날아왔다. 국내언론 보도에 의하면 정보통신부에서 별도의 국내용 상품코드를 만든다고 하는데, 국내시장에서만 유통되는 상품이 얼마나 있는지? 해외용과 국내용 상품을 별도로 관리 가능한지를 물으시고 효과적인 대책을 주문하셨다. 그 당시 산업자원부와 정보통신부의 RFID주도권 다툼이 치열했는데, 산자부 계열인 유통물류진흥원이 RFID 국제표준코드인 EPC를 보급하자, 별도의 국내코드를 만들겠다고 나선 것이다.

이 당시 정보통신계열의 많은 분들은 상품코드도 전자기기의 기술처럼 시장에서 우위를 확보하면 표준이 되고 돈도 벌수 있다는 생각을 한 것 같다. 그러나 상품 코드는 가전기기나 전자제품의 기술과는 다르다. 값이 저렴하고 다양한 품목으로 구성된 소비재 상품코드는 이미 전 세계시장에서 GSI 코드(880코드)를 사용하고 있고, RFID/EPC는 이 코드와 호환하여 사용하는 국제표준코드인 것이다. 새로운 혁신적인 코드를 발명하지 않는 한, 1개 국가나 1개 기업이 좌우지할 수 있는 코드가 아니다. 글로벌시장에서 신속하게 흘러야 하는 전자상거래 정보체계에 국내시장만 다른 바코드 사용으로 혼란을 가중시킬 뿐이다.

또한, 다수의 정보통신기술자는 국내용 코드를 만든 후 국제표준코드와 호환할 수 있는 시스템을 부착하면 되지 않느냐는 주장도 했다. 도시와 시골의 전국지역에 산재해 있는 소매점과 도매상 등에 설치된 모든 POS시스템에 이런 기기를 부착하는 비용은 얼마나 소요될까? 비용은 그렇다 치고, 전자상거래로 무역을 하는 시대에 해외의 바이어들과 수출입상품을 상담하거나 컴퓨터로 교류할 때 서로 다른 코드를 사용한다든지, 인식착오로 발생하는 지속적인 손실의 크기는 어느 정도일까?

2009년 10월, 국제표준(ISO)정부기관인 지식경제부 기술표준원의 표준심의 소위원회에서 15명 위원들의 투표로 EPC가 국내에서 표준코드로 선정되었다. ETRI와 인터넷진흥원이 만든 새로운 코드가 표준으로 거의 확정되기 직전에 뒤집은 것이었다. 만약 이날 EPC가 아닌 다른 코드가 표준코드로 선정되었다면 향후 국내 유통시장뿐만 아니라 국가 간의 무역거래에서도 상당한 혼란이 지속될 것을 생각하니 지금도 아찔하다.

유통표준과 함께 **유통인프라**를 제조/물류/소매업체들이 공동으로 활용하면 상당한 유통비용을 절감할 수 있다. 대표적인 유통인프라는 대한상공회의소 유통물류진흥원이 운영하고 있는 상품정보 카탈로그인 '**코리안 넷**'과 판매데이터 분석 프로젝트인 'PDS', 그리고 정부와 공동으로 운영 중인 '**위해상품 판매차단시스템**'일 것이다. 또한, 각국의 유통시장동향과 정책, 법령 등을 종합적으로 정리한 '**유통정보DB**'도 소중한 유통인프라다.

웬만한 제조/유통소매업체들은 자사가 취급하는 상품정보 카탈로그 시스템을 운영하여 기업경영과 마케팅, 고객 서비스, 온라인 쇼핑 등에 활용하고 있다. 그런데, 수많은 상품을 취급하는 유통업체들의 카탈로그는 대체로 비슷하다. A대형마트와 B 대형마트의 상품수가 비슷하고 이를 활용하는 비즈니스 모델도 유사하다. 크기에 따라 다소 상이하겠지만, 이 카탈로그 시스템을 설치하고 운영하는데 매년 최소 3~10억원이 소요된다. 만약 수많은 유통업체들이 이 시스템을 개별적으로 설치하는 대신, 신뢰받는 한 기관에서 종합적으로 운영하고 개별 유통업체들은 이 정보자료를 제공받아 편리한대로 가공하여 사용한다면 국내시장 전체적으로는 매년 수백억, 수천억의 유통비용을 절감 할 수 있을 것이다. 또한, 경쟁업체의 상품뿐만 아니라, 국내 시장에서 유통되는 전체 상품정보를 알 수가 있어 상품 소싱과 마케팅전략 수립에도 요긴하게 활용할 수 있겠다.

대한상공회의소가 운영하는 상품정보 전자카타로그 '코리안 넷'은 현재 이마트, 홈플러스, 롯데 등 대형마트와 서원유통 등 7개 중견 유통업체가 활용 중이며, 점차 중소유통업체들로 확산되고 있다. 한국건강심사평가원도 의약품정보를 관리하는데 이 시스템을 활용하고 있다. 앞으로 더 많은 제조, 유통업체들이 코리안 넷을 활용한다면 기업경쟁력도 높아지고 전체 유통산업의 효율성도 증진될 것이다.

PDS 프로젝트의 경제적 효과는 더욱 크다. 대한상공회의소에서 유통소매기업들의 판매 자료를 취합하여 소비동향을 분석, 수요예측정보를 생산하여 제조/유통기업들에게 서비스하는 사업이다. 제조업체나 유통업체나 소비자들이 찾는 상품을 제대로 알 수 있다면 사업의 절반은 성공한 것이나 다름없지 않을까? 고객이 원하는 상품의 생산과 유통량을 최적으로 조절할 수 있기 때문이다. 특히 대부분의 원자재를 해외에서 수입, 생산하고 있는 우리나라의 경제구조상 생산과 소비의 일체화는 낭비자원을 최소화하여 효율적인 경제체질로 만들 것이다. 기업은 물론 국가경제 전반에 미치는 효과가 거대하다. IBM의 연구결과는 PDS가 성공적으로 운영될 경우 매년 약 3조 원의 경제적 효과를 거둘 수 있다고 하지만, 계량화 할 수 없는 효과가 더 크다고 본다.

그런데, 소비예측 정확도를 높이기 위해서는 1개 소매업체의 판매데이터를 분석하는 것만으로는 부족하다. 가급적 여러 유통업체들의 판매데이터를 모아서 실시간으로 분석하는 것이 중요하다. 현재 대한상공회의소의 PDS 프로젝트에 롯데와 현대, 바이더웨이, 서원유통과 나들가게 등 24개 유통업체 790개 점포가 참여하고 있다. 문제는 이마트와 홈플러스가 참여하지 않아 분석정보의 정확도가 떨어진다는 점이다. 이럴 때 정부의 힘이 필요하다. 유통업체 자신도 큰 이익이 되지만, 막대한 국가 경제적 효과를 고려하여 정부가 판매데이터 수집을 강제할 만한 사안이라고 볼 수 있다.

지식경제부와 식품안전청이 협력하고 대한상공회의소가 운영하는 '위해상품차단시스템'은 세계 최초의 것으로 최고의 성공작품이다. 식품안전청과 기술표준원에서 각종 상품의 위해성을 검사하여 문제가 있는 상품은 즉시 대한상공회의소의 시스템으로 통보된다. 전국 대 중소 유통업체 30,428개의 매장(2012.5 현재)과 컴퓨터로 연결된 이 시스템은 위해상품 정보를 실시간 전송하여 즉각 판매를 중단시킨다.

넓은 매장의 수많은 직원들에게 소리치며 알릴 필요도 없다. 고객이 위해상품을 들고 대금 지불대에서 POS에 스캐닝하면 컴퓨터 화면에 큰 ×자가 표시되어 물리적으로 판매할 수 없는 자동시스템이다. 소비이전의 판매단계에서 자동적으로 위해상품을 차단함으로서 우리국민들에게 안심쇼핑을 즐길 수 있게 하고, 식탁안전 지킴이 역할을 제대로 하는 훌륭한 시스템이다. 놀라겠지만, 작년 한 해 식품의약품 안전관리청의 검사에서 위해상품으로 판정받은 상품 수는 총 368개, 매일 약 1건의 불량상품들이 이 시스템을 통해 판매 차단된 셈이다.

이 시스템은 전 세계 최초의 것이다. 수년전 국제유통표준기관인 GS1총회에서 이를 발표하자 각국 대표들이 비상한 관심을 보인 바 있는데, 조만간 여러 나라에서도 이런 시스템이 작동될 것 같다. GS1 본부로부터 우수사례로 표창을 받은 적도 있지만, 그 보다는 우리의 창작품이 전 세계인의 식탁안전지킴이 역할을 한다는 점에서 긍지를 가질 만한 것이다.

국내 유통소매기업의 임직원들은 모두가 바쁘고 피곤한 것처럼 보인다. 일반 고객은 낮에 매장에 들려 상품을 구입하지만, 수많은 상품들이 매장에 도착하여 보기 좋게 전시되기까지 24시간 움직여야 하기 때문이다. 각 분야별, 품목별로 상품을 소싱하고 매장전시와 매대관리, 판매를 책임지는 머천다이저MD는 한 사람이 대략 500~900개의 상품단위를 맡고 있어 경쟁업체의 마케팅전략을 돌아 볼 겨를이 없다고 한다. 그래서인지 나무는 보지만 숲을 보지 못하는 경우가 많은 것 같다는 생각이 든다.

한국시장에서 철수는 했지만, 2005년 표준코드와 코리안 넷 보급을 위하여 까르푸 사장을 만난 적이 있다. 그 후 2~3개월 만에 까르푸의 전 매장에서 표준코드를 사용하기 시작하였다. 국내 유통기업에서는 보기 어려운 빠른 속도의 혁신이었다. 위에서 농산물의 바코드 사용실태를 소개하였지만, 국내 유통기업에서의 혁신은 매우 어렵다. 작은 비용은 절약하려고 밤낮으로 노력하면서, 더 크고 원천적인 절감대책은 회피하고 있는 것 같다. 새로운 혁신적인 일은 가급적 피하고 있다는 느낌을 가진 적이 많았다.

이 원고를 집필하면서 많은 유통전문가를 만났는데, 그 중 한분이 재직 시 공급망을 개혁할 필요는 많았지만, 내 목이 먼저 달아날 것 같아 포기하였다고 실토한다. 유통업에서 잔뼈가 굵고 유능한 경영인으로 평판이 났던 분의 이야기다. 그래서 새로운 유통업태와 기업들이 출현해서, 성장하고 쇠퇴하는 주기론이 있는가 보다. 소비자들이 가격에 더욱 민감해지는 제3차 유통 혁명기를 맞이하는 문턱에서 '단 1원이라도 절감하여 소비자가격을 내려야한다' 는 새로운 생각, 새로운 기업 풍토가 필요한 시점이라고 말할 수 있겠다.

必死則生, 必生則死

죽고자하면 살고, 살려고 하면 죽는다

1597년 9월 15일, 명량해전을 하루 앞둔 이순신장군의 모습은 결연했다. 당시 왜군의 전선은 500여척, 조선수군은 13척이 전부였다. 부하장수들 앞에서 '병법에 죽고자하면 살고, 살고자하면 죽는다고 했는데, 오늘의 우리가 그러하다'兵法云, 必死則生 必生則死라고 한 독려는 이미 죽음을 각오한 말씀이다. 장군이 모함을 받아 한양의 감옥에서 심한 고문을 당하고 있을 때, 원균이 이끈 조선수군은 칠천량 전투에서 거의 궤멸하였다. 전선 180여 척과 함께 장병들은 대부분 전사하였고, 도망간 패잔병들은 뿔뿔이 흩어졌다.

장군이 통제사로 다시 임명받은 지 53일 만에 7,000여 명의 왜군 전선 500여척과 가까스로 모은 300여 명의 조선수군 13척이 전투를 하려는 이 날의 장군과 조선 장병들의 심정은 어떠했을까?

그 다음날 전장은 오늘날 진도대교 바로 밑의 울돌목이었다. 워낙 전세가 불리한터라, 빠른 물살과 조류의 급변, 좁은 지형을 최대로 이용하고자 이곳을 선택하였으나 승리는 도저히 기약할 수 없는 해전이었다.

9월 16일 08시경 울돌목으로 새까맣게 몰려오는 왜군의 전선 앞에 이순신의 조선 수군 13척이 일자진으로 앞을 막았다. 그리고 장군은 맨 앞에서 배가 움직이지 않도록 닻을 내렸다. 이곳에서 죽겠다는 결의다.

사거리 800~1500보의 지자地字와 현자玄字총통이 불을 품었고, 수적으로 우세한 왜군이 선두의 이순신 기함을 몇 겹으로 포위했다. 도망가려는 안위 등 부하 장수들을 꾸짖는 장군의 고함소리가 들린다. 급한 물살에 전선들이 부대끼고 돌면서 아군 전선에 올라타려는 왜군들, 이를 필사적으로 저지하는 조선수군, 죽고 죽이는 치열한 전투가 12시간이나 계속되었다고 한다.

이날 저녁 무렵, 왜군은 31척의 전선과 수많은 왜병을 잃고, 90여척의 파손된 전선과 함께 퇴각하였다. 조선 수군은 전선 1척도 전파되지 않았고 수십 명의 인명피해만 입었을 뿐이다.

도저히 믿기 어려운 기적 같은 승리였다. 7년간 지속된 참혹했던 임진왜란 전쟁의 흐름을 바꾸어 나라의 운명을 구한 승전이었다. 지금도 한일 양국의 이순신 연구자들은 조선과 왜국의 조정에 각각 보고된 이 명량해전의 결과를 놓고 이 당시 어떻게 이런 승리가 가능했는지를 연구하고 있다.

사람의 목숨과 나라의 명운이 걸린 국방전쟁만큼 처절하고 절박한 것은 없을 것이다. 그 내용과 모습은 사뭇 다르지만, 시장의 패권을 놓고 벌이는 기업 간의 유통전쟁도 실제 전쟁과 유사한 점이 많다. 특히 시장을 장악하고 있는 대형 유통업체들과의 전쟁에서 승리한 중소기업들의 사례를 보면, 모두가 必死則生 必生則死의 정신으로 시장경쟁을 벌인 결과라고 할 수 있지 않을까? 작은 슈퍼에서 출발한 유통거인 월마트도 그러하며, 아래의 사례처럼 심지어 자국 정부와도 치열한 전쟁을 마다하지 않았다.

(사례 1) 슈퍼마켓은 1930년 뉴욕 롱아일랜드의 마이클 컬렌(Michael Kullen)이 마을에서 사용하지 않는 차고를 이용하여 'warehouse grocery'를 개점하면서 시작되었다. 이 당시 식품점들은 오늘날의 구멍가게처럼 상점에 온 고객이 1–2개 상품을 주문하면 판매원이 그 물건을 가져와 계산하는 방식으로 운영하고 있었다. 컬렌은 넓은 매장에 물건을 쌓아놓고 고객들이 마음대로 물건을 고르면서 퇴장시 일괄 계산하는 셀프서비스를 처음 시행한다. 대량구매와 인건비 절감이 가능하여 저렴한 가격으로 상품을 판매하자 손님들이 몰려들었다.

위기에 처한 식품업체들은 연합하여 집요하게 공격한다. 식품체인으로부터 납품이 거절되었으며, '싸구려 장사꾼'이라는 광고가 신문에 실리고 형사고발도 당하였다. 켈렌은 꿈쩍도 하지 않았다. 오히려 쇼핑카트와 셀로판지의 쇼핑백 등 새로운 유통기술과 장치들을 계속 개발해 나가자, 다른 식품점들도 할 수 없이 이를 모방하여 변한 것이 슈퍼마켓의 기원이다.[30]

(사례 2) 미국의 할인점은 페르카우프(E. Ferkaf)가 1948년 뉴욕에서 여행사를 중심으로 discount house를 설립한 것이 최초이다. 이 당시 미국 또한 제조업자들이 부착한 상품표시가격대로 판매해야 한다는 소매가격유지법이 시행되고 있던 때라 할인판매를 할 수 없었다. 유통권력을 쥔 제조업체들에 대항하기위해서는 소매업체들이 단결해야 했다. 전미소매업연합회(NRF: National Retailer Federation)가 결성되고, 이 단체가 주도하여 정부와 제조업체를 상대로 소매가격유지법규에 대한 소송을 제기하여 승리함으로서, 제조업자 상표의 가전제품을 낮은 가격으로 판매하는 대형할인점이 출현하게 되었다.[31]

(사례 3) 프랑스 유통기업 레클레르는 석유연료, 화장품, 의약품, 서적, 금, 항공권 판매시장을 개척할 때마다 정부와 제조업체 또는 관련 협회와 치열한 시장쟁탈전을 벌였다. 가솔린 등 석유연료 가격은 1928년부터 정부가 정유업계와 협의아래 고시로 규제 해 왔는데, 레클레르는 이 제도를 무시하고 할인가격으로 판매하였다. 정유사들이 석유공급을 차단하자 해외에서 수입하여 조달하였고, 프랑스 에너지성이 레클레르 소유의 주유소 석유펌프 사용중지처분을 내리자 브뤼셀의 유럽연합 최고재판소에 소송을 제기하였다. 결국 1985년 판결에서 승리함으로서 가격자유화가 이루어지고, 레클레르는 프랑스 제 1의 석유소매기업이 되었다.

건강의약품과 화장품도 할인판매를 개시한 1981년부터 관련 협회와 전쟁에 들어갔다. 화학조미료, 비타민 C, 화장품, 분말우유 등 각각에 대한 소송과 재판에서 1988년 승리함으로서 문제가 해결되었다. 약국, 여행사대리점이 독점하고 있는 의약품과 항공권도 같은 방식의 전쟁에서 승리하여 현재 프랑스 2-3위의 소매유통기업으로 자리 잡고 있다.[32]

지난 100여 년간 세계 유통시장은 끝없는 전쟁의 역사이고 변화의 연속이다. 프랑스 파리에 설립된 최초의 백화점인 봉 마르셰1872 이후 미국시장에서 양판점1902, 슈퍼마켓1930, 편의점1946, 할인점1948이 출현할 때마다 치열한 유통 전쟁이 벌어졌다. 그 이후 신업태는 유럽과 일본, 한국 등으로 퍼져 나갔는데 각국의 시장에서도 예외 없이 치열한 전쟁이 발생했다. 1970~1980년대에는 대형 쇼핑센터와 홈센터, 1990년대에는 홈쇼핑과 온라인쇼핑, 복합 쇼핑몰 등이, 2000년대에 들어서 모바일 커머스가 등장하여 다양한 업태들이 시장에서 치열하게 경쟁하고 있다.

슈퍼마켓도 드럭스토어와 같은 전문슈퍼로 진화하고, 할인점도 종합할인점과 전문할인점, 회원제 도매클럽, 아울렛, 카테고리 킬러, 슈퍼센터, 하이퍼마켓, 창고점 등 다양하게 발전하고 있다. 최근에는 온라인과 기존매장이 융합되고, 편의점과 슈퍼의 경계가 모호해 지는 등 유통업태 별 유무형의 강점들이 결합되고 세분화되고 있어, 유통업의 형체를 일률적으로 정의하기도 어렵거니와 이를 규제하기 매우 어려운 시장으로 진화되고 있다.

유통기업들은 대형화되고 체인화되었다. 미국과 유럽시장에서 1900년대 초부터 시작된 유통기업의 대형화는 특히 1930년대 대공황이후 마치 서부활극처럼 약한 기업을 인수합병M&A하고, 새로운 지역에 신규점포를 개설하여 영토를 확장해나갔다. 미국의 메이May 백화점은 자국 시장에서 무려 18개 백화점기업을 흡수하였고, 유럽에서도 상대방 의사와 관계없이 주식을 인수하여 기업을 합병하는 '적대적 인수합병"이 보편화되었다.[33]

약육강식의 유통 전쟁에서 경쟁력 없는 중소유통기업들, 전통시장의 상점과 동네슈퍼는 급속히 쇠퇴하였다. 중소 유통업체들이 살아남을 수 있는 길은 체인화였다. 다만, 미국과 유럽이 다른 점은 중소상인 보호정책을 폈던 프랑스, 독일은 자유연쇄점 같은 체인이 발전했고, 미국과 영국은 대기업의 직영점 체인으로 발전했다는 점이다.

자유연쇄점 : 우리나라 편의점처럼 본부와 가맹점으로 체인화 되어 있다. 중소유통업자들의 가맹점은 자기 소유권에다 자율경영을 하고, 본부는 공동구매, 공동물류, 마케팅 정보지원등을 제공한다. 독일, 프랑스 등에서 발전한 프랜차이즈형 체인점이다.

오래전부터 중소유통업 지원정책을 사행해온 일본도 유통기업의 대형화와 동네슈퍼의 체인화가 급속히 이루어졌다. 그러나 단독으로 운영하는 소상인 지원정책은 막대한 정부의 예산투입에도 큰 효과는 거두지 못하고 있어 우리에게 시사하는 점이 크다. 전통적으로 지역상인들 간 단합이 잘되고, 비교적 상인정신이 투철하다는 일본도 이러한데, 우리나라의 경우 잘못하면 국민세금만 크게 낭비하지 않을까 우려된다.

必死則生 必生則死의 유통전쟁은 전 세계지역으로 확대되었다. 지구촌의 경제구조가 글로벌화로 진전 되면서, 첨단 유통기술로 무장한 선진국의 대형 유통기업들이 저개발국 시장으로의 진입을 계속 확대하고 있는 것이다.

250대 글로벌 유통기업의 해외진출현황2009을 보면, 각 기업이 평균 7.7개국에 진출하여 전체 매출액의 22%를 해외에서 벌어들이고 있다. 프랑스의 유통기업들은 평균 29개국에 진출하여 해외매출비중이 41%나 되고, 각 기업 평균 13개국에 진출한 독일의 유통업체들도 41.6%의 해외매출비중을 기록하고 있다. 또한, 250대기업 중 해외진출 기업들의 수익률이 일반적으로 높게 나타나고 있어, 앞으로도 신흥시장 지역 등으로의 해외진출은 가속화될 전망이다.[34]

유통전쟁은 전 세계지역 곳곳에서 더욱 치열하게 전개될 것이다. 이제 아시아나 남미, 아프리카의 어느 시장에서도 자국 기업끼리만 오손도손(?) 경쟁하던 모습은 찾기 어렵다. 그런 시대는 이미 지나갔다고 할 수 있다.

최근 국내 토종의 의류패션기업들이 글로벌 SPA의 국내시장 진입으로 심각한 국면을 맞고 있으며, 의약품시장도 위기감이 감돌고 있다. 해외시장에 진출한 국내 유통기업들도 고전하고 있다고 한다.

이 시점에서 유통 글로벌시대에 걸 맞는 상인정신과 능력, 정부정책은 무엇인가를 생각한다. 국내 유통기업의 해외진출은 분명 포화된 국내시장의 한계를 극복하고 국내 유통기업들이 한 단계 도약할 수 있는 기회이다. 새로운 국부를 창출할 수도 있다. 그러나 유통관습과 법규, 문화가 다른 외국시장에서의 사업성공은 만만치 않다. 국내시장에서 내공을 확실히 갖춘 기업이어야 한다. 국내용 내공이 아니라 모든 시장에서 통할 수 있는 글로벌 경쟁력을 쌓아야 한다.

국내시장을 주 무대로 영업하는 제조기업과 유통업체들도 마찬가지이다. 국제경쟁력이 없으면 언제, 어떻게 국내시장이 치열한 전쟁터로 변하여 그 속에서 가쁜 숨을 몰아쉬게 될지 아무도 모른다.

글로벌 기업들의 강점과 약점, 그들의 강력한 무기인 국제경쟁력이 무엇인지를 세밀하게 살피고 대비해야 할 때이다. 다음 장부터 하나씩 들춰내보고자 한다.

유통업의 대형화, 고도화

산업혁명초기부터 제조업의 경영자들은 똑같은 물건을 대량생산 할수록 상품제조원가가 낮아져 시장경쟁에서 유리하고 기업이윤도 증가한다는 사실을 알았다. 생산 공장은 점점 더 대형화되고 판매시장은 외국으로 확대되었다. 도로와 항만이 건설되고 철도와 선박기술도 발전했다. 세계경제의 글로벌화는 상품의 대량생산과 대량판매를 추구하는 제조기업의 대형화가 그 시작점이라고 할 수 있다.

유통기업도 손해 보는 장사를 하지 않는 한, 더 큰 매장에서 더 많은 상품을 판매하면 더 큰 이익이 남는다. 게다가 제품 구입량이 늘어나면 바잉파워가 생겨 제조업체로부터 물건을 싸게 들여올 수 있고, 대량수송으로 물류비용을 대폭 절감할 수도 있다. 유통비용이 적게 들수록 시장경쟁에 유리하고 이윤 폭도 커진다.

소비자들의 구매행태와도 부합된다. 한 장소에서 다양한 상품들을 눈으로 즐기며 값싸고 좋은 상품을 고를 수 있는 유통환경을 만들 수 있다. 또한, 여러 개의 매장을 운영하는 기업은 이곳, 저곳 매장에서의 소비자 구매동향을 파악하여, 신속하게 상품을 이동시키거나 자금의 회전에 융통성을 가질 수 있다. 기본적으로 유통업도 제조업처럼 규모가 크면 클수록 유리한 업종이다.

그러나 유통업은 대형화에 기술적, 물리적인 한계가 있었다. 제조업은 몇 종류의 자사상품을 취급하지만, 유통업은 수만 종의 다양한 상품들의 소유권이 이전되고 공급망이 복잡하고 넓으며, 연관된 기업들이 많다. 30년 전만해도 생산지에서 소비지에 이르는 주요 단계마다 수많은 상품들을 일일이 손으로 세고 수기하며 운반하였고 매장에 상품을 진열하였다. 고객이 계산대로 물건을 갖고 가면 벽에 붙어있는 상품별 가격표를 하나하나 보면서 수판을 놓으며 물건값을 합계한다. 만약 오늘날의 대형마트에서 이런 방식으로 영업을 한다면 소비자는 계산대에서만 하루 종일 기다려야 할게다. 매장에는 고객보다 직원 숫자가 더 많을지도 모른다.

세계 최초의 백화점 봉 마르셰가 1872년에 설립된 후 유럽과 미국 등지에 수많은 백화점들이 들어섰고, 1930년대 이후 다양한 업태들이 지점을 늘려갔으나 항상 매장에는 직원들로 법석였고 관리상의 문제로 더 이상 대형화로의 발전에는 한계가 있었다.

1973년 4월 3일은 세계 경제사에서 역사적인 날이다. 아주 작은 하나의 부호가 탄생했는데, 이것이 유통의 한계를 극복하게 한 것이다. 세계 유통물류흐름을 가속화시켰으며, 현대적 유통업으로 발전시킨 시발점이었다.

그것은 가느다란 선 몇 개로 상품을 표시하는 바코드였다. 이날, 미국 제조/유통기업과 IBM 등 유통기술기업으로 구성된 '소비재 표준 상품코드위원회'Uniform Grocery Product Code Council, UGPCC는 유통업에서 단일 표준부호를 사용하기로 합의하였다. UPC코드가 세상에 모습을 드러낸 것이다.

UPCUniversal product code 코드는 1974년 6월 미국 Ohio주 Troy 소재 작은 슈퍼마켓에서 세계 최초로 스캐닝 된 후 미국과 캐나다에서 사용되었다. 이를 지켜 본 유럽국의 제조/소매기업들이 바코드의 효용성에 놀라, 미국 바코드관리기관인 UCC에 공동사용을 요청했으나 거절당했다고 한다. 유럽국 기업들은 1977년 2월 유럽상품코드 관리협회European Article Numbering Association, EAN를 설립하고 EAN~13코드를 개발하였다. 이 코드가 북미지역을 제외한 전 세계지역에서 사용하는 상품표준코드다.

세계경제의 글로벌화와 전자상거래가 확대됨에 따라 2개 권역이 서로 다른 상품코드를 사용함으로서 발생하는 여러 가지 문제가 확대되었다. UCC와 EAN은 2005년 2월, 조직을 통합하여 단일의 GS1 세계 유통표준조직을 만들었다. 또한, EAN코드를 국제표준바코드로 결정하고 UPC코드는 연계 활용하되 점차 줄여 나가기로 합의하였다. GS1은 현재 108개 회원국이 가입하였고, 전 세계 150여 개국, 소비재 유통업뿐만 아니라 20여 산업 업종에서 이 표준코드를 사용하고 있다.

한국은 1988년 대한상공회의소에서 EAN에 가입, 국제표준바코드를 사용하기 시작하였는데, 가입년도가 국가부호가 되어 일명 880코드라고 한다. 현재 대한상공회의소 유통물류진흥원에서 GS1 국제 표준코드를 관리하고 있다.

상품을 표시하는 바코드의 사용은 생산 공장에서부터 이동 중의 보관창고, 매장 옆의 백 룸과 진열대 등 길고 복잡한 유통단계마다 일일이 상품이름과 수량을 확인하고 손手記으로 작성하는 원시적 유통을 탈바꿈시켰다. 소비자들이 계산대에서 오래 기다리지 않고 바로 지불하게 된 것도 바코드 덕분이다.

그 후, 정보통신기술의 급속한 발전에 따라 바코드와 IT가 접목된 유통기술의 발전은 유통업을 한 차원 고도화시켰다. 바코드 기반의 IT 유통시스템은 실시간으로 상품의 흐름과 판매동향을 알려 줌으로서 비용절감과 효율이 증진되고 신속하고도 적절한 마케팅을 가능하게 해 준다. 이제는 아무리 매장이 크고, 지점망이 넓어도 어디에서 어떻게 상품이 판매되고 운송되고 있는지 훤히 알 수 있다. 이와 같은 고도의 관리능력을 기반으로 대형마트와 백화점, 슈퍼, 창고형 매장과 온라인 등 다양한 유통업태들이 대형화로 발전되어 오늘날 유통의 모습을 만들고 있다.

유통업만이 아니다. 여러 형태의 바코드는 소비재상품 외에 전 세계 교역상품의 물류와 상거래에 활용되어 세계 경제흐름의 속도를 높이고 비용을 감축시켰으며, 상거래의 투명성을 제고하여 각종 분쟁을 완화시킴으로서 국가 간 기업 간 교역을 확대하는데 결정적 역할을 하고 있다. 원활한 국가 간 교역을 어렵게 하는 기술적, 경제적 문제를 바코드가 해결한 셈이다. 바코드가 세계경제발전과 인류의 삶에 미친 영향은 전기와 전화, 컴퓨터 등 인류문명을 변혁시키고 풍요롭게 한 위대한 발명품들과 견줄만한 것이라고 볼 수 있겠다.

바코드 사용으로 다양한 상품과 공급망 관리 능력을 갖게 된 유통업체들은 매장의 크기와 수, 형태와 장소에 구애받지 않게 된다. 대형슈퍼와 전문점 등 다양한 업태들이 제조업처럼 몸집을 키워 나갔다. 소비자들이 점점 합리적이고 상품가격에 민감해지자 대량구매력과 대량운송 등 대형화의 이점은 더욱 빛이 난다. 다양한 업태들이 시장에 진입하여 경쟁이 치열해 질수록 유통기업들은 대형화로 경쟁력을 높였고, 유통시장의 글로벌화는 이런 추세를 더욱 촉진시키고 있다.

바코드는 유통업의 대형화뿐만 아니라, 유통권력을 제조업체에서 유통업체로 이전시켰다. 대형마트의 경우, 대략 5~9만 종류의 상품들이 매장에 진열되어 있는데, 수천 종류의 제품들이 매일 들어오고 빠져나간다. 이 모든 품목의 정보들—제품별 재고량과 가격, 원가와 수익성, 매출흐름과 소비자성향, 운송현황 등 모든 정보를 소매업체들이 바코드를 통하여 알게 된 것이다. 바코드가 없었던 시기에는 오로지 제조업체만이 생산과 판매정보를 알 수 있었다.[35]

이제는 제조업체가 매장 진열공간이나 위치를 정해 주는 것이 아니라 소매업체들이 결정한다. 상품을 들이고 빼는 권한도 소매업체가 행사한다. 더 좋은 진열장소를 차지하려면 상당한 힘을 동원하거나 추가로 돈을 내야 할 것 같다. 바코드가 유통권력을 제조업체에서 유통기업으로 이전시킨 것이다.

덩치만 크고 속이 부실하면 병이 많아 결국 무너진다. 특히 유통업이 대형화 될수록 더 넓은 지역에서 더 다양하고 많은 상품을 취급하게 되는데, 이에 걸 맞는 마케팅전략과 관리능력이 없으면 치명적이다. 선진 유통기업들이 대형화와 병행하여 유통고도화를 이룬 것은 필연적이다. 유통고도화가 미흡한 기업은 시장에서 도태되고, 그 능력이 뛰어난 기업은 시장의 지배자가 되었다.

유통업의 고도화는 상적商的기능과 물적物的기능, 정보情報기능을 높이고 일체화시키는 것이다. 옛날부터 물건을 사고파는 상적기능은 발전했다. 개인이나 기업이나 최종거래가 성사되어야 이익이 발생함으로 상업의 최종목표라고 할 수 있다. 따라서 상인들은 소비자를 유혹하고 끌어들이기 위해 각종 마케팅활동을 펼치고 그 기법도 다양하다. 소비자 구미를 당기게 하는 상품구색과 전시, 가격전략 등 모두가 소비자들에게 상품이나 서비스 판매를 촉진하기 위한 상적기능의 활동들로서 앞으로도 계속 발전할 것으로 예상된다.

물적기능의 중요성을 인식하게 된 것은 비교적 최근이다. 소량상품을 판매하는 소상점은 물론이고, 상당한 규모의 유통소매점들도 물류의 중요성을 인식하지 못했던 것 같다. 도매상들이 물건을 실어다 주고 이 물건들을 판매하면 그만이었다.

유통업의 대형화로 상품공급지역과 판매지역이 점차 넓어지면서 물적 기능이 새롭게 부각된다. 시장경쟁이 치열해 지면서 증가되는 물류비용의 감축이 중요해지고 있다. 1년 365일 매일, 멀고 가까운 공급처로부터 다양한 상품들이 적시에 운송되어야 정상적인 영업활동이 가능할 뿐만 아니라, 매출과 이익이 직결된다는 것을 점차 알게 된 것이다.

대형 유통기업들이 제조업체와 직거래를 확대하면서 소매분야에서 물류는 더욱 중요해졌다. 대기업과 경쟁해야 하는 중소소매업체들도 물류의 중요성을 인식하기 시작했다. 홈쇼핑과 온라인 쇼핑 등 첨단 유통 업태는 다른 비용보다 물류비의 비중이 크다. 유통기술이 발전할수록 마케팅 등 다른 활동비용은 작아지고 실제 물건들이 움직이는 물류비중은 커질 전망임으로, 미래의 유통에서 물적기능은 더욱 중요해질 것으로 예상된다.

일본 ASI 시장조사회사의 필즈George Fields 사장은 유통업이 본질적으로 정보산업이 되었다고 한다.[36] 노벨경제학상 수상자 케니스 애로는 "지난 30여 년 경제학에서 가장 크게 부각된 새로운 개념이 정보의 중요성"이라고 지적한 바 있다.

특히 불특정 다수의 소비자와 기업들, 다양한 상품들이 만나서 거래하는 시장은 정보情報가 사람의 혈액과 같은 역할을 한다. 소비자가 직접 상품의 성능과 품질을 측정하기도 어렵고 가격이 적당한지 판단이 잘 서지 않는 시장에서 정보가 흐르지 않으면 시장 기능을 할 수 없다. 좋은 시장은 신뢰할만한 정보들이 원활하게 소통되는 장치들이 발전하여 소비자들이 원하는 물건을 쉽게 찾고 구입하게 한다.[37]

소비자의 취향이 수시로 변하고 상품이 다양화되는 추세에서 단지 사람의 경험에 의한 '주먹구구식'의 경영은 한계가 있다. 유통소매기업들이 소비자의 구매성향과 판매동향 분석정보를 활용하는 것은 '장님경영에서 과학적 경영'으로의 혁신을 의미한다. 통계만 믿다가 낭패도 보지만, 통계정보를 기반으로 그 너머의 통찰력이 위대한 경영자를 만든다.

특히, 생산자와 소비자 사이의 길고 복잡한 공급망 선상에서 여러 기업과 수많은 작업자들이 정해진 일들을 제 시간에 완수하기위해서는 정확하고 원활한 정보의 소통이 필수적이다. 소매기업 단독의 경쟁력이 아닌, 공급망 전체의 경쟁력이 시장에서 승패를 좌우하는 유통환경으로 변화되면서 제조/유통/물류기업간의 정보공유와 협력은 점점 더 중요해지고 있다.

대부분의 유통소매기업들이 상적기능에 머물러 있을 때, 물적기능과 정보기능을 한 단계 높이고 상적기능과 일체화시킨 기업이 있었다. 불과 30년 만에 동네슈퍼에서 세계 최고의 유통기업으로 성장한 월마트다.

K마트와 타겟 등 당시 유통거인들의 위세에 눌려 도시에는 진출하지 못하고 농촌지역에 기반을 둔 월마트는 공급망이 넓었다. 제조업체들과 직거래를 확대하면서, 물적기능을 혁신한 80년대 중반이 오늘날 유통공룡 월마트로 성장한 전환점이라고 볼 수 있다. 공급망 중간거점에 물류센터를 건설하여 원거리수송은 대형차로 일괄운송하고, 센터에서 각 매장으로 운반해야 할 상품들을 분류하고 종합하여 단 1회

운송하는 통합물류개념을 실현한 것이다.

월마트는 기업 내부와 외부 협력업체와의 원활한 정보소통에 있어서도 세계 최고의 1인자다. 유통업계에서 인공위성과 각종 최첨단 정보시스템을 개발하고 원활한 소통을 보장하는 각종 제도를 선도하고 있다.

상적기능의 마케팅전략은 오히려 명쾌하고 단순하다. 오는 손님에게 친절하게 매일 최저가로 판매한다는 ELPeveryday low price 전략이 거의 전부다. 소비자들에게 선명하고도 확실하게 기업이미지를 브랜딩하는 전략으로 승부를 걸고 있는 것이다. 자세한 내용은 '가장 싸게 그리고 더 싸게'편에서 집중 조명하기로 한다.

공급망관리SCM, Supply Chain Management능력이 더욱 세련되고 고도화되고 있다. 공급망이 더욱 길어지고 복잡해질수록 첨단기술을 유통에 접목하고 행동절차를 제도화하여 관리능력을 끌어올린다.

미국의 의류패션업계에서 빠르게 변하는 소비자유행에 신속하게 대응하고자 1985년 도입한 QRQuick Response이 SCM의 시작일 것이다. 당시 최초로 의류제조/소매업체들이 판매정보를 공유하고 원자재의 적시조달과 생산, 빠른 배송으로 판매한 결과 매출이 27% 증대되고 재고량은 30~40% 감소되었다고 한다.[38] 오늘날 의류패션 SPA 기업들은 QR기법을 한 단계 발전시켜 매장에서의 소비자동향과 디자인/원자재조달/생산/배송/판매/피드백을 일체화하여 실시간 동시에 움직이고 있다.

미국 식품 잡화점, 슈퍼마켓에서 1993년 시작한 ECR[39]은 최초로 IT기술을 유통물류 공급망에 적용하여 거래업체간 데이터를 공유하게 하였고, 그 후 기업 내 자원을 통합관리하고 관련 기업 간 문서와 정보를 교환하는 ERP/EDI로 발전하였다. 신규고객 창출과 기존 고객을 효과적으로 관리하는 CRM[40]도 단골손님과 특별고객VIP으로 분류하여 관리하는 등 그 기법이 계속 발전하고 있다.

매장에 상품보충과 재고처리는 항상 제조/유통업체간 첨예한 문제이다. 이 문제를 해결하기 위한 SCM으로서 제조업체가 상품주문량을 결정하는 VMI, 유통업체와 제조업체가 재고를 공동 관리하는 CMI기법이 등장하였고, 최근에는 제조/물류/유통업체가 공동으로 참여하여 상품수요를 예측하고 매장에 상품을 보충하는 CPFR[41]로 발전하고 있다.

물적기능 또한 SCM물류로 발전하고 있다. 물류는 힘으로 하는 등짝물류에서 기획적인 병참물류를 본받은 로지스틱Logistics 물류로 발전해 왔다. 그러나 시장경쟁이 치열해지고 신속대응력이 중요해지는 산업환경으로 변화되면서 제조/유통기업들은 물류기업에게 공급망 관리주체의 하나가 되어 보다 중요한 기능을 요구한다. 상품흐름의 가시성을 높이고 공급망 구조를 변경하거나, 공장과 매장의 위치선정에도 물류적 관점에서 컨설팅 하는 등 전문적으로 물적기능을 수행하고 공급망 관리에 참여해달라는 것이다. 많은 제조/유통기업의 임직원들이 국내 물류기업의 SCM물류능력을 아쉬워하고 있으며, 글로벌 물류기업과 차이가 나는 부분이라고 한다.

지구촌 경제는 크고 작은 경제위기가 지속되고 있다. 제품수명은 짧아지는 반면 공급망은 길어지는 기업환경에서 생산자와 소비자의 간격을 좁혀주는 SCM은 더욱 중요해진다. 초기의 1.0세대 SCM 주요 이슈는 원가절감과 효율성 극대화였으나, 최근 2.0세대 SCM의 이슈는 위기대응, 고객중심, 지속가능으로 발전하고 있다.[42]

P&G의 최고경영자 맥도날드Robert Mcdonald는 공급망관리 능력이 기업의 생존과 번영을 좌우하는 시대로 변화되었다면서, SCM의 핵심이슈는 협력Collaboration이라고 한다. 일방적 지시나 협상이 아닌 서로 승리하는 한 차원 높은 협업을 말한다.

매년 5월에는 대한상공회의소 유통물류진흥원이 주관하는 민관 합동의 제조/유통 상생협력 촉진대회가 개최된다. 이 자리에서 국내 제조업체와 유통업체들이 협업한 모범사례들이 발표되는데, 표면적으로 나타난 협력내용과 결과는 모두 훌륭하다. 그러나 대부분의 사업들이 그 뒤편에서는 관련 기업과 부서의 실무진들이 얼굴을 붉히며 다투고 있다. 개인 또는 기업이 혼자하면 잘하는데, 함께 하면 오히려 효율이 떨어지는 일들도 많다.

공급망 관리는 관련 기업과 개인 모두가 협력하는 네트워크이다. 개별 기업 간의 경쟁이 아니라 공급망 간의 경쟁으로 시장전쟁양상이 변했다는 확고한 인식이 상하좌우로 스며들어야겠다. 갑과 을의 일방적 경영대신 서로 이기는 방식을 찾아내는 합리적 사고와 기업문화를 확산할 필요가 있을 것 같다.

우리와 경쟁상대인 서구인들의 개인특성과 기업문화는 SCM에 더 적합할 수 있다. 공급망 관리능력이 점점 더 중요해지고 있는 현대유통에서 우리 유통/제조기업들이 국내시장경쟁을 통해 협업습관과 문화를 키우고 충실해져야 국내시장과 해외시장에서 경쟁우위를 차지할 수 있을 것으로 본다.

상적기능과 물적기능을 한 단계 높여주는 유통정보시스템도 선진화되고 있다. 특히 바코드와 IT기술의 발전은 이 시스템을 더욱 고도화시킨다. POS[43]시스템은 단품별로 상품의 발주, 매입, 배송, 재고관리에 필요한 정보와 소비자 구매동향정보를 제공한다. EOS[44]는 정보축적이나 가공의 부가가치를 더하는 VAN[45]과 연결되어 거래투명성을 높이고 납품시간 단축과 미납, 오납을 감소시킨다. EDI[46]는 각종 거래의 종이문서를 없애 신속 정확한 거래와 정보교류를 촉진하고 있다.

최근에는 스마트 모바일과 RFID, QR코드 등 유통신기술이 상품안내, 구매, 지불, 쿠폰, 배송 등 전 단계에서 정보교류와 거래를 가능하게 하고 있다. 시간과 공간적 제약을 넘어서 제조/유통/물류기업과 소비자 가정이 정보로 통합되는 시대가 열리고 있는 것이다.

유통업의 대형화와 고도화는 제조업에게 대량생산의 판로를 제공하고, 소비자에게는 다양한 상품을 한 곳에서 원-스톱 쇼핑하는 구매편익을 증진시켰다. 또한, 생산자와 소비자 간격을 좁혀 소비자들이 원하는 상품을 생산토록 하고, 상품의 가격을 하락시켜 인류의 삶의 질을 높여 왔다.

향후 모바일과 IT, RFID기술발전은 유통업을 더욱 고도화시킬 것으로 예상된다. 국내 대형 유통기업들은 이미 각종 첨단 시스템을 운영하고 있다. 이제 하드부분의 시스템 설치뿐만 아니라 이를 더욱 효율적으로 운영하는 기법과 협업정신, 소프트웨어의 발전이 긴요한 것 같다. 새로운 기술과 혁신을 남보다 빠르게 수용하고 창조하여 더욱 강력한 무기를 만들어야겠다. 이것이 세계시장에서 경쟁우위를 차지할 수 있는 국제 경쟁력이라고 할 수 있다.

더 가깝게, 더 빠르게

국내 패션의류업체들의 경영이 점점 악화되고 있다. 글로벌 SPA 기업들이 6~7년 전 국내시장에 진출하면서 예견된 상황이기는 하지만 사태는 더 심각한 것 같다. 국내시장뿐만 아니라 선진국 시장에서도 대단한 성장세를 보이고 있는 SPA 대표적인 기업들이 2005년부터 유니클로를 선두로 GAP2007, Zara2008, Forever212009, H&M2010 등이 밀물처럼 국내시장에 진입한 것이다. 불과 수 년 만에 전국 주요 도시의 요충지에 각 사별로 30~60여 개의 매장을 내고, 소비자들은 법석이다. 말 그대로 파죽지세의 형국 속에서 국내 토종의 패션의류업체들은 고전하고 있다.

다른 주요국 시장에서의 영토 확장 또한 무서운 기세다. 이들은 글로벌 전략을 적극 추진하고 있는 250대 소매기업들의 평균 진출국가수 7.7개국보다 훨씬 더 많은 17개국이상 진출해 있으며, 공략수위를 계속 높이고 있다.[47] Zara의 모기업 Inditex는 2011년에 483개 매장을 추가 오픈하여 현재 77개국에 5,527개의 매장을 운영 중이며, H&M은 44개국 2,472개의 매장을, Gap은 31개국 3,246개의 매장을, 유니클로는 11개국에 2,088개의 매장을 운영하고 있다.

지난해 11월에는 Zara가 남아공에 진출하자, 2012년 3월에는 Gap이 남아공 요하네스버그에 첫 번째 매장을 열었다. 이들의 치열한 경쟁은 아프리카 지역까지 신속하게 그 영토를 넓히고 있는 것이다.

일일 평균 150만 명, 주말에는 230만 명의 유동인구가 붐비는 명동거리, 최근에는 중국과 일본 관광객들로 넘치는 우리나라 유행패션의 1번지 명동요지에 글로벌 SPA 기업들의 간판이 즐비하다. 이제 국내 최고의 상업지역인 명동상권은 한국 토종의 패션의류업체들이 사라지고 이들의 시장쟁탈 각축장이 되고 있다. 이런 현상은 국내시장뿐만이 아니다. 뉴욕과 도쿄, 파리 등 전 세계 주요 도시의 번화한 거리에서도 비슷한 상황이다. 전 세계적으로 패션의류는 SPA기업들이 석권하고 있는 형국이다.

이들의 매출증가세는 영토 점령속도만큼 가파르다. 글로벌 SPA 1위 기업인 스페인의 Zara는 최근 5년간(04~09) 매출액이 년 평균 15.3%씩 증가하였고, 일본의 유니클로는 15%, 스웨덴의 H&M은 13.6% 씩 증가하였다. 글로벌 금융문제와 유럽의 경제위기가 지속된 2011년에도 Zara의 Inditex 매출액은 전년대비 10% 증가한 미화 약 183억$, H&M은

8% 증가하여 166억$ 을 기록하였다. 그동안 과속질주를 해오던 유니클로는 일본내 27개 매장을 정리함으로서 0.7% 증가에 그쳤지만, 매출액은 8,203억 엔(약 85억불)에 달하고 있다. 한국재미교포가 창업자인 Forever21의 2009년 매출액 규모는 약 25억$ 정도로 추정된다.

디자인과 예술성이 중시되는 패션업종답게 이익률 또한 대단하다. Zara의 경우, 2011년 총 수익금액Gross profit은 81.8억 유로로서 매출액 138억 유로 대비 마진율이 59.3%에 이른다. H&M의 수익 마진율도 약 51% 에 달하고 있어, 기업별로 약간의 차이는 있겠지만 다른 글로벌 SPA 기업들도 상당히 높은 수준의 이익률을 즐기고 있을 것이다.[48]

SPA는 어떤 업태인가? 소비자의 마음을 잡기가 쉽지 않은 경제 불황기에 무슨 강점이 있어 이토록 높은 성장을 지속하는 것인가? 어원부터 밝히자면, SPA란 'Specialty store of Private label Apparel'의 약자인데 하나의 기업이 자체 브랜드로 각종 의류를 제조하고 직접 세계시장에 판매하는 패션의류전문점 또는 기업을 의미한다. 미국 의류브랜드 'GAP'이 1987년 Banana Republic을 인수한 뒤, 의류패션의 기획, 생산, 운송, 판매를 직접 관리하면서 'Specialty store retailer'라고 명칭을 붙인 것이 이 업태의 기원이다. 최신 유행을 빠르게 판매하는 신속성을 강조해서 'Fast Fashion'이라는 용어를 사용하기도 한다.

패션은 소비자들의 유행과 개성이 강한 분야이다. 최근에는 변화의 속도가 점점 더 빨라지고 글로벌 화되고 있다. 뉴욕에서의 인기 패션은 며칠 후 서울과 동경에서도 볼 수 있고 유행이 동시에 번지며 사라지는 시대이다. 또한, 각국별, 지역별, 소득 계층별로 의류패션의 선호 양상이 상이하고 그 정도가 급하게 또는 서서히 변화된다.

패션의류매장은 다른 매장과 풍경이 다르다. 큰 거울 앞에서 이 옷 저 옷을 자기 몸에 비쳐보고, 색상과 디자인이 잘 어울리는지 친구에게 물어 보고, 백룸에 들어가 몇 가지 옷을 입어보고 난 후에야 구매할지 여부를 결정한다. 다른 분야보다 훨씬 더 소비자들의 개성이 강하고 다양하다. 아마도 패션의류는 유통업종 중에서 가장 까다로운 소비자를 상대하는 업태일 것이다.

글로벌 SPA기업들은 소비자들의 개성과 취향을 만족시키는 특별한 능력을 갖고 있다. 소비자가 까다로워질수록 이런 능력이 더 빛이 나고, 다른 기업들과 확실하게 차별화 시켜 이들의 성장속도가 빠른 것이라고 보여진다. 이 능력의 핵심요체는 무엇인가? 한마디로 '더 가깝게, 더 빠르게' 라고 요약할 수 있다.

우선 소비자들에게 가깝게 다가가 개성과 유행의 흐름, 작은 변화들을 신속히 파악해야 한다. 소비자의 다양한 욕구는 국제시장의 흐름이나 제품 출하 후 개별제품에 대한 시장의 반응을 점검하면서 알 수 있다. 능력 있는 기업이나 디자이너는 새로운 유행을 창조할 수도 있다. 관건은 누가 더 정확하고 신속하게 소비자의 욕구와 흐름을 파악하여 민첩하게 대응하느냐 인 것 같다.

공급망구조의 혁신에서 글로벌 SPA기업들의 능력이 나온다. 원자재조달/디자인/제조/판매/소비자반응점검/피드백에 이르는 일련의 공급망 구조와 체계를 단순하고 일체화시킨다. 공급망 관리능력을 높여 상품기획에서 판매에 이르는 전체 단계에 걸쳐서 소비자와 밀착하여 신속하게 움직인다. SPA 기업은 수백 명의 디자이너들에게 영감에 의한 디자인만이 아니라, 매장에서 직접 체감하는 소비자들의 취향을 중시하라고 요구하고 있다.

Zara는 직영공장체제로 생산과 배송, 판매체계를 일원화하였다. 주요상품은 직영공장에서 직접 생산하는데 전체 상품의 50% 이상 차지한다. 주로 낮은 가격대의 기본 아이템만 중국과 동남아 등지에서 조

달하고 있다. 본사와 전 세계 77개국 5천여 개의 매장, 1,337개의 공급처들이 실시간 정보 교류하는 첨단 IT시스템을 운영하면서, 모든 공급망에 별도의 디자인팀과 영업팀을 설치하여 품목별로 최대한 빠르게 시장에 반응할 것을 주문한다.

상품의 보급은 통합물류방식이다. 거의 모든 상품은 스페인에 위치한 대형 물류센터에서 종합, 분류되어 매장으로 주 2회 배송된다. 이 시스템은 스페인에서 유럽매장으로 24시간 이내, 미국과 아시아 지역의 매장으로는 48시간 이내 배송을 보장한다. 배송거리 700마일 이상은 항공으로 운송하여 시간을 단축하고 있다.

기타 소재의 사전발주, 적정량의 주요소재 비축, 신속한 공정관리 등으로 디자인기획에서 매장 입고까지의 리드타임은 3주에 불과하다.[49] 특히 Zara는 본부와 각 지역의 매장 그리고 주요 공급처 간의 일체화를 위하여 상품의 단일 코드화와 작업공정, 영업활동의 행동규칙과 전 세계 150민족으로 구성된 종업원 100,138명(2011.1 기준)의 팀워크를 매우 중시하고 있다.

H&M, GAP, 유니클로는 의류제조업체에 상품생산을 발주하는 아웃소싱을 하고 있지만, 본부와 현지 공장, 소비자 사이의 간격을 좁히고자 글로벌 공급망 일체화를 도모한다. H&M은 유럽과 아시아지역 20개국 700여 개의 의류봉제공장에서 제품을 위탁 생산한다. 상품기획과 개발은 스톡홀름의 디자이너 140명, 패터너 60여 명이 담당한다. 전 세계 2,472개의 영업매장은 44개국에 펼쳐져 있다. 본사와 영업매장, 소비자를 하나의 시스템으로 연결하여 실시간 정보를 교류하면서 디자인 /생산/판매의 동시화가 H&M의 성공요체라고 할 수 있다.

각국의 영업장에서 조사한 상품별 판매동향과 소비자 반응, '스트리트 워칭', '피플즈 워칭' 결과는 실시간 본부의 디자이너 부서에 전달되고, 새롭게 디자인된 제품시안이 공장으로 전송된다. 신상품을 출시한 후 다시 고객들의 반응을 점검하여 빠르게 디자인을 수정, 생산, 출하하는 쌍방향 정보채널을 운영하고 있다.

다른 글로벌 SPA기업들도 이와 비슷한 시스템을 운영하고 있는데, 유니클로는 최첨단 IT정보교류시스템이외에 중국 현지 공장에 전문가를 파견, 상주토록 함으로서 본부와 공장, 소비자와의 시간적, 공간적 거리를 단축시키고 있는 점이 특징이다.[50]

'**저가격**'은 글로벌 SPA기업들의 성장 핵심전략이다. 이들은 고가의 패션의류를 낮은 가격으로 대중화시킨 선도자다. 사실, 소비자의 다양한 개성에 부응하고자 수많은 종류의 패션의류를 만들면서 가격을 낮추기는 쉽지 않다. 공급망 구조혁신과 관리능력을 제고하여 유통비용을 줄이는 것은 기본이고 이것만으로는 부족하다. 이외에 각자 저가격 실현을 위한 노하우를 갖고 있는 것 같다.

Zara는 신제품 출시 초기에 약 15%만 생산하고, 나머지 85%는 시장 상황을 봐가면서 생산한다. 소비자의 취향에 빠르게 대응하면서 재고를 최소화시키는 전략이다. 유니클로는 중국 위탁생산으로 생산원가를 낮추면서 아이템수를 연간 500개 정도로 한정해 대량생산에 매진하고 있다. Forever21은 '영원한 21세'를 콘셉트로 20대 초반 여성을 메인 타켓으로 주력 상품을 한정시키면서, '100$로 머리부터 발끝까지'라는 캐치프레이즈로 승부를 건다. Zara와 H&M등 주요 기업들은 약속이나 한 듯이 2010~2011년에 일제히 온라인 쇼핑을 개장하여 새로운 가격전쟁을 시작하고 있다.

개성과 유행성이 강한 패션의류분야에서 **브랜드**는 생명과도 같다. 그런데, 저렴한 가격 일색의 상품을 계속 출시한다면 기업이나 상품이미지가 '싸구려 브랜드'로 전락할 위험이 있다. 글로벌 SPA기업들은 이 문제를 해결하면서 보다 융통성 있는 경영을 위하여 3~8개의 브랜드를 운영하고 있다. 동일 기업 내의 어떤 브랜드는 고품질, 고가격을 지향하여 전체적인 이미지를 보완하면서 소비자들의 다양한 개성에 부응하고 있는 것이다.

Inditex 사는 ZARA, Bershka 등 8개의 브랜드 매장을 운영하고 있는데 Zara가 약 65%의 매출을 올리고 있다. 이중 PULL&BEAR는 젊고 캐주얼한 의상을, Massimi Dutti는 좀더 가격이 비싼 도시형의 기품있고 글로벌한 의상스타일을 주로 취급한다. H&M도 Monki, Weekday 등 4개의 브랜드 매장을, Gap도 5개의 브랜드 매장을 운영하고 있다. Gap의 old navy는 어린이와 노장년층을 위한 가정 의상family apparel 전문점인데 값이 꽤 비싼 편이고, 2008년에 시작한 Athleta는 고품질 스포츠웨어 전문점이다.

이들은 패션성과 다양성, 실용성과 기능성을 조화시키고 특화시키는 전략과 방법에 대하여 고심한다. 최근의 동향을 보면, 대체로 Zara와 H&M, Forever21은 패션을, 유니클로와 GAP은 실용성과 기능성을 중시하여 각자 개성적인 브랜드를 높이고 있다.

작년은 예외로 하고 지난 4~5년간 성장세가 돋보인 유니클로의 경우, 고기능적 의류상품을 계속 출시해 독특한 기업이미지를 만들고 있다. 방한내의인 '히트텍'은 흡수건조성과 보습성이 뛰어나 2009년 5,000만 매 이상 판매되는 최고의 히트상품이 되었다. 2010년 6월에는 토레이사와 전략적 파트너십을 체결하고 항균 기능성 소재개발을 추진하는 등 이 부문에서 독자적인 브랜드력을 구축하고 있다.

Global SPA 브랜드 포지셔닝

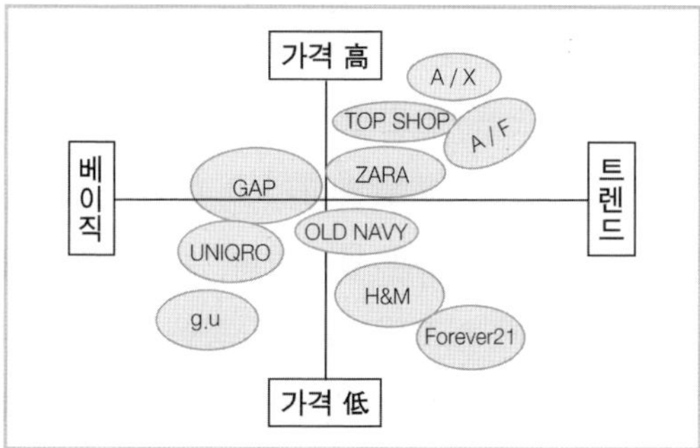

자료 : '패스트 패션전쟁', 가와시마 코우타로, 2009.

이 기업의 고품질 전략도 이채롭다. 일본에서 30년 이상 경험이 있는 전문가를 채용하여 봉제장인, 염색장인 등의 칭호를 부여한다. 또한, 수백만 단위의 발주량 중 주요제품을 생산하는 70여 개 공장을 집중적으로 관리하여 제품의 고품질을 유지하고 있다.

신속함이 승부처다. Zara는 파리콜렉션, 밀라노콜렉션 등에서 화제가 된 상품을 비교적 저렴한 옷감을 사용해 경쟁기업에 앞서 빠르게 발매한다. 1,000여 명에 달하는 자라의 주력 디자이너들은 연간 1만 개 이상의 신상품을 쏟아내고, 2주에 한 번씩 기존상품의 70%정도를 신제품으로 새롭게 갈아치운다.

소비자 취향에 신속하게 대응하고자 공급망을 일체화하고, 현지 공장과의 돈독한 관계를 유지한다. 유니클로와 자라는 현지 위탁공장에서 생산된 것을 전량 매입해 그들과의 신뢰를 유지한다고 한다. 공급망의 일체화를 위해서는 현지 공급업체와의 신뢰관계가 우선되어야 한다는 논리이다.

마케팅 전략은 입지에서부터 시작된다. 판매장을 번화가 초일류 지역에 설치하여 브랜드력을 높이고 점차 지방의 대도시와 교외지역으로 확대한다. 판매는 패션분야답게 상품의 회전율, 신속성을 가장 중시하는 경향이다. 소비자 기호에 맞춘 새로운 상품이 매장에 계속 등장하고, 품절되는 상품은 추가 발주하지 않는 전략으로 소비자들에게 마음에 들면 즉시 구입하라고 압박하기도 한다.

글로벌 기업의 이점도 최대한 활용한다. A국가에서 잘 안 팔리는 상품이 B지역에서 인기가 있으면 즉시 상품을 이동시킨다. 소비자들의 미세한 취향분석능력도 특출하다. 국내 토종기업들이 한국 소비자의 취향이나 패션 감각을 더 잘 알 것 같지만, 사실은 그렇지 못한 경우가 많다. 뉴욕과 파리, 런던과 동경의 소비자 취향과 흐름을 속속들이 알고 있는 글로벌 SPA 기업들이 주요 도시별 소비자 취향을 비교하면서 국내 소비자 분석에도 훨씬 유리한 입장일 수 있다.

2000년 당시 Zara의 매출규모는 Gap의 18% 수준에 불과했다. Gap의 매출액은 136억$, H&M 32억$, Zara는 24억$이었다. 8년 후인 2008년에 Zara는 Gap의 매출을 추월하며 글로벌 SPA의 1등 기업으로 등극하였다. Zara의 Inditex사는 2011년 매출액이 183억$이고 Gap은 147억$ 규모이다.[51]

더 심각한 것은 Gap의 매출액은 2006년 159억$에서 계속 하락하고 있다는 점이다. 1등 기업이라고 자만하거나 잠깐 방심하면 시장은 참으로 냉혹하다.

작년에 사업조정기를 거친 유니클로의 향후 행보가 주목된다. Zara와 유니클로 — 이 두 기업은 같은 글로벌 SPA지만 상당히 다르다. Zara는 트렌드 지향적인데 유니클로는 기능성과 실용성을 중시한다. 목표와 마케팅 전략 등 여러 가지 면에서 아래 표와 같이 상이한 점이 많다.

유니크로와 자라의 비교

유니클로	비고	ZARA
베이직 공산품의 개념	콘셉 트	트렌드 패션의 개념
High Quality, Low Price	목표	중저가로 최신의 유행 제공
철저한 기획력 1년~1년 반 전 기획, 중국의 70개 협력공장에서 생산	핵심 역량	스피드 70%가 2주에 한번 신제품 출시, 전세계 자사 보유 공장에서 생산 Air cargo 이용
0% 완전 소진 전략	반응 생산	100% QR(Quick Response)
최대수량의 확보 ex) 히트텍 2,800만 장(도레이 협력)	생산 규정	한정 생산 제품당 10만~35만 장

자료 : 패션채널 (대한상공회의소, Retail CEO Report, 2010.11)

종래의 의류는 원자재에서 봉제에 이르기까지 각기 다른 회사가 만들고 완성된 제품의 유통과정이 매우 복잡한 단계를 거친다. 이런 다단계의 공급망 구조로는 글로벌 SPA를 당할 수 없다는 점은 분명한 것 같다. 인접국 일본시장에서도 글로벌 SPA들이 진입하였을 때, 일본 의류기업들은 빠른 패션으로 변신하여 대응하였다.

한해 약 33조원 규모의 국내 의류패션시장에서 SPA의 상승세도 강하지만, 백화점은 고급 명품기업들과 더욱 가까워지고 자체 의류상품을 개발하는 대형마트의 세력 확장도 만만찮아 토종 의류업체들을 위협하고 있다. 시장은 이들 기업에게 전문성과 글로벌 화를 요구한다. 디자인과 마케팅 전문가를 양성하고 공급망을 일신하여 국내와 해외의 소비자들에게 '더 가깝게 더 빠르게' 창조적으로 대응할 것을 주문하고 있다.

최근 제일모직과 LG패션, 코오롱이 해외시장으로 진출하고 이랜드의 패션의류는 중국소비자에게 호평을 받고 있다. 우리의 '빨리 빨리'

문화와 섬세한 동양의 미적 감각은 패션 의류업에 좋은 토양이 될 수 있겠다. 이제 새롭게 도전해야 할 때이다.

비싸게, 더 비싸게

전 세계 주요도시의 번화가를 점령하는 또 하나의 상점들이 있다. 내로라하는 유명 백화점들이 서로 모셔갈려고 하는 명품매장이다. 최근에는 인천공항에 신세계백화점이 면세점을 내면서 기존의 롯데면세점과 치열한 명품매장 유치전쟁을 벌인 적도 있다. 루이비통과 구찌, 에르메스, 샤넬 등의 명품 매장이 들어서면 고객들이 몰려들고, 주변의 매장들도 덩달아 품격이 올라간다고 하니 유치전이 치열할 수밖에 없다. TV연속극은 종종 친구에게 명품 핸드백을 빌려서 외출하는 주부의 모습을 방영한다. 이제 소득수준과는 상관없이 웬만한 소비자들은 명품 한 두 개쯤은 갖기를 원하는 시대가 되었다.

월스트리트 저널은 2012년 2월 새로운 명품시대를 보도하면서, 유럽과 미국의 경제 불황에도 불구, 수백만 원이 넘는 명품 가방과 향수, 패션의류, 안경, 샴페인 등의 매출이 급증하고 있다고 보도했다. 루이비통은 작년 4/4분기 매출액이 전년 대비 20% 증가하였고, 프라다가 33.1%, 구찌 22.1%, 에르메스도 18% 매출이 신장하였다고 한다.

루이비통의 마케팅 책임자 헨리 피놀트는 이런 추세가 앞으로 10년은 더 갈 것이라고 예상하고 있다. 앞으로 남성패션의류와 시계, 구두가 인기품목 상위그룹에 추가될 것이라면서, 명품에 대한 중국인들의 수요는 끝이 없고, 브라질과 인도네시아로 새로운 시장이 계속 확대되고 있다고 한다.

주로 아시아에서 명품바람이 드세지만, 구미와 유럽지역에서도 명품 수요가 계속 증가하여 주요 명품기업들의 매출액은 매년 두 자리 수의 높은 증가세를 지속하고 있다. 지난해 루이비통의 매출액은 전년대비 16.4% 증가한 237억 유로(미화 약 329억$), 구찌는 122억 유로(11.1%), 에르메스는 28억 유로(18.3%)를 기록하였다. 샤넬, 프라다 등 다른 명품 기업들도 대부분 매년 10%이상 매출이 신장되고 있다. 비교적 높은 성장률을 보인 에르메스의 경우, 실크/섬유류(23%) 가죽제품(12%) 액세서리(30%) 향수(16%) 시계(23%) 보석(27%) 등 전 품목 호황국면이다.

원래 명품은 부가가치가 높다. 최근 국내 소비자단체에서 주요명품들의 원가는 판매가격의 1/10도 안 된다는 발표도 있었지만, 더 비쌀수록 잘 팔리는 유일한 상품들이다. 게다가 매출이 급신장되고 있으니, 이들의 이익률은 단연 최고 수준이다. 전 세계 상류층뿐만 아니라, 중하층 소득자의 얄팍한 지갑에 있는 돈들까지 홍수처럼 명품기업들로 쏠리고 있는 형국이다.

2011년 전 세계 주요명품 매출액 및 순 이익률

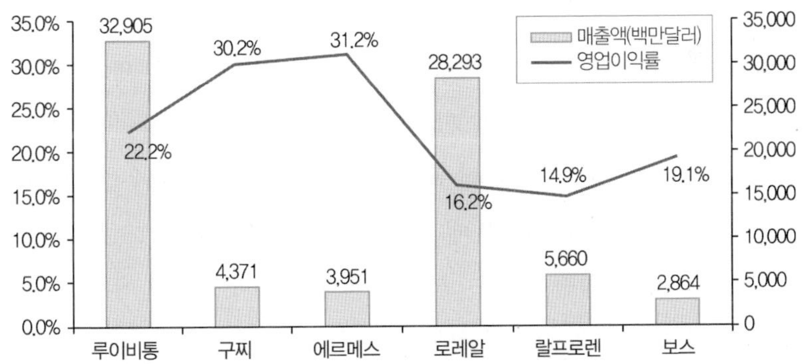

출처: 각 사 Annual Report에서 발췌

Luxury Goods Worldwide Market Study 2011에 의하면, 전 세계 명품 시장 규모는 2009년 1,530억 유로에서 2010년 1,730억 유로, 2011년에는 1,910억 유로(미화 약 2,800억$)로 계속 확대되고 있다.[52]

아시아 지역의 국가별 명품판매액은 일본 185억불, 중국 129억불, 한국 76억불, 홍콩 58억불, 대만 39억불[53] 순이다. 이중 한국과 중국의 소비자들은 해외에서 명품을 많이 구입하고 있어 실제 지출금액은 이보다 훨씬 많은 규모일 것이다.

지난 3월 8일부터 8일 동안 프랑스, 독일 국경지역과 맞닿아있는 스위스 북부도시 바젤에서 시계, 보석박람회인 '바젤월드'가 열렸다. 전 세계에서 모여든 시계·보석상인들과 관광객들로 인구 16만의 작은 시골도시에 참관객 10만 명이 북적였다고 한다. 지난 해 스위스 시계 수출액은 192억 스위스 프랑(미화 210억불)으로 전년보다 19.3% 증가하였다. 1980년대 일본의 값싸고 편리한 디지털시계에 밀려 고전하던 스위스가 명품시계로 다시 살아난 것이다. 이런 명품시장은 유럽과 미국, 아시아에서 남미와 중동, 아프리카지역으로 계속 확대되고 있다. 그야말로 새로운 명품시대가 열리고 있는 것이다.

한국은 명품소비 1등 국가다. 국내 명품시장의 열기는 세계 명품기업들의 매장이 개장된 90년대 말부터 지금까지 10여 년 동안 수그러들지 않고 오히려 강도가 더 세지고 있다. 루이비통의 경우, 2000년대 전반기(2001~2006)의 연평균 매출 증가율 29%에서 후반기(2006~2011)에는 62%로 대폭 상승하였다. 작년에 국내 매장에서만 판매된 매출액은 4,974억 원, 면세점과 해외에서의 구입량까지 합치면 약 7~8천억 원에 달할 것으로 추산되고 조만간 매출 1조 원을 바라보고 있다. 다른 명품기업들도 대부분 15~20% 대의 높은 성장률을 10여 년 동안 지속하고 있다.

특히 최근에는 결혼예물로 인기 있는 고급시계와 보석의 구입 증가 추세가 가파르다. 작년에 불가리와 로렉스의 매출액은 전년대비 약 30% 내외로 증가하여 각각 764억 원, 721억 원에 달하였다. 시계와 보석은 중간상인 딜러에게 판매하는 원가기준이기 때문에 실제 한국 소비자들이 지불한 가격은 이보다 훨씬 높은 액수일 것이다.[54]

자료 1: 주요 명품기업들의 년도별 매출액 추이

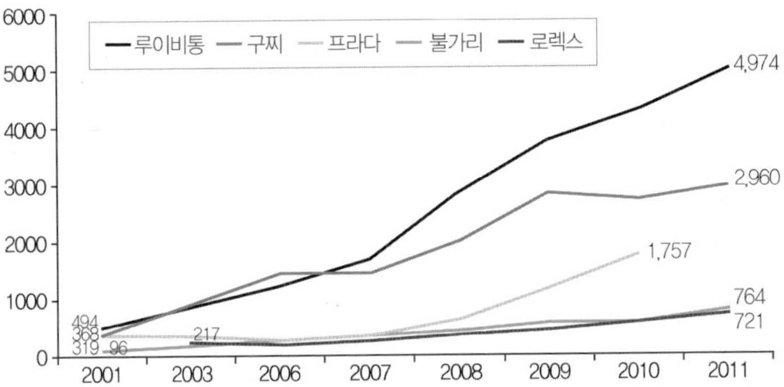

출처: 각 사 Annual Report에서 발췌

자료 2: 2011년 국내 주요명품 판매 증가율

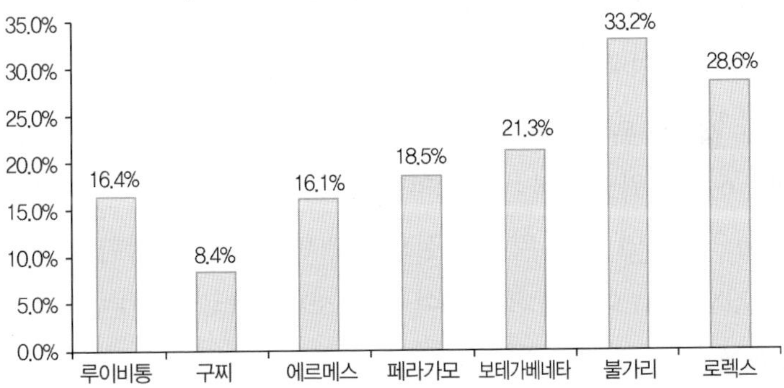

출처: 각 사 Annual Report에서 발췌

한국 소비자들의 명품에 대한 강한 집착은 가방, 등산복, 유모차, 심지어는 텐트까지 명품바람을 불게 한다. 웬만큼 이름난 산에는 주말과 평일, 사시사철 등산객들로 붐빈다. 등산객들의 화려한 명품 옷과 도구들로 항상 가을단풍이 든 것처럼 울긋불긋하다. 모두가 명품 옷을 입고 있는데 나만 입지 않으면 뒷머리가 당긴다고 한다. 턱없이 높은 가격대에도 수요는 계속 늘어나 올해 아웃도어 시장규모는 약 5조 원을 상회할 것으로 전망하고 있다.[55]

한 가족이 2~3인 사는 핵가족으로 정착된 지 이미 오래다. 신세대는 거의 모두가 외아들이고 외동딸들이다. 귀엽고 귀한 단 한명의 내 아이가, 내 손자가 사용하는 물건들은 최고여야 한다. 비록 내 생활이 쪼들리더라도 가격이 비싼 아기용품을 구입하고 있다. 유난히 정이 많고 남을 의식하는 우리 국민들의 속성이 합리적이거나 실용성보다는 감성적 또는 자기과시적인 명품소비를 부추기고 있고 이런 추세는 꽤 오래갈 것 같다. 게다가 개인소득이 2만 불에서 3~4만 불로 갈수록 명품에 대한 열기는 더욱 강해질 전망이다.

우리도 명품을 만들자. 명품에 도전해야 할 이유는 국내시장만이 아니다. 진짜 이유는 중국과 일본 그리고 전 세계시장이다.

중국인들의 명품 열기는 우리보다 한수 위다. 글로벌 경제위기의 2009년도에도 명품구입액은 전년대비 16% 증가하였고, 매년 30% 이상의 증가추세를 보이고 있다. 맥킨지 컨설팅 사는 중국의 명품 수요를 2010년 640억 위안(미화 약 100억불)에서 2015년에는 1800억 위안(약 270억불)으로, 5년 동안 약 3배 정도 증가할 것으로 전망한다. 이는 전 세계시장의 20% 이상을 차지하여, 명품소비 1위국인 일본을 추월하는 규모다.[56]

중국명품시장은 앞으로 더 광대해진다. 중국의 부유층 개인소득은 대략 30만~1백만 위안(45,000~150,000$)인데, 매년 약 15%씩 증가하여 2015년에는 560만 가구에 이를 전망이다. 1가구당 3인 기준으로 계산하면 약 1,700만 명의 인구규모인 셈이다. 최근 명품열기에 가세하고 있는 개인소득 미화 1만 5천불 이상의 중상류층까지 합치면 3년 후에는 약 2억 2,800만 명이 명품매장을 찾을 것이다.[57] 지속적인 경제성장과 갑작스런 부의 증가는 자신의 부를 드러내고 싶어 하는 고객층을 큰 폭으로 확대시키고 있다. 이들은 더 고급스럽고, 더 새롭고, 더 비싼 제품을 원한다. 명품소유가 부와 지위의 상징이 되고 있다.

선진국 시장도 일본과 미국의 명품 소비추세를 보면 지나가는 하나의 흐름이 아니다. 명품으로 자신의 지위와 부를 과시하는 단계에서 일반상품의 소비와 명품이 공존하는 생활패턴으로 진화되고 있는 것처럼 보인다.

인간의 욕구는 비슷하여 개도국들의 시장도 선진국 시장을 닮아갈 것이다. 따라서 전 세계 명품수요는 끝이 없다. 이제 우리도 명품을 만들어야 한다. 더욱이 우리는 명품소비 세계 제1, 2위국의 한 중간에 위치해 있는 최고의 명당자리를 차지하고 있고, 이들의 문화를 제일 잘 아는 민족이다.

1980년대 말, 일본의 요미우리신문에는 한국인 관광객들의 양손에 일명 '코끼리표'라고 불리던 조지루시 밥솥이 몇 개씩 매달려 있는 사진이 크게 실렸다. 그 당시 이 밥솥은 한국 주부들이 가장 갖고 싶은 것 중의 하나였지만, 이제는 누구도 탐내지 않는다. 조지 루시보다 더 성능이 뛰어난 한국의 밥솥 '쿠쿠'가 탄생했기 때문이다. 오히려 일본과 동남아에서 이 밥솥을 사갈 정도로 10년 만에 전 세계 밥솥시장을 재패한 것이다. 현재는 쿠쿠홈시스로 사명을 바꾸었지만, 중소기업 '성광전자'가 대기업의 밥솥을 시장에서 철수시킨 신화 같은 실화다.[58]

우리나라의 경제발전이 이와 비슷한 길을 걸으며 발전했다고 할 수 있다. 거의 대부분의 상품들을 수입했던 70년대부터 하나씩 국산품으로 대체해가며, 더 좋은 상품으로 발전시켜 세계시장으로 진출하지 않았던가. 그동안 축적된 기술능력과 마케팅, 경영노하우를 기반으로 이제 명품개발에 도전할 시점이다.

명품이란 무엇인가? 백과사전에서는 명품을 아주 뛰어나거나 널리 알려진 물건을 말하며, 호화상품의 관용적 표현이라고 한다. 삼성의 갤럭시나 애플의 아이폰도 세계에서 가장 수요가 많은 최고의 상품이지만 호화로운 것은 아니라서, 세간에서는 주로 고급 핸드백이나 고급 시계 같은 것들을 명품이라고 말하는데 그 경계선은 애매하다.

분명한 것은 어떤 품목이던 명품은 다르다는 점이다. 우아하고 아름답고 성능이 뛰어나 소비자의 인식 속에 다른 상품과 확실히 다르다는 이미지가 항상 존재한다. 명품은 고도의 장인정신과 기술, 품질의 완전함 그리고 예술성과 문화가 듬뿍 들어 있다. 소비자의 멋과 품격을 높여 주고 세련미가 돋보여 사용할수록 소비자 가치와 희열을 배가시키는 것이 명품이다.

어떻게 명품이 만들어지는가? 명품은 하루아침에 만들어지지 않는다. 세계 최고의 명품기업인 루이비통 그룹의 회장 B. 아르노는 하나의 브랜드가 명품의 지위를 갖기 위해서는 세 가지 요소가 필수라고 말한다. '초 시간성, 현금흐름, 장기적이고 확고한 성장'이 그것이다.[59] 또한, 그는 기업의 창업자와 최고경영층의 확고한 철학과 신념이 가장 중요하다고 한다. 철저하게 소비자 욕구와 가치에 기반을 두고, 아래의 명품 만들기 핵심요소들을 자신과 기업의 명운을 걸고 지속적으로 추진해야 비로소 명품 브랜드가 된다는 것이다.

- 제품품질
- 창조성
- 이미지
- 기업정신
- 주목을 받고 최고가 되려는 의지[60]

장인정신은 명품의 혼과 같다. 영어로는 명품을 장인이 만든 물건Masterpiece이라고 표현한다. 100년 이상의 전통을 가진 유럽의 명품들은 물론이고, 비교적 역사가 짧은 미국의 명품들도 한 결같이 장인정신으로 충만되어 있다. 품질은 완벽하다. 모든 명품기업들의 핸드백은 최고의 가죽으로 최고의 장인들에 의해 만들어진다. 장인들은 손으로 가죽을 자르고 틀을 만들고 징을 박아 두 개의 바늘로 가죽을 꿰맨다. 루이비통은 하나의 지갑을 만든 후에도 8차례의 품질검사 과정을 거친다.

유럽의 명품기업들은 창업자의 장인정신을 고취시키고 더욱 빛나게 신화를 만든다. 좋은 가죽을 와인을 숙성시키듯 보관하여 한땀 한땀 장인의 손길로 꿰매는 토즈의 3분짜리 홍보영화는 고객들에게 감동을 주고 있다.[61]

유럽 왕실과 일본 황실, 중동의 석유 재벌들이 주 고객인 보석 세공 예술의 살아있는 전설 'CHAUMET', 파리 방돔 광장에 자리 잡고 있는 쇼메하우스 1층에는 예약에 의해서만 방문이 가능한 부띠끄가, 2층에는 쇼메박물관이 자리하고 있다. 쇼메하우스의 중심인 안뜰에는 아뜨리에가 있다. 이곳에서는 하얀 가운을 입은 숙련된 장인들이 초창기부터 이어진 행동 규칙과 제작원리에 따라 제품을 만들어낸다. 이들이 사용하는 장비들은 3세기 이상 된 것들로 역사적인 유물이며, 아뜨리에 자체는 220년 동안 살아 숨 쉬는 박물관이다.

루이비통LOUIS VUITTON의 창업자 루이비통은 1837년 프랑스 귀부인들의 트렁크를 전문적으로 제조해주는 마레살의 견습공이었고, 까르띠에Cartier의 창시자인 네덜란드 보석세공사 루이 프랑수아 까르띠에는 '왕의 보석상'이라고 불릴 정도로 뛰어난 장인정신과 고도의 기술소유자였다. 에르메스HERMES의 창시자 티에리 에르메스는 말에 필요한 안장, 용구, 장식품을 직접 수공으로 제작하여 1867년 세계박람회에서

1등 메달을 받은 장인이었다.

1910년 파리 깡봉가에 '샤넬 모드'라는 이름으로 모자 가게를 낸 샤넬의 창업자 가브리엘 샤넬은 1957년 '20세기의 가장 영향력 있는 디자이너'에게 수여하는 패션의 오스카상을 받았다. 1975년에 설립된 짧은 역사를 가진 미국 아르마니ARMANI의 창립자 조르지오 아르마니도 한시대의 문화를 대표하는 세계적인 디자이너였다.[62]

창조력은 명품브랜드 만들기의 핵심 중 핵심요소이다. 명품기업일수록 창조력으로 승부한다. 루이비통은 사용하기 불편한 화분 같은 반원형의 트렁크를 평평한 트렁크로 만들면서, 샤넬은 최초로 짧은 치마를 선보이며, 프라다는 가죽 백 시대에 나일론 지퍼 백을 창조하여 더욱 유명해졌다. 프랑스의 가정용품회사인 세브Seb는 압력밥솥을 발명하여 단숨에 무명의 기업에서 유명한 기업으로 브랜딩할 수 있었다.

새로운 아이디어는 온전히 소비자의 욕구와 가치에 기반을 두고 있다. 혁신적인 창의로 소비자의 가치를 새로 창출한다. 일회성의 기발한 아이디어로는 명품 브랜드로 자리매김하기 어렵다. 소비자 군중에게 확실한 브랜드 이미지를 심어주기 위해서는 높은 창의력으로 혁신제품을 시장에 계속 내놓으면서 효과적이고도 반복적인 광고활동을 지속한다.

독특한 문화가 명품 속에 깃들어 있다. 억제된 세련미의 내면적 개성 또는 도시인들의 자유와 활발함, 전통과 현대의 조화 등을 문화로 승격시킨다. '컬트가 되라'의 저자 더글라스 홀트는 나이키는 좋은 제품보다는 문화를 판다고 한다. 새로운 '혼자만의 투혼'의 세상에서 굴복하지 않고 자신만의 경기를 시작하라는, 이제 행동할 시간Just do it이라는 이념과 문화를 팔고 있다는 것이다. 아래의 사례에서 우리는 문화가 융합된 새로운 혁신제품을 만들기 위한 명품기업들의 끈질긴 노력과 집념을 보게 된다.

루이비통의 브랜드 콘셉트는 여행이다. 고객의 인생을 움직이는 가치를 대표하는 키워드가 바로 여행이며, 그 길의 동반자가 루이비통이라고 이야기한다. 모노그램 라인의 '다미에 체크'는 100년이 지난 지금까지 우아함을 뽐내고 있고, '에삐Epi' 라인은 1986년 선명한 색깔을 도입한 신상품라인이다. 소가죽 위에 에나멜을 특수 코팅한 '모노그램 베르니'를 창안하고, '타이가'는 도시의 젊고 활동적인 남성을 타깃으로 남성다움과 우아함을 매치한 새로운 상품라인이다. 루이비통의 매장에는 항상 새로운 문화와 상품이 등장한다.[63]

샤넬은 1900년대 초 검정색 코르셋의 여성복을 치맛단을 끌어올린 밝은 색깔의 활동복장으로 변화시켜 여성들에게 자유를 선사하였다. 1910년 파리 깡봉가의 모자가게로 시작하여 1915년에 패션 부티크를 오픈한 후, 신형 여성복과 최초의 향수인 '샤넬 N°5', 대표적인 핸드백인 '2.55백', 고급 시계인 'J12 손목시계' 등 여러 분야에서 해마다 신문화 제품을 출시하고 있다.[64]

아돌프 피카드Adolphe Picard의 견습생이었던 루이~프랑수아 까르띠에, 그는 여행, 사람들과의 만남, 그리고 독서를 통해 얻은 영감 등에서 상상력의 소재를 찾았다. 평범함에서 찾아내는 아이디어들은 노트와 스케치북에 기록되어 마침내 까르띠에의 보석 영역을 예술장르로 승화시켰다.[65]

'GUCCI'는 가죽이 부족했던 2차대전시 역사적 유물인 캔버스천 가방을 만들고, 구찌 핸드백의 특징인 대나무 핸들, 재클린 케네디 오나시스가 애용하였다는 '재키 백', 오동통한 초생달 모양의 '오스틴 백', 뉴욕 메트로폴리탄 미술관에 소장되어 있다는 '비트 모카신' 등 새로운 문화적 혁신제품들이 계속 줄을 잇는다.[66]

스위스 명품시계업체 위블로가 금년 바젤월드에서 공개한 500만 달러의 시계에는 1,200개의 다이아몬드가 장식되어있다. 브라이틀링 사는 뉴욕, 파리 등 전 세계 24개 주요도시의 시간대를 나타내는 '시티디스크'를 장착했다. 로렉스는 서로 다른 두 개의 시간대를 쉽게 조정하는 듀얼 타임존 기능과 30일과 31일 달력에서 날짜를 자동 조절하는 기능을 갖춘 시계를 출시했다. 제니스는 강한 형광 빛을 내면서, 장갑을 낀 상태로 크라운을 조절할 수 있는 '파일럿' 항공시계를 계속 발전시키고 있다.[67]

브랜드 아이덴티티는 보통기업과 명품기업을 가르는 분기점이다. 아주 높은 값을 지불하면서도 고객들이 루이비통과 구찌, 샤넬과 같은 명품기업들의 상품을 고집하는 이유는 무엇인가? 국경을 초월하여 수많은 소비자들이 삼성과 LG의 휴대폰과 가전제품을 찾는 요인은 무엇인가? 고객이 갖고 있는 기업이나 상품에 대한 고착된 이미지, 브랜드 아이덴티티 때문이다. 이것은 명품매장을 항상 충성스러운 고객들로 가득 차게 한다.

브랜드 아이덴티티는 하루 이틀에 얻어지는 것이 아니다. 소비자 군중의 마음속 깊은 곳에 명품기업이라는 이미지가 확고하게 자리 잡으려면 상당한 시간과 노력이 필요하다. 지향하는 가치가 명확해야 하고 한결같은 방향으로 개별 제품들의 품질과 디자인을 통해 이 가치를 표현해야 한다. 명품을 명품답게 만드는 문화와 예술성 등 무형적인 가치 또한 이 방향으로 일관성 있고 흔들리지 않는 그 무엇이어야 한다.

에르메스는 상류사회를 뜻하는 주황색을 많이 사용하고, 아르마니는 절제미와 우아함이라는 브랜드 아이덴티티를 효과적으로 표현하기 위하여 검은색과 흰색, 회색 등 무채색을 주로 사용한다.

베네통은 브랜드 아이덴티티로 '컬러를 통한 융합united color of benetton'이라는 아름다운 가치를 드러낸다. 과거 고가품이라는 브랜드 이미지에 중후하고 클래식한 디자인에만 초점을 맞췄던 것에서 탈피하여 캐주얼 라인을 새롭게 선보이며 젊어지고 있다.

샤넬은 검정색과 흰색으로 20세 초반 여성들의 활동성과 자유, 우아함을 돋보이게 하고, 구찌는 전통과 현대의 조화 그리고 도시의 세련된 미적 브랜드로 아이덴티티를 구축하고 있다. 앞서가지만 너무 진보적이지 않은, 패셔너블하지만 한 시즌의 유행에 머물지 않는, 친숙하지만 늘 새로운, 그것이 바로 프라다의 기본 콘셉트이다.[68]

Tod's D~bag과 Miky Bag은 Tod's 만의 독창성과 현대적 감각, 그리고 실용성이 어우러져 모든 여성들의 사랑을 받고 있다. 이탈리아 인기브랜드에 디자인을 제공하는 프리랜서로 일했던 'Gianni Versace', 그가 만들어낸 철저한 화려함과 특유의 패널 무늬, 자수 고채도, 원색의 화려한 컬러 의상은 "입는 사람의 도전을 기다리는 감각적인 옷" 또는 "바로크시대 의 예술가적 신화를 만들어가는 독특함이 있는 옷"이라는 평가를 받는다.[69]

오늘날 명성은 전체적이고 종합적이다. 우리는 지금까지 시장에서 탁월한 실적을 보이는 기업을 높게 평가했다. 그러나 기업의 진정한 힘이 어디에서 나오는지 나이키와 갭, 월마트 등은 값비싼 대가를 치르면서 알게 되었다. 이제 이들과 관련 있는 저개발국 나라들의 공장에서 아동착취는 사라졌다. '법적으로 아무 상관없는 수십만 납품업체들의 노동문제까지 책임을 져야하는가'라고 아무리 볼멘소리를 해도 소용없다. 소비자들은 기업들에게 점점 더 높은 수준의 도덕성과 인간존

중, 지구 환경보존을 요구하고 있다. 우리나라에서는 이들의 활동이 별로 없다는 비난을 받지만, 루이비통과 구찌 등 모든 명품기업들이 사회공헌 프로젝트를 가동하는 것도 이 때문이다.

마케팅 전략은 분명하다. 더 고급스럽게 남과 다른 제품을 만들어 더 비싸게 판매하는 것이다. 모든 명품기업들의 가격정책은 한마디로 '비싸게 더 비싸게'이다. 구찌는 1990년대 초반에 저가격 세일을 했다가 브랜드 이미지가 실추되는 쓰라린 경험을 한 이후 더 이상 할인판매는 없다.

전 세계 50여 개국 1만 7,000여 매장의 스타벅스는 커피의 이미지를 다방커피에서 고급스런 문화상품으로 격상시켰다. 점심은 2,000~3,000원짜리 라면으로 때우고 2배 이상 가격의 커피숍을 찾는 '스타벅스 증후군'도 생기고, 1960년대 소비하향 추세에서 커피시장 전체가 부흥하는 '스타벅스 효과'를 창출하기도 했다. 뉴욕 브루클린의 빈민가에서 태어난 하워드 슐츠는 커피에 문화의 향기를 불어넣어 커피숍을 대화와 음악이 흐르는 오아시스로 만들었다. 가격 비싼 고급상품을 만들어 세계인들의 취향을 변화시키고 고객을 행복하게 만든 것이다

우아하고 세련된 브랜드 아이덴티티를 유지하기 위하여 매장도 아무 곳에나 설치하지 않고, 직영매장을 선호한다. 브랜드를 함부로 노출 시키지도 않는다. 대중적인 신문이나 TV광고는 피하고, 고급 잡지나 유명한 패션쇼, 전시회, 아트전과 같은 격조 높은 문화행사를 통하여 주로 광고를 한다. 최근에는 로고문양이 모든 아이템에 들어가는 추세지만, 문양을 찍는 디자인 자체가 유행일 때를 제외하고는 되도록 브랜드 자체를 작게 박거나 안쪽으로 숨긴다.

다윗이 이겼다. 사실 100여 년의 전통을 가진 명품기업들과의 경쟁

은 쉽지 않다. 그럼에도 유통의 역사는 다윗이 이기는 사례들로 반복되고 있다. 세월이 흘러가며 소비자도 변하고 시장 환경도 변하기 때문이다. 최근의 명품시장도 그러하다.

90년대만 해도 일본 소비자의 6%에 해당하는 상류층이 주로 명품을 구입하였지만, 이제는 거의 대부분의 소비자들이 명품가게를 기웃거린다. 가짜명품을 싫어했던 일본 소비자들도 짝퉁상품을 받아들이고 있는 추세다.

최근 명품의 급격한 대중화 추세는 명품기업들의 마케팅전략을 어지럽게 한다. 가격을 내리자니 브랜드 아이덴티티가 위험하고, 고가격 정책은 대중화에 한계가 있다. 항상 그래왔지만, 소비자와 시장 환경의 변화는 새로운 전략을 요구하면서 틈새시장을 내보인다. 명품에서의 틈새시장은 앞장에서 소개한 글로벌 SPA 기업들이 값비싼 패션을 대중화시킨 사례가 암시하고 있다. '상품의 질과 모양은 명품과 비슷한데 가격은 보다 저렴한 시장'이 향후 새로운 유망시장처럼 보인다. 여러 종류의 다양한 브랜드를 소유하여 고급브랜드 아이덴티티를 유지하는 글로벌 SPA의 전략도 눈여겨봐야 할 대목이다.

오랜 장인역사를 가진 유럽의 명품기업보다는 아르마니와 보스 등 긴 역사 없이 창조된 미국의 명품 브랜드들이 우리가 벤치마킹해야 할 모델들인 것 같다. 이들은 장인학교를 세워 기술능력과 장인정신을 키우며, 신화 같은 이야기를 창조하여 문화를 만들고 이를 집중 광고한다. 또한, 발전된 글로벌 유통망을 적극 활용하고 있다.

미국모델은 은하계라고 한다. 그 중심에는 만들어진 브랜드 신화가 있고, 모든 표현들은 그 중심에서 같은 거리를 유지하며 주변을 돌고 있다. 랄프로렌에 의해 유명해진 라코스테는 끈질긴 지구력으로 악어라는 별명을 얻은 테니스 챔피언 르네 라코스테Ren'e Lacoste의 1933년

서사시로부터 탄생한 것이다.[70]

좀 더 빠른 승부는 명품 유망기업을 M&A하는 것이다. 루이비통이 2011년 6월에 인수한 '불가리'는 2000년 고급시계 제조업체인 다니엘 로스와 제럴드 젠타를 인수하여 명품시계시장에 도전하였고, 2002년에는 고급 주얼리 브랜드인 크로바를 매입하여 주얼리시장을 확대한 바 있다. 또한, 전 세계적으로 유명한 예술가나 디자이너를 활용할 수도 있다. 디오르는 창조적 예술가인 존 갈리아노를 영입한 후 수 년 동안 매출이 4배나 증가하였다고 한다.

명품기업들의 좋은 점은 과감하게 모방한다. 현대유통은 모방의 시대이다. 애플의 스티브 잡스도 '훌륭한 예술가는 모방하고, 위대한 예술가는 도용한다'라는 피카소의 말을 평소 즐겨 인용하였다.[71] 그러나 남의 것을 모방하되 새로운 무엇을 추가하지 않으면 짝퉁 상품이 된다.

소비자들은 항상 새로운 상품에 대한 욕망으로 꿈틀거린다. 미래의 신세대는 남이 갖지 않은, 나만의 개성 있는 상품을 원한다.

명품기업으로 향하는 길은 이밖에도 수없이 많다. 최근 코오롱은 루이비통과 합작기업을 만들어 유럽시장을 공략한다고 발표한 바 있다. 루이비통의 명성과 코오롱의 장점을 융합하는 모델이다. 1961년 개봉된 '티파니에서 아침을'이라는 영화를 만들 수 있고, 프랑스 칸느영화제나 부산영화제에 출연하는 한국 여배우의 의상과 액세서리를 통해 전 세계 고객들에게 홍보할 수도 있다. 다양한 마케팅을 시행하되 일반상품의 광고와는 전혀 다른 고상하면서 파격적인 것이 제격인 것 같다.

중소기업들은 명품기업의 꿈을 단념할 수도 있겠다. 지금까지 소개한 명품개발도 그렇고, 브랜드 아이덴티티를 만들고 유지하기 위해서는 상당한 투자비가 요구되기 때문이다. 사실 그런 측면이 많다. 그러나 기억해야 할 사실은 모든 브랜드가 처음부터 브랜드로 태어나지 않았다는 점이다. 최초에는 모두가 하나의 평범한 기업이었고 제품에 불과했다. 창조력은 관료주의적 대기업보다 날렵한 몸집의 중소기업이 훨씬 유리하지 않은가.

IT/모바일 기술의 발전은 중소기업에게도 더 많은 기회를 주고 있다. 점점 더 입소문이 브랜드를 좌우할 것이다. 소비자의 기대치를 넘어서는 혁신적인 제품은 구매자들을 놀라게 하고, 경험적인 감동은 빠른 속도로 입과 입을 통하여 전파된다. 단 몇 초 만에 수십만의 잠재적인 고객들에게 문자 메시지가 전달되는 시대이다. 게다가 입소문은 근원지가 생산자가 아닌 소비자임으로 비싼 광고와 달리 객관적인 신뢰가 더해져 그 파급력은 더욱 커진다.

골리앗과 싸우는 다윗을 위해 책을 쓴 애덤 모건은 '1등 브랜드와 싸워 이기는 전략'에서 '불공평한 힘의 관계를 고려할 때 우리는 자신의 신념, 에너지, 승리를 끌어낼 수 있는 비전과 임무에 따라 움직여야 한다.'고 말한다. 짐 콜린스는 자신의 책 『좋은 기업을 넘어 위대한 기업으로』에서 성공하는 기업들은 브랜드 미션에 있어 명확한 방향성을 가지고 있다고 한다. 그들은 그것을 문서화하고, 공유하고 매일 실천하고 있다.[72]

우리나라는 전 세계 역사에서 가장 빠른 속도로 경제발전을 이루었다. 그 중심에는 정확한 방향선택과 강력한 리더십도 주효했지만, 국내기업들의 창조력과 마케팅 능력, 끈질긴 승부욕이 있었다고 본다. 먼 옛날 조상 대대로 젓가락을 사용하여 손재주가 많은 민족이라 기능올림픽에서 언제나 금메달을 목에 거는 장인들도 많다. 국민체조를 하면서 밤낮없이 일을 했던 아버지를 기억하는 성실한 근로자들이 있다. 중국과 일본 등 강대국 틈 속에서도 5000년 문화를 지켜온 작지만 강한 민족이다. 지난 오랜 세월 그들과의 교류와 시련 속에서 얻은 경험과 문화 체험들은 세계 최대의 명품시장 개척에 큰 힘이 될 수 있다.

항상 창조력이 솟구치는 개방된 근무환경과 기업문화가 필요하겠다. 루이비통 본부는 패션과 가방, 액세서리 등 각 분야별 디자인과 마케팅에 대하여 일체 관여하지 않는다. 통제로 인한 창조력 저해를 우려하기 때문이다. 특히 디자이너와 같이 창조력이 요구되는 직원들에게는 자유로운 활동을 보장한다. 우리나라는 오히려 디자이너들이 대우도 적고 일상 업무에 쫓기는 직업으로 소문나 있다. 고용원 또는 종업원이 아니라 하나의 목표를 향하여 함께 일하는 구성원이라는 경영철학, 모든 구성원들이 '최고의 명품을 만들겠다'는 열정으로 가득 찬 기업이 명품기업이 된다.

최근 영국 『파이낸셜타임스』(FT/2012.4.8)는 '동양에서 스타일이 발원한다Style rises in the east'라는 분석기사에서 중국이 자국 내 큰 명품시장과 세계 명품시장에서의 영향력을 기반으로 군복을 만들던 국영기업을 '솔제리'라는 브랜드로 명품 만들기에 나서고 있다고 보도했다.

얼마 전에 '한국식 명품을 만들겠다'는 포부를 가진 국내 100개 우량기업과 전문가들이 모여 명품창출포럼을 발족하였다.[73] 세계적으로 '명품기업 만들기' 경쟁이 본격화되고 있는데, 이 전쟁에서 승리하는 기업은 세계 일류기업으로 도약하게 된다. 승부를 걸어 볼만한 것이다.

뜨는 업태, 지는 기업

명품매장과 신 유통업종인 온라인, 홈쇼핑 등 무점포 업태를 제외하고, 기존 매장 중에서 가장 돋보이는 업태가 하드 디스카운터Hard

Discounter이다. 대표적 기업인 독일의 Lidl&Schwarz 사는 불과 4년 만에 매출액 순위 세계 10위2006에서 6위 기업2010으로 수직 상승하였고, 세계 10대기업 중 가장 성장률이 높다. 독일의 Aldi도 세계 10위권 기업으로 진입하였고, 영국의 Marks&Spencer, 스위스의 Migros 등도 성장률이 가파르다.

하드 디스카운터는 일반 슈퍼마켓처럼 식음료 등 주요 생필품을 판매하는 매장이다. 그러나 경영목표와 전략은 일반슈퍼와 확연히 다르고 명확하다. '비교적 괜찮은 품질의 상품을 가장 싼 가격으로 판매'하는 것이 경영목표이자 영업 전략의 전부다. 상품 소싱과 운반, 전시, 판매, 마케팅과 매장인테리어 등 모든 영업활동은 이 목표달성에 집중되어 있다.

매장에는 저렴한 가격의 자체 브랜드 제품인 PB상품 일색이다. 전체 판매상품 중 대략 70~90% 정도가 PB상품이고, 일반 제조업체 브랜드 상품도 적절히 전시하여 소비자에게 가격을 비교하도록 유도한다.

가격만 저렴해서도 안 된다. 보다 좋은 품질의 상품을 만들기 위하여 제조업체와 다양한 PB브랜드를 공동개발하고, 품질을 지속적으로 관리하고 있다. Aldi의 경우, 1년에 평균 6회 품질검사를 시행하여 기준에 미달되는 상품은 매장에서 철수시키고 있다.

하드 디스카운터는 중소규모의 매장이다. 매장면적 1500m^2 이하의 소규모 매장에 잘 팔리는 상품위주로 600~1200개 종류의 상품을 판매한다. 유통관리 비용도 줄이면서 상품회전율을 높이려는 전략이다. 유럽의 일

하드 디스카운터(알디)

반 슈퍼마켓은 대략 9,000개, 대형마트는 수만 종류의 상품을 취급하는 것과 비교하면 이 업태의 규모와 운영방식을 짐작케 한다.

글로벌 시장조사 전문기업인 넬슨에 의하면, 대표적 기업인 Lidl 과 Aldi에서 잘 팔리는 상품은 주스, 화장지, 초콜릿과 커피, 요구르트와 칩, 음료수, 애완동물사료, 주방세제, 맥주 순위인데, 판매가 부진한 상품은 즉시 교체된다. 매킨지 컨설팅 사는 유럽 일반 슈퍼마켓의 매장 면적당 평균 매출액은 3,960유로이나, Aldi 는 9,205유로로서 약 3배 정도 높다고 한다.[74] 이 정도의 차이면 사실 상 유통전쟁에서 승패가 결정된 것이나 다름없다.

매장 구성이나 시설, 관리활동들을 단순화하여 유통관리비용을 최소화한다. 매장 실내와 외부의 인테리어는 거의 없어 창고와 같다. 꼭 필요한 조명과 유통시설만 존재한다. 상품진열도 대부분 팔레트 또는 소포장 박스단위로 전시하고 다시 재활용하여 인건비와 관리비를 대폭 줄이고 있다. 영국의 시장조사기관인 IGD에 의하면, 유럽의 일반 슈퍼마켓의 인건비는 매출액의 13.3%인데 이 업태의 평균 인건비는 5% 내외이다.[75]

심지어 광고 등 판촉비용까지 최대한 줄여서 상품가격을 내린다. 한마디로 그럴듯한 상품을 가장 싸게 판매하는 매장이라는 이미지를 소비자에게 각인시켜 승부하겠다는 전략이다. 넬슨이 조사한 일반 슈퍼와 Lidl의 각국별 판매가격 차이를 보면, 벨기에 49%, 프랑스는 44%, 독일 19%, 헝가리에서는 35% 정도 Lidl의 판매가격이 저렴하였다.[76]

각국의 유통시장 여건이나 소비특성에 따라 상품구성이 다소 차이가 있고 공급망 거리가 상이하여 각국별로 가격 차이는 나지만, 이 정도 큰 격차의 판매가격은 소비자들의 관심을 충분히 끌 만한 수준이다.

게다가 특별한 마케팅전략이 추가된다. 한 가지 예를 들면, 일반슈퍼와 차별화하기 위하여 주간단위로 섬유류와 가전제품 등 15~25개 상품으로 구성된 특별상품 할인전을 개최하여 '이번 기회가 아니면 살 수 없다When it's gone, it's gone'는 콘셉트로 고객을 끌어들이고 있다. 매장 크기는 중간급 규모의 슈퍼마켓이지만, 경영목표와 전략, 영업활동은 일반슈퍼와는 전혀 다른 업태인 것이다.

한편, 하드 디스카운터보다 약간 큰 규모의 매장에서 상품단위 약 1,200~4,000개 종류의 상품을 판매하는 Soft Discounter도 있다. 이 업태는 PB상품과 일반브랜드 상품을 각 절반 정도 균형 있게 전시, 판매하고 있다. 하지만, 시장의 반응은 싸늘하다. 대표적 기업인 J.C Penny의 매출액은 2004년부터 계속 감소추세다. 2012년 4월 본사의 직원을 15% 감축하고 공급망을 대대적으로 혁신하면서 ELPevery day low price전략을 선언하였다. 월마트의 전략을 따라가는 것인데 성공 여부는 불확실하다.

뜨는 기업과 지는 기업의 차이는 무엇인가? 균형과 조화보다는 명확한 목표와 전략으로 소비자에게 확실한 이미지를 부각시키는 것, 특히 명품이 아닌 일반상품의 경우 가장 싸게 판매하는 소매기업이라는 이미지를 각인시키는 것이 중요한 시대라고 본다.

맥킨지의 유럽시장 조사결과에 의하면, 지난 2000~2008년간 테스코와 까르푸 같은 하이퍼마켓과 슈퍼마켓의 시장점유율은 38%에서 34%로 줄어든 반면, PB상품을 주로 판매하는 디스카운트 스토어는 13%에서 17%로 증가하였다.[77] 하드 디스카운터의 강세를 실감케 하는 데이터이며, 이런 추세는 앞으로도 계속될 전망이다.

유럽의 대형마트나 슈퍼마켓들도 변해야만 했다. 자체적으로 저렴한 PB상품을 개발하여 하드 디스카운터와 치열한 가격전쟁을 벌이고 있다. 영국의 주요 유통업체인 Tesco, 월마트ASDA는 98년도에 이미 자체브랜드 상품의 판매비중이 40%를 넘어섰고, 프랑스와 독일의 대형 슈퍼마켓들도 바짝 뒤를 따르고 있다.[78]

어떤 상품은 대형슈퍼의 PB상품이 하드 디스카운터의 가격보다도 10% 이상 저렴한 경우도 있다. 그러나 전반적으로 유통비용이 많이 소요되는 대형마트와 슈퍼마켓은 이 업태의 적수가 되지 못하는 형국이다.

2012년 1월 31일 로이터통신과 블룸버그통신은 '까르푸가 위기라면서 월마트가 기업 인수를 적극 검토'하고 있다고 보도했다. 이코노미스트는 까르푸의 실패요인으로 '가격 경쟁력'을 꼽으면서, 다른 업체보다 약 8.8% 가격이 높다고 분석한다. 뉴욕 타임스도 '까르푸가 매장 면적과 장식 등을 지나치게 중시하고 있다.'고 보도한 바 있다.[79]

실제로 까르푸의 매출은 2007년 822억 유로에서 2011년 813억 유로로 하락하고 있다. 지난해 라틴 아메리카와 아시아 시장에서의 선전에도 불구, 유럽과 프랑스에서 전년 대비 4.3% 하락한데 기인한 실적이다. 순수익 규모는 더욱 심각하다. 2007년 23억 유로에서 2011년 3억 7천만 유로로 뚝 떨어졌고, 순 부채 규모는 69억 유로로 증가하고 있다. 세계 제2위의 유통거인 까르푸가 유통전장에서 가쁜 숨을 몰아쉬고 있다.

일반 대형슈퍼와 하드 디스카운터의 차이는 단순하게 정리하면 PB 상품의 비중이 40~50%대이냐, 70~90%대이냐 차이이고, 가격할인에 올인 하느냐, 매장을 예쁘게 치장하는 등 고객 서비스에도 신경을 쓰느냐의 차이이다. 국가별로 소비문화가 다르고, 나름대로 다 이유가 있는 이 차이가 업태별 매출의 상승과 하향곡선을 그리고 있다.

유럽의 소비자처럼 가격에 민감한 시장에서는 다만 '1원이라도 싸게 파는 매장'이라는 소비자 군중의 이미지가 '뜨는 기업과 지는 기업'으로 갈라놓고 있는 것 같다. 최근에는 유럽뿐만 아니라 선진국 시장의 도처에서 '고급품은 고가로, 일반 상품은 초저가로'의 양극화 바람이 거세게 불고 있다.

국내시장도 아직은 미풍이지만 그 강도가 점점 세지고 있는 것을 목격한다. 2012년 3월 대한상공회의소가 조사한 '물가상승에 따른 소비 행동변화'를 보면, 1년 전보다 가격에 신경 쓴다는 소비자가 94%에 이르고, 세일/판촉행사시에 주로 구입한다는 소비자가 89%, 소량구매로 전환했다는 소비자도 69%에 달하고 있다.

시장에서 가장 낮은 가격으로 판매할 수 있는 유통조건을 만들어나가는 하드 디스카운터 — 이 업태는 앞으로 글로벌 경제 불황기 알뜰소비 추세 하에 국내 시장에서도 인기 있을 것으로 전망된다. 향후 발전가능성이 매우 큰 유망업종이다.

참고로 PB상품이 유럽시장에서 발전한 이유는 유럽의 소비자들이 가격에 민감하고, 역사적으로 소매업체와 제조업체 간 직거래가 많아 도매업체들의 기능이 취약하다는 점, 대형소매기업들의 시장점유율이 높아 유통지배력이 강하다는 점 등을 들 수 있다.

최근 시장지배력이 높아진 국내 대형유통업체들도 PB상품 비중을 계속 확대하고 있어 조만간 30~40%대에 이를 전망이다. 대상품목도 1996년 이마트가 국내 최초의 PB상품 '이플러스 우유'를 선보인 이후, 화장지와 세제류 등 생필품에서 패션, 잡화 등으로 계속 그 범위가 확대되고 있다. 최근에 대형마트들이 내놓은 '반값 TV'는 순식간에 매진되었다고 한다. 편의점도 삼각김밥에 이어서 아이스크림, 생수, 스타킹 같은 PB상품을 출시하여 도심 속 바쁜 소비자들의 주목을 받고 있다.

그러나 전반적으로는 국내시장에서 PB상품에 대한 인기는 아직 높은 편은 아니다. 소비자들이 점점 이 상품을 찾는 경향이 늘어나는 추세이지만, 넘어야 할 산이 많다. 앞으로 이 사업의 성공 여부는 기존 제조업체의 상품 브랜드NB제품과 가격/품질 면에서 얼마나 차별화하는가, 이 차이가 중요한 변수가 될 것 같다.

소비자를 이롭게 하는 방향으로 진화하는 유통시장에서 승리하려면, 기업경영 철학과 전략의 중심에는 항상 '소비자'가 우뚝 서 있어야 한다.

가장 싸게
그리고 더 싸게

조지 부시(아버지 부시)대통령이 1992년 3월 17일 아칸소 주의 벤튼 빌에 있는 월마트 본사를 방문했다. 미국국민에게 주는 최고의 영예인 '대통령의 자유의 메달'presidential medal of freedom을 수여하기 위해서다. 대통령 앞에는 깡마르고 노쇠한 할아버지가 휠체어를 타고 있었다. 월마트 창업자 샘 월튼이다. 1991년 월마트가 최초로 시어스와 K마트를 제치고 미국 최대의 소매기업이 되었다는 반가운 소식을 들었을 때 그는 골수염으로 뼈에 통증을 느끼기 시작했다.

메달을 받은 그의 눈가에는 엷은 눈물이 비쳤다. 1951년 한적한 시골마을 벤튼 빌에서 시작한 소규모 잡화점에서 출발하여, 1962년 최초의 할인점wal-mart discount city을 세운 후 유통거인 '월마트'로 성장하기까지의 수많은 일들이 주마등처럼 떠올랐을 것이다. 한 트럭의 썩은 수박을 길거리에 내동댕이치기도 했고, 은행 부채가 많아 허덕이기도 했다. 1987년 텍사스 주 갈랜드에 설립한 6만m^2의 초대형마트 1호를 개장한지 3일 만에 아수라장이 되었던 기억, 좌절하지 않고 그 다음해인 1988년 미주리 주 워싱턴에 39만m^2의 대지에 직원 450명의 슈퍼센터를 세운 일 등 그는 한평생을 상점 속에서 도전하고 또 도전하며 살았다.

1992년 3월 5일, 일흔 네 살의 나이로 사망했을 당시 타임지는 '소탈하고 검소한 소매업계의 정력가는 신문배달부터 시작해 미국 최고의 갑부가 되었다. 1962년 할인점을 시작해 1700개 이상의 할인점으로 작년 총 이윤은 16억불에 달하였다'고 보도했다.

월마트의 성장기록은 경이롭다. 동네슈퍼에서 30년 만에 미국 제일의 유통기업이 되었고, 다시 10년 후에는 석유재벌과 자동차, 전자업종의 재벌기업들보다 매출규모가 훨씬 큰 세계에서 가장 거대한 기업으로 성장하였다.

샘 월튼이 이룩한 업적도 대단하지만, 사실 월마트는 그가 사망한 이후 세계적인 기업으로 더 크게 성장하였다. 1992년의 월마트는 직원 37만 명에 연간 매출액 440억$이었다. 2011년 말 기준 월마트의 직원 수는 미국 내 140만 명을 포함하여 총 340만 명, 총 매출액은 4,190억$에 달하고 있다. 그의 사후 19년 만에 매출액과 직원 수가 거의 10배가량 증가하였는데, 수학적으로는 매년 평균 약 45%의 매출 신장률을 기록한 셈이다.

월마트는 현재 미국 내 3,804개소의 대형매장과 Sam's Club 609개소, 해외 27개국 4,557개소의 대형매장을 운영하고 있다. 미국시장에서 주요 경쟁사인 크로거, 타겟, 홈데포, 코스트 코, 시어스와 K마트의 매출액을 모두 합친 것보다 월마트의 매출규모가 크다. 80년대 미국 1위의 소매기업이었던 K마트가 고전하다가 시어스와 합병한 것도 월마트의 영향력이다.

전 세계 2위의 소매유통기업인 까르푸의 매출액의 약 4배 이상이고,

메트로와 테스코, 리들, 크로거, 코스트코 등 세계 10위권 기업의 총 매출액을 전부 합한 규모와 비슷하다.

텍사스 주의 월마트 전경

월마트는 세계에서 제일 큰 소매업체에 불과한 존재가 아니다. 포춘지가 1995년 세계 500대 기업을 선정하기 시작했을 때, 월마트는 그 안에 들지 못했다. 그러나 5년 후인 2000년에 월마트는 2위가 되었고, 2002년부터 1위 자리를 계속 차지하고 있다. 2005년 국제유가가 50% 상승하여 엑슨모빌의 매출액이 월마트를 추월한 적은 있지만 이제 월마트에 대적할 상대는 없다. 게다가 엑슨모빌은 상품가격을 올려서, 월마트는 가격을 내려서 세계 1위가 된 기업이다.[80]

미국 총기협회NRA에서 월마트가 교외지역 쇼핑객들의 총기접근을 제한할까봐 걱정하는 정도의 영향력이 아니다. 매달 발표되는 월마트의 매출실적에 따라 미국의 주식시세가 등락하고, 전 세계 주식시장이 출렁인다. 월마트는 세계경제를 움직이는 거대기업 중 가장 영향력 있는 왕중왕의 기업이다.

불과 1세대에 세계 최고의 기업으로 성장한 배경과 동력은 무엇인가? 더욱이 샘 월튼이라는 강력한 창업주가 사라진 이후에도 더욱 발전한 월마트의 비결은 무엇인가? 이 질문은 세계 기업 역사에서 이 시대의 유통인과 기업인만이 아니고 이후 몇 세대에 걸쳐 가장 관심 있는 주제 중의 하나일 것 같다.

그럴듯한 답을 얻기 위해서는 여러 각도에서 상당한 연구와 실증이 필요하겠지만, 미루어 짐작할 수 있는 몇 가지 사례를 들어본다.

열 네 살의 래리 잉글리시는 작은 시골마을 해리슨 거리에 일렬로 늘어선 상점 사이에 위치한 월마트 2호점이 첫 근무지였다. 손을 뻗으면 모든 물건들을 정리할 수 있는 구멍가게였고 시멘트바닥에 임시 건물이었다. 훗날 전설적인 매장경영자가 된 그는 이때 월마트의 핵심원칙을 깊이 각인했다고 한다. "다른 잡화점보다 10% 저렴한 가격에 팔 수 있다면 우리가 최고가 되는 거죠. 다른 상점에서는 45rpm 레코드를 1달러에 팔았는데 우리는 77센트에 판매했어요."[81]

창업자 샘 월튼은 끊임없이 동네 상점들을 돌아다니며, 월마트 판매가격이 1센트라도 저렴해야 직성이 풀렸다. 이때만 해도 다른 상점과 공급망이 비슷한 시절이라 이들보다 싸게 팔기 위해서는 오로지 근면절약으로 비용을 줄이는 수밖에 없었다. 자기 차량으로 물건을 나르기도 했다. 샘 월튼은 부자가 된 후에도 이 정신에 투철했고, 오늘날 월마트 경영의 근간이 되고 있다.

월마트 매장에서 자동차 서비스센터 500여 개를 관리하는 킨더는 본사에서 샘 월튼의 차를 고쳐달라는 지시를 받았다. 포브스지가 샘 월튼을 미국 최고의 부자(순자산 45억$)로 발표했던 1985년이었다. 그는 이렇게 말했다. "샘은 1975년도 시보레를 몰았는데, 자동차 상태가 장난이 아니었어요. 내부는 흙투성이였고 사냥개가 씹은 자국으로 얼룩진 운전대와 좌석시트, 휠캡은 어디론가 사라졌어요. 브레이크와 타이어, 배터리 등 다 뜯어 고쳤죠." 킨더는 자동차수리비용 청구서를 비서실로 보냈는데, 며칠 후 샘 월튼이 방문하여 "내 고물차가 완전 새 차가 됐어! 자네 직원들이 이렇게만 일하면 모든 고객을 다 잡을 수 있겠어"라면서 윙크를 보냈다고 한다.[82]

창업주가 이러하니 다른 경영층이나 직원들은 말할 것도 없다. 아칸소 주 벤튼빌의 월마트 본사는 IBM과 GM 등의 본사 건물과는 비교가 안 된다. 오늘날까지도 월마트 공급자들은 무료 장거리 전화나 수신자 부담으로 구매상담 전화를 받아야 한다. 고위 경영진의 사무실에는 색깔과 모양이 다른 뒤죽박죽인 가구들이 놓여있고, 심지어는 납품업체들의 시험용 샘플의자를 사용하기도 한다. 직원들은 출장 시 정해진 한 끼 식사비용에서 초과된 10%까지만 변제된다.[83]

샘 월튼의 경영방침은 간단하되 확고했다. '가급적 많은 물건들을 싸게 사서 싸게 판다'는 것이다. 그는 이를 실현하기 위하여 시도 때도 없이 매장을 돌아다니고 라이벌 상점의 가격과 영업방식을 비교했다. 그의 노란색 수첩에는 잘 나가는 상품과 그렇지 않은 상품들의 목록과 가격들이 꼼꼼하게 기록되어 있다. 그는 본부의 사무실보다 매장에서 살다시피 했고, 항상 새로운 상품을 찾아 헤매고 변화를 추구했다.

'제품을 싸게 사서'라는 방침은 납품업체들에게 그리 반가운 소식은 아니다. 특히 월마트가 유통권력이 강해지면서 상당한 고통을 수반하기도 한다. 오늘날 월마트의 상품소싱 전략은 글로벌하고 대체로 투명하다. 누구든지 상품가격과 품질에 자신 있으면 인터넷으로 납품신청을 할 수 있다. 그러나 때때로 월마트 상품구매부서에 불려가는 납품업체들은 진땀을 흘려야 한다. 품질은 기본이고 가장 싼값의 제품 공급방안을 요구받기 때문이다. 그렇지 않으면 월마트는 항상 새로운 대안을 찾는다.

유럽의 대형유통업체처럼 자체 브랜드PB상품 확대전략을 선호하는 편은 아니지만, 필요하면 막대한 투자를 해서라도 가장 저렴한 제품을 만들어 시장우위를 지키려 한다. '싸게 사서 싸게 판다'는 원칙을 실현하기 위한 월마트의 집념은 무섭다. 새롭고 창의적인 방법으로 무엇이든지 해내고 마는 월마트의 모습을 우리는 아래의 몇 가지 사례에서 볼 수 있다.

1990년만 해도 월마트는 식품을 판매하지 않았다. 우유와 고기류, 스파게티 소스 등을 팔기 위해서는 전문적이고 효율적인 전국 체인망이 필요한데, 이미 1883년에 설립된 Kroger, 1915년의 Safeway, 1939년의 Albertsons 등 전통적인 대형 슈퍼들이 이 망을 장악하고 있었다. 그럼에도 월마트가 미국 식품시장에 뛰어든지 10년 만에 식품소매업을 석권했다. 이런 지각변동이 어떻게 가능하였을까?

연어는 미국인들의 식탁에 자주 오르는 기호식품이다. 이 어종은 주로 대서양에서 서식하고 이동시기인 여름철에만 태평양에서 잡힌다. 소비자들은 고급어종인 연어의 가격이 비쌀 수밖에 없다고 생각했다. 그런데 월마트는 뼈를 발라낸 연어 살코기 1파운드를 4달러 84센트에 판매했다. 다른 상점 판매가격의 1/4 수준이다. 월마트의 연어는 대서양이 아닌 칠레의 남부해안지역에서 양식한 것들이다.

칠레의 연어 수출액은 과일을 제치고 구리 다음의 2위가 되었고, 노르웨이의 연어 양식업자들은 불황이 시작되었다. 월마트는 공급망 구조를 바꾸어 지각을 변동시킨 것이다.[84]

월마트가 취급하는 모든 품목에서 이런 식의 폭풍이 불었다. 악기 전문월간지 'Music Trades'는 2004년 6월호에 '월마트는 위협적인 존재인가?'라는 사설을 실었다. 월마트가 값싼 기타와 호른을 판매하면서 주로 악기전문가들이 장악했던 독립적인 악기판매업계가 공포에 사로잡혔다고 한다. 한 소매업자는 월마트에서 89달러짜리 기타를 보고 온 손님이 500달러 기타를 보더니 대뜸 '이거 완전 사기잖아'라고 말했다는 것이다.

2005년 1월의 Bloomberg News는 '2003년부터 런던 금속거래소에서 최고의 상품으로 거래됐던 니켈의 가격이 떨어질 것 같다'는 전망기사를 보도했다. 월마트와 이케아가 탁자와 책상, 다양한 가구 등에 니켈대신 저렴한 대체재를 사용하고 있기 때문이라는 분석이다. 실제로 니켈가격은 2005년 중반이후 약 30% 하락했다.[85]

1990년대 초, 미국인들은 하나의 파격적인 쇼핑변화를 볼 수 있었다. 땀 냄새를 제거하는 물파스 또는 파우더 형인 데오드란트는 캔이나 프라스틱 용기에 들어 있다. 이 당시 유통업체들은 이것을 다시 묶음형 종이상자에 넣어 판매하였는데, 월마트는 종이상자 포장이 낭비라고 생각했다. 종이상자에 넣어봤자 진열대 공간만 더 차지하고, 운송 연료비용과 종이상자 제작비용이 더 추가될 뿐이다. 월마트 매장에서 데오드란트는 종이상자 밖으로 나왔고, 1개당 5센트의 유통비용을 절감할 수 있었다. 그 이후 다른 업체들의 할인매장에서도 종이상자를 찾아볼 수 없다.[86]

이 변화는 작은 것이 아니다. 유통비용을 줄여 상품가격을 내림으로서 소비자 삶을 이롭게 하고, 이산화탄소의 절감이 영구적으로 반복되며, 나무 수백만 그루를 살리는 동시에 종이상자를 땅에 묻히는 매립지가 사라져 아름답고 깨끗한 세상으로 바꾸는 일이었다.

월마트의 마케팅전략 핵심은 매일 저렴한 가격으로 판매한다는 ELPeveryday low price다. 일상적으로 똑같은 상품을 다른 상점보다 싼 가격에 판매하기위해서는 원가구조가 남달라야 한다. 다량 구매능력을 십분 활용하여 제조업체로부터 상품원가를 낮추는 것도 중요하지만, 생산자와 소비자에 이르는 유통 전 단계에 걸쳐 최저비용의 효율적인 공급망으로 구조화되고 관리능력이 충실해야 한다.

80년대 전반까지 월마트는 도시의 상권을 지배하고 있는 K마트와 시어즈 등을 피하여 주로 농촌지역에 매장을 개점하였다. 수많은 공급망들이 길고 복잡하게 얽힐 수밖에 없었다. 여기에서 다시 샘 월튼과 후에 최고경영자가 된 스콧 리의 월마트는 탁월한 능력을 발휘한다. 대규모 유통물류센터와 지역별 유통물류센터를 건설하고, 제조사로부터 직접 상품을 납품받아 물류센터에서 각 점포별로 상품을 분류하여 유통하는 새로운 방식을 채택한 것이다. 오늘날 대형 유통업체들이 대부분 사용하고 있는 이 통합물류시스템은 월마트의 경쟁력을 배가시켜 오늘날의 월마트를 있게 한 공급망 구조의 혁신이었다.

전 세계의 기업들 중 공급망 관리의 중요성을 제일 먼저 인식한 기업은 월마트일 것이다. 70년대 초, 국제표준코드인 UPC 탄생을 주도하였고, 그 이후 자동 입출하 검품시스템, POS시스템 등 각종 첨단설비와 기법을 개발하는 선도자다. 1983년에는 Huge사와 공동으로 통신위성을 쏘아 올려 1987년까지 위성통신망을 구축하는데 7억 달러 이상을

투입하였다.[87]

전 세계지역의 유통매장과 물류센터를 연결하여 실시간 재고파악과 상품흐름을 조절하는 상품공급시스템 QRSquick response system는 지역별 판매정보를 제조업체에 제공하여 적절한 상품생산을 기획하고 조절하게 한다. 또한, 인공위성 통신망 WSNWal~mart Satellite Network은 점포간의 통신비용을 20~30% 절감하고, 지역적으로 잘 팔리는 상품과 팔리지 않는 상품을 분석하여 머천다이징 전략을 개선하고 수립하게 한다.

차량위치추적시스템으로 배송차량의 공차운행을 줄이고, 적하장 교차연결시스템cross docking system은 상품흐름을 더욱 신속, 효율적으로 만들어 유통관리비용을 최소화하고 있다.

월마트는 각종 최첨단 시스템과 설비들로 무장하는 것 외에 수많은 공급사들과의 활동들을 체계화하여 효율을 높인다. 하드웨어와 소프트웨어를 동시에 발전시키는 것인데, 1987년에 P&G사와 체결한 협약이 대표적인 사례이다. 수백만의 다양한 상품들과 그 소유권이 매일 실시간으로 움직이는 유통업의 속성상 제조업체와 유통업체 간의 마찰은 다반사이다. 납품업체들이 막강한 유통권력 앞에서 말을 못할 뿐이지 속 끓는 일들은 한두 가지가 아닐 것이다. 특히 유통업체가 지시한 수량의 상품을 납품하였는데, 팔리지 않은 재고처분 비용을 놓고 갈등이 심하다. P&G와 같은 글로벌 제조업체도 예외는 아니었다.

유통거인 월마트는 이 당시의 소매업체들과는 아주 다른 생각을 하기 시작했다. 납품업체들과 싸우거나 횡포를 부릴 일이 아니다. 이들이 강해져야 좋은 상품을 만들고, 이들과 협력해야 공급망의 효율을 높일 수 있어 월마트의 경쟁력도 올라간다는 상생협력의 사고였다. 그 당시 P&G와의 협약내용은 월마트가 아닌 P&G가 자사 상품을 보충하고 재고를 관리하는 권한과 책임을 갖는다는 획기적인 것이었다.

그 이후 월마트의 매장에서는 패션상품을 제외한 일반상품의 70% 이상을 이러한 벤더위탁 자동보충 공급방식VMI을 채택하였으며, 최근에는 제조업체와 자료공유 등 상호 긴밀한 협력 아래 상품수요를 예측하고 보충하는 방식CFPR으로 전진하고 있다.

P&G의 경우 전체상품의 80% 이상을 이런 방식으로 다른 소매업체에게도 공급하여 연간 재고회전율 5~6회에서 15회로 3배 이상 높였다고 한다.[88] 자기 이익만이 아닌 공급망 전체의 이익과 효율, 경쟁력을 중시하는 사고방식, 이것이 초일류기업 월마트의 경쟁력이다.

기업문화와 관습은 매우 독특하다. 샘 월튼은 모든 직원들이 자신과 비슷한 경영철학을 갖기를 원했다. 샘 월튼 자신도 항상 매장의 고객근처에 있기를 좋아했지만, 모든 종업원들에게 '10 foot attitude'라고 불려진 서약을 요구하였다. 고객이 어디에 있든지 항상 고객 가까이에 위치하여, 눈으로 보면서 고객을 환영하고 도울 것을 약속하는 서약이다. 고객이 원한 서비스는 그날 제공해야 한다는 '일몰규칙The sundown rule'과 헌신적인 봉사를 강조한다. 고객을 제일로 만든다는 단순한 원칙, 이것이 월마트의 핵심역량이다.[89]

대기업의 관료화를 막고 소통을 진작시키는 노력도 대단하다. 누구나 업무개혁에 참여할 수 있도록 하는 'bottom up 경영제도'를 도입하고, 열린 대화와 필요할 때 누구라도 만날 수 있는 'open door policy'를 시행하고 있다. 협력업체와의 모든 관련사항은 공식적이고 투명한 'Grass Roots Process'를 밟아야 하며, 팀워크를 중시한다.

월마트의 아침은 시끄럽다. "누가 넘버원입니까, 고객입니다." 전 세계 월마트 직원들은 매일 구호를 외친다. 1977년 샘 월튼이 한국의 어느 기업에서 사원들이 아침체조로 활기를 찾는 것을 보고 도입했다는 제도이다. 사내 체험교류와 단체교육이 많기로도 유명하다. 이곳에서 월마트의 모든 임직원들은 '소비자의 지출비용을 줄여 더 좋은 삶을 Saving money, Better life'이라는 샘 월튼의 경영철학과 월마트의 3가지 신념을 목이 터져라 외쳐야 한다. 교육장은 항상 구호와 토론으로 소란하다. 토론할 때 의견이 없거나 작은 목소리로 말하면 월마트에서 출세하기 힘들다. 거대기업 월마트는 샘 월튼의 비전과 철학을 근간으로 하여 공통적인 독특한 기업문화 형성에 주력하고 있다.

『로마인의 이야기』 저자인 시오노 나나미는 이 책 말미에 로마가 세계를 제패한 이유를 몇 가지 들었다. 첫째, 원로원과 공화정 같은 자유로운 토론문화와 제도가 있었다. 둘째, 실패를 통하여 교훈을 배운다. 로마 초기 수많은 전쟁에서 패배하였으나 적의 전략과 무기를 습득했고, 실패한 장수에게 처단대신 승리할 기회를 주었다. 로마보다 훨씬 강했던 카르타고는 실패한 장수를 즉시 처단하여 나중에는 지휘관 인재가 부족했었다고 한다. 셋째, 행동규칙을 세밀하게 정하여 엄격히 적용하고, 물류Logistics를 중시했다. 병사들의 숙영지 조성 이전에 병참로를 먼저 개척하였으며, 하나의 텐트설치도 정해진 규칙에 따르지 않으면 엄한 처벌을 받아야 했다.

월마트가 세계를 제패한 길은 2000년 전 로마의 길과 아주 유사하다고 볼 수 있다. 자유로운 토론문화를 조성하고, 수많은 실패 속에서 항상 새로운 것을 배우며 창의적으로 돌파하는 모습이 비슷하다. 특히 다른 유통기업과 확연히 다른 점은 행동규칙과 물류를 중시한다는 점이다. 월마트는 물류센터 설치 등 공급망을 확보한 후에 매장을 건설한다. 아마도 초대형 하이퍼마트를 개장한 지 일주일 만에 문을 닫았던 텍사스 주의 갈랜드에서 교훈을 받았을 것이다.

월마트의 행동규칙들 — 독특한 문지기의 인사법에서부터 열띤 구호, 계약체결과 지침이행 기준을 다른 나라의 영업장에서도 똑같이 적용한다. 어떤 나라에서는 상당한 어려움을 겪고 있지만 월마트는 이를 고집한다. 제조업체와 직거래를 선호하는 월마트는 도매업체들이 발전한 나라에서는 고전한다. 그럼에도 월마트는 이런 시장구조에 적응하기보다 구조 자체를 자기방식으로 바꾸려 노력한다.

모든 납품업체 들은 월마트 방식의 계약서를 체결하고 지침을 이행해야 한다. 납품업체들이 맺은 계약서에는 상품의 품질보증방법, 납품절차와 시기 등 세세한 내용들로 꽉 차 있다. 이 기준에 조금이라도 미달되면 상당한 페널티와 경고를 받고, 이것이 누적되면 퇴출된다. 몇몇 국내기업들이 적당히 인간관계로 영업을 하려다가 퇴출된 사례도 적지 않다. 이런 행동규칙을 적용함에 있어 P&G 같은 대기업이나 중소납품업체를 동등하게 대우하고 있다.

월마트는 납품업체들이 해야 할 일과 기준을 정확하게 미리 예고하여 준비하고 행동하게 하면서 자신들이 도와야 할 일은 정확히 돕는다. 납품업체들을 쥐어짜기만 하는 유통업체가 아니다. 월마트의 리테일링크는 인터넷을 기반으로 공급자들에게 월마트와의 거래 정보를 제공하는 시스템이다. 공급자들은 이 장치를 통하여 구매주문을 즉시 다운로드 받을 수 있고, 그 전날 팔린 상품의 물량까지 확인할 수 있다. 15일마다 한 번씩 관련 상품의 판매에 관한 종합정보를 제공받아 납품할 수량과 시기를 함께 논의한다.

각종 첨단시스템과 관리능력, 창조적인 인재, 독특한 기업문화가 결집된 월마트의 강점은 거대기업이면서 비효율적 측면이 아주 적다는 점이다. 월마트의 매출액대비 비용은 15.3%로 다른 경쟁기업보다 훨씬 낮으며, 마진율은 할인업체 평균 28%에 비해 가장 낮은 20% 이하를 유지하고 있다. 유통비용이 적게 드는데다가 마진율도 낮게 책정한다면, 다른 경쟁기업보다 더욱 낮은 가격대를 유지할 수 있어 최고의 경쟁력을 갖게 되는 것이다.[90] 월마트의 경영진은 똑같은 상품을 가장 싼 가격에 판매한다면 전 세계 모든 소비자들에게 사랑받을 수 있다고 굳게 믿고 있다.

사실 샘 월튼은 지독한 일벌레였고 구두쇠였다. 돈이 많이 소요되는 첨단 IT시스템을 하나 설치하려면 실무자들이 구슬땀을 흘려야 했다. 해외진출에도 매우 부정적인 시각을 갖고 있어서 그의 사망 직전에야 멕시코 1개국에 진출할 수 있었다.

그의 사후 새로운 경영진은 첨단 시스템과 물류센터 구축, 인재양성을 위하여 과감하게 투자하였다. 이를 기반으로 해외시장을 도전적으로 개척하였고, 슈퍼센터의 체인화사업도 본격적으로 추진하였다. 이런 정책과 전략의 전환이 샘 월튼의 사후 10년 만에 세계 최고의 기업으로 성장한 분기점이 되었다고 볼 수 있다.

샘 월튼은 생전에 가족들이 경영에 간섭하는 것을 경계하였다. 그는 오랫동안 함께 일했던 장남 롭을 회장에 임명하면서도, 기업경영은 전문가에게 맡긴다는 점을 분명히 했다. 이 시대가 오늘날의 월마트를 만든 것인가? 아니면 전문경영인 최고경영자에게 전권을 주는 미국의 기업문화가 월마트를 만든 것인가?

유통업의 대형화, 고도화가 이루어진 제2차 유통혁명기에 가장 성공한 기업은 단연 월마트일 것이다. 성공이라는 단어 그 이상의 발전이고 도약이었다.

한편, 월마트는 고객과 소비자단체, 사원들에게 미국정부 다음으로 소송이나 고발을 가장 많이 받는 기업이다. 1년 365일 거의 두 시간에 1건씩 소송을 당한다고 한다. 취업 노동자들의 시간외 수당을 지급하지 않은 것에서부터 스리랑카 근로자의 인권유린에 이르기까지 고소사유는 각양각색이다. 연어를 양식하는 칠레 해안의 환경오염 주범이 월마트라고도 한다. 중국내 380여 개의 점포를 운영 중인 월마트는 지난해 10월 충칭점에서 일반 돼지고기를 유기농으로 속여 팔았다가 13개 점포가 문을 닫는 처벌도 받았다.

효율과 경쟁력 지상주의의 2차 유통혁명기가 지나가고 있다. 새로운 소비자와 새로운 유통기술이 등장하고, 새로운 사회적 가치로 환경이 변화되는 제3차 유통혁명기에도 월마트가 최고의 강자로 남을 수 있을 것인지? 이 시대 유통의 황제 월마트의 미래가 궁금하다.

3

제 3 차 유통혁명

아마존 창업자
Jeff Bezos

지구 유통역사에서 수만년 제한된 지역에서 소규모 거래가 이루어지던 상업만 존재하다가, 산업혁명 이후 생산자와 소비자가 분리되면서 생산과 소비를 잇는 市場의 탄생 그리고 전국적, 세계적인 상거래로의 변화를 1차 유통혁명이라고 할 수 있다.

그 후 백화점과 대형슈퍼, 각종 할인점, 편의점과 전문점, 창고형 매장 등 다양한 소매 업태들이 시장에 출현, 경쟁하면서 유통업이 대형화되고 고도화된 변혁을 제2차 유통혁명이라고 하겠다.

또 한 차례 시장의 판도가 바뀌는 유통혁명이 다가오고 있다. 눈에 보이는 거리의 상점 위주에서 가상의 화면상점인 온라인쇼핑이 등장하면서부터다. 온라인 쇼핑은 국내외 시장에서 초고속 성장을 지속하고 있다. 영국에서는 한해 성장률이 200%를 넘어선 적도 있다. 여기에 스마트폰의 모바일기술이 융합되면서 '언제 어디서나 상품정보를 검색하고 쇼핑'하는 유비쿼터스 상업시대가 열리고 있는 것이다.

시장경쟁구조도 바뀌고 있다. 유통소매기업들이 자체 브랜드 상품 개발을 확대하면서 생산자와 판매자가 서로 혼재되어 경쟁하는 전통적인 경제구조의 기본 틀이 변화되고 있다. 주력 소비자층도 바뀐다. 아날로그 시대의 소비자와는 전혀 다른 디지털 신세대가 주요 소비자집단으로 등장하고 있다. IT와 모바일 기술의 급속한 발전은 한 차원 높은 유통정보시스템을 만들어 신세대 소비자의 구매행태 변화를 가속시킨다. 발전된 정보시스템은 이들에게 정확한 상품정보와 매장정보를 제공하여 시장의 쏠림현상을 부추긴다. 승자독식률이 높아져 경쟁력 없는 기업은 도태되는 칼날처럼 무서운 시장이 오고 있다.

제3차 유통혁명기에 전통시장과 동네슈퍼, 농수축산물 소매점 등은 벼랑 끝으로 몰릴지도 모른다. 본 장에서는 3차 유통혁명의 성격과 특징을 규명한 후 이들의 경쟁력 제고방안을 살펴본다. 대기업의 현안과제인 해외시장진출 또한 이 시기에 적합한 전략에 대하여 고찰해 보고자 한다.

10년 후

많은 유통전문가들이 국내 유통시장은 대략 20년 시차를 두고 일본의 시장을 닮아간다고 한다. 소비자들의 구매행태는 인간욕구와 관련되어 있어, 소득수준이 비슷한 시점의 선진국 소비자와 유사할 것으로 추측이 가능하다. 선진국처럼 고령화시대로 진전되면서 기호상품이나 유통업태도 뒤따라 변화되기도 하겠다. 또한, 새로운 유통채널이 대부분 미국에서 일본을 거쳐 국내로 이전되었기 때문에 시간적 차이를 두고 도입과 성장, 쇠퇴기를 겪는 패턴이 비슷한 측면도 있다.

그렇지만 점점 더 그 시차의 간격은 좁혀질 것이다. 스마트폰과 인터넷의 시대, 사람과 정보, 유행이 시간적 공간적인 제약 없이 자유롭게 넘나드는 현대사회로 진화되기 때문이다. 이런 관점에서 20년 전보다는 10년 전과 오늘날 일본의 유통시장을 살펴보는 것은 의미 있고 유익하겠다. 향후 국내시장의 흐름을 예상하고 새로운 사업을 설계하는데 약간의 암시를 받을 수도 있을 것이다.

우리나라는 90년대에 백화점과 대형마트, 슈퍼마켓과 편의점 등 여러 형태의 유통업태들이 치열한 경쟁을 시작하였지만, 일본은 70년대에 이런 시장이 형성되었다. 90년대의 일본시장은 캐주얼 의류점, 가전양판점 같은 전문점과 Category Killer가 성장했는데, 국내시장에서는 2000년부터 이와 비슷한 상점들이 등장하였다. 지난 4~5년간 국내시장에서 급성장한 편의점과 교외지역에 대형 쇼핑센터의 등장은 10~20년 전 일본시장의 모습과 비슷하다.

국내시장과 크게 다른 점은 백화점과 대형마트다. 일본 백화점은 90년대 이후 매출이 계속 떨어지고 있다. 우리나라처럼 백화점 1층에 화장품이나 고급시계, 가방과 같은 명품들을 전시한 것은 옛날이야기다.

현재는 고급 과자류만 인기가 있는 편이고, 나머지 건물은 상당부분 유니클로 등 경쟁업체들이 차지하고 있다.

우리나라 대형마트와 비슷한 대형슈퍼도 90년대 성장추세에서 2006년 이후 내리막길이다. 최근 5년간 백화점은 1.9조 엔, 대형슈퍼는 1.5조 엔이나 매출이 감소하였다. 한국화폐기준으로 환산하면 이 두 업태에서 매출액이 약 36조 원 정도 줄어든 셈이다. 만약 일본 유통 대기업들이 해외시장에 진출하지 않았다면 아마도 많은 기업들이 파산을 면하기 어려웠을 것이다.

이 두 업태가 고전하는 주된 이유는 편의점과 온라인 등 무점포 업체들의 성장률이 높고, 드럭스토어와 같은 전문점들이 발전했기 때문으로 보인다. 지난 10년간 편의점과 무점포업태의 매출액은 각각 2.5조 엔씩 증가하였다.

일본은 전문점이 인기가 높다. 의류와 가구, 전자제품 등 거의 모든 부문에서 전체 시장규모가 감소되고 있는데다가 고객들이 백화점보다 전문점을 더 선호하는 추세다. 전문점 중에서도 단일상품을 약 50% 이상 판매하고, 나머지는 상점입지별로 소비자 기호상품을 판매하는 중심점의 매출세가 양호한 편이다.

Health&Beauty 분야는 유일하게 성장세가 지속되는 업종이다. 지난 10년간 이 업태에서만 매출이 5.8조 엔 늘어났다. 이 업종의 중심인 드럭스토어는 일반의약품과 건강식품, 화장품 등을 판매하는 건강/미용 전문점으로 98년도에 등장한 신형 유통업태다. 우리나라는 의약품 판매 규제가 심하여 이런 업태가 발전하지 못한다.

이 분야의 성장은 고령화 사회의 영향이 큰 것 같다. 일본의 경우 65세 이상 노인들의 인구비중이 10년 전 18%에서 작년에는 23.3%로 증가하였다. 총 인구 1억 2700만 명 중 3천만 명이 65세 이상인 셈이다.

일본 유통시장의 변화

(단위 : 조엔)

	2001	2006	2011
식료품	35.7	36.4	32.3
~ 대형 슈퍼	15.3	16.0	14.5
~ 소 슈퍼	10.4	11.1	12.7
(편의점)	(6.3)	(6.9)	(8.8)
~ 단일 식료품점	7.5	7.3	3.3
~ 기타	2.4	2.1	1.8
비 식품류	68.7	67.6	61.0
종합 판매점	22.7	20.8	17.0
(백화점)	(8.8)	(7.9)	(6.0)
Health&Beauty	7.1	10.2	12.9
의류/가죽점	9.1	8.9	6.9
가구/가정용품점	6.7	6.3	4.3
전기/전자점	7.7	8.4	7.6
오락/개인용품점	6.3	4.7	6.3
기타	9.0	8.3	5.9
무점포	8.7	10.3	11.2
합계	113.1	114.4	104.5

자료 : 1. 상업통계(일본경제산업성)
2. World Retail Data and Statisties, 5th~7th Edition (EUROMONITOR International)

고령화시대는 전체 유통시장의 매출을 하향세로 만들면서도 건강/미용 시장을 확대시키고 있다. 우리나라도 작년에 65세 이상 인구비중이 11.3%를 기록하였고 빠르게 증가하고 있어 앞으로 이 시장은 더욱 커질 것으로 전망된다.

백화점과 대형 슈퍼보다 더 크게 매출이 감소되는 업태는 단일식품점이다. 재래식의 소형 청과물점과 식품점의 매출은 지난 5년간 무려 4조 엔이나 감소하였다. 일본의 소매업 점포수는 총 85만 5천 개소, 지난 10년간 18만 9천개소나 감소하였다. 이중 식료품점은 32만 5천개소인데 매년 약 1만 개 점포들이 문을 닫아 왔다. 대부분은 재래시장의 소형점포와 동네슈퍼와 같은 식품점들일 것이다. 일본 유통시장의 구조가 이처럼 빠르게 변화되고 있는 기저에는 일본 소비자들이 있다.

한편, 우리나라는 소형 식품점과 동네슈퍼, 청과물점이 증가하고 있는데, 이들의 미래가 걱정이다.

일본 소비자들이 변하다. 경기침체의 지속과 일하는 주부의 증가, 사회의 고령화, 고도 정보사회로의 이전과 같은 경제사회적 요인들이 일본 소비자들의 구매행태를 크게 변화시키고 있다.

고도 정보화 선진사회, 도시화, 독신주의는 보다 개성적인 소비자들로 변화시키면서 경기침체는 소비자들을 가격 탄력적으로 만들었다. 생활필수품은 가급적 저가 상품을 구입하는 알뜰 소비자인 반면, 자신이 선호하는 고급브랜드나 개성에 맞는 상품구입에는 돈을 아끼지 않는 양극화 현상이 뚜렷해졌다. 여전히 명품 수요는 높아 일본은 세계에서 가장 큰 명품시장이다. 그러나 점점 명품보다는 자신의 개성이나 취향에 따라 구매하는 추세가 증가하고 있다. 스타일, 의상, 색채, 디자인을 중시하는 경향이 늘어나, 모든 상품들을 한 매장에서 비교하며 구매할 수 있는 전문점을 선호한다. 백화점이나 대형마트에 가서 '물건은 많은데 나에게 맞는 상품은 없다'는 소비자들이 늘고 있다. 소품종 대량생산이 아닌 다품종 소량생산/개별 마케팅시대로 이전되고 있는 것이다.

여성의 사회진출과 고령화 시대 또한 일본 유통시장을 크게 변화시켜왔다. 일하는 주부는 시간제약이 많아, 직장이나 지하철역에서 가까운 점포에서 원하는 상품을 구입하거나, 온라인과 같은 전자상거래와 통신, 카탈로그 판매를 이용하는 추세가 늘고 있다. 최근에 기차역과 지하철역 중심으로 상권이 개발되고 있는 현상도 여성의 사회진출과 도시인들의 바쁜 일상이 반영된 것으로 설명할 수 있겠다.

일본은 50~60세 이상의 세대가 금융자산의 81%를 갖고 있다고 한다. 이들은 건강하고 젊어지기 위한 것과 맛있는 식도락 등 일상의 즐거움을 찾는데 지갑을 열고 있다.[1] 일본의 고령자들은 1990년대 후반부터 자연환경이 좋은 교외지역보다 여러 가지 서비스를 받을 수 있는 도심지로 회귀하고 있다. 최근에는 양로원보다 개인주택에서 거주를 선호한다. 1회 구입량이 적어 대형매장은 인기 없다. 점원과 편안하게 대화하면서 쇼핑할 수 있는 주택가 상점을 주로 이용한다. 직접 노인층과 소비자들은 찾아가는 온도조절이 가능한 이동쇼핑차량도 증가하고 있다.

동경으로의 인구집중이 계속되는 한편 일본의 독신자 1인 가구는 총 119만 가구(2009) 중 24%를 차지하고 있다. 즉석식품이나 소량상품을 편리하게 판매하는 편의점 매출이 증가하는 이유다. 도시소비자 식사수요를 대체할 만한 간편식이 인기품목 중의 하나이고, 앞으로도 독신자 생활을 편리하고 윤택하게 만드는 상품들의 수요는 계속 증가될 전망이다. 우리나라의 1인 가족도 20%를 넘고 있어 이런 추세가 증가할 것으로 예상된다.[2]

주택대출금과 자녀양육이 끝나면서 직장에서 퇴직금을 받고 은퇴하는 시니어들의 시장도 확대되고 있다. 자녀상속의 의무감이 적은 이들의 지갑은 항상 두툼하다. 14세 미만의 아동복, 화장품, 문방구, 고급과자 등의 수요도 크게 증가한다. 핵가족이지만 주변에 양가의 할아버지, 할머니 등 6명의 지갑이 대기하고 있는 식스포켓 현상이 증가되는 시황이다.

자녀상속문제는 우리와 상이하지만, 다른 대부분은 우리나라 시장의 미래라고 볼 수 있다. 이미 상당 부분은 국내시장에서 진행되고 있고 앞으로도 비슷한 방향으로 진전될 것으로 보여진다. 그래서 아래에 소개되는 유통정책 또한 눈여겨 볼 필요가 있는 것 같다.

유통정책의 대전환

일본정부는 90년대 말~2000년을 기점으로 유통정책방향을 대전환하였다. 정책방향은 대기업규제를 완화하여 시장을 자유로운 경쟁체질로 만들면서 중소유통업의 지원효율을 높이고, 공정거래 감시기능의 대폭 확대와 도시환경 친화적 유통환경으로 혁신하는 방향이다.[3] 이 당시 정책전환의 배경을 '산업구조심의회 유통부회'와 '중소기업정책 유통소위원회'의 합동회의는 아래와 같이 설명하고 있다.

> 소비자의 행동범위가 비약적으로 확대되고 구매욕구가 변화되고 있는데, 현행 대점법의 유효성이 낮아 다양하고 수준 높은 구매기회를 제약하고 있다. 대규모 소매점들의 경영효율은 떨어지고 있으며, 중소 소매점들의 경영상황은 어려워지고 있다.
>
> 도심지 공동화를 억제하기 위하여 중소소매점들의 지원정책인 중심시가지 활성화대책을 적극 추진하되, 대형소매점의 설립을 완화하여 경쟁을 촉진하고, 지역개발과 교통, 환경문제 등을 해결하기위해 도시개발의 계획성을 높이기 위한 정책전환이 필요하다.[4]

정책방향은 일관성있고 추진은 집요했다. 1998년 5월, 「대규모 소매점포입지법」과 「도시계획법」, 「도심지역 활성화법」 등 이른바 도시개발 3법을 제정하였다. 2년 뒤 2000년 5월에는 1974년부터 시행된 대형매장 설치를 규제하는 대규모 소매점포법(대점법)을 폐지하였다.

도심지의 재래시장과 소상점을 근대화하기 위한 TMO[5]도 설립되었다. 대형 소매점(1000m^2 이상)은 지방정부에서 교통/환경 영향평가와 주민의견을 반영하여 승인토록 하였다. 1997년부터 양곡 판매를 허가제에서 등록제로 변경하고, 1999년에는 드링크제와 위장약 등을 일반슈퍼에서 판매하도록 허가하였다. 주류 판매도 2001년 1월부터 자유화되었다.

고이즈미 수상은 2001년 일본 공정거래위원회의 위원을 5년 안에 현재 570명에서 800명으로 늘려 심사를 강화한다고 발표했다. 환경보호와 자원 재활용을 위하여 용기포장, 버려진 가전제품에 대한 처리, 종이와 문구류 재사용에 관한 법률들이 제정되었다.[6]

- 용기포장에 대한 분리수거와 재활용 촉진 등에 관한 법률(용기포장 재활용법) : 제조사가 용기와 포장자재 재활용비용을 부담토록 의무화했다.
- 특정 가정용기기 재활용법(가전 재활용법) : 냉장고, 에어컨, TV, 세탁기를 가전 제조업체와 소매상이 수거하여 부품을 재활용토록 의무화하는 법이다.
- 환경부품 조달추진에 관한 법률(그린 구입법) : 종이, 문구류 가전제품을 공공 사업분야 등에서 재활용토록 의무화했다.

정부의 친시장적, 친환경 유통정책으로의 전환은 주효했다. 자유로워진 시장은 수많은 유통 업태와 기업들의 경쟁을 촉진시켜 선진화된 유통구조를 만들었다. 전문점이 발전하여 대기업의 시장 과점을 제어하고, 단독운영 소점포의 체인화를 촉진하여 유통효율성을 높였다.

일본시장은 절대강자가 없는 다양한 유통업태와 기업들이 치열하게 경쟁하는 구조이다. 세계 14위 유통그룹인 Seven&I 홀딩스(2010년 매출액 570억불), 17위 이온그룹(535억불), 34위 야마다 덴끼, 64위 미츠코시 홀딩스 등 거대 소매기업들의 일본시장 점유율은 백화점과 대형슈퍼 등 각 업태별로 10~30% 이내이다. 대기업 매출을 모두 합한 각 업태별

시장비중도 40~60% 정도이다. 우리나라의 주요 업태별 대기업비중이 80~90% 내외인 것과는 차이가 크다.

기업의 경영, 마케팅전략은 더욱 정교해지고 있다. 시장규모가 작아지고 경쟁이 치열해지면서 이들의 노력은 거의 필사적이다. 일본의 유통기업들이 전문 유통인재들을 교육하고 양성하는 프로그램을 한층 강화하는 것도 급변하는 유통환경에서 다른 기업보다 한발 빠르게 대응하여 경쟁우위를 점하기 위해서일 것이다.

주요기업들의 정책방향 골격은 해외시장에 더욱 적극적으로 진출하고, 소비자의 개성화, 고령화시대에 대응하는 전략을 개발하는 것이다. 해외시장 진출은 주로 아시아지역에 집중하고 있는데, 11개국 1,024개의 점포를 운영하는 이온그룹은 일본 본사와 중국본사, 아시아 본사로 조직을 개편하고 한해에 약 50여 개의 해외점포를 늘려 나가고 있다. 해외에 27,000여 개의 편의점을 운영하는 세븐 앤드 아이 홀딩스도 해외시장진출을 보다 적극적으로 도모하면서, 편의점용 즉석식품 개발과 노인들을 위한 이동판매를 확대하고 있다.[7]

백화점은 건강, 미용을 위한 쇼핑과 휴식공간을 확대하고 고품질 고가 기능성제품으로 무장하고 있다. 노인들이 많이 거주하는 지역에는 평면의 넓은 공간을 마련하여 천천히 걸어 다니며 쇼핑할 수 있도록 배려한다. 경왕백화점 신숙점은 5, 7, 8층을 고령자 중심으로 리모델링하고 8층에 건강과 휴식 전용관을 만들었다.[8]

일본시장은 다양하다. 특정 품목을 전문적으로 취급하는 전문점들, 의류, 장식품을 취급하는 긴자의 와코도 본점, 귀금속의 미아모토 본점, 전통문구류와 다도 도구 등을 판매하는 큐쿄도, 부인복, 아동복의 레리안, 신사복의 타카큐, 레코드의 신세이도, 서적과 문구의 마루젠,

구두의 워싱턴구두점 등, 모두가 고급전문점과 체인전문점으로 발전하고 있다.

여러 가지 형태의 할인전문점과 카테고리 킬러, 편의점과 드럭스토어, 백화점과 대형 슈퍼, 홈센터와 테마파크의 쇼핑센터, 온라인 쇼핑과 자판기 등 다양한 업태의 수많은 기업들이 시장에서 치열한 경쟁을 하고 있다. 월마트 등 외국의 유통기업들도 다양한 업종에 진입하여 경쟁의 치열함을 높인다. 장벽 없는 자유로운 시장이 다양성과 경쟁력을 촉진하여 개성화되고 있는 소비자의 요구에 부응하면서 소비자집단인 국민을 즐겁게 하고 있는 것이다.

일본시장에서 뜨는 업태와 지는 업태, 성공한 기업과 실패한 기업의 차이는 무엇인가? 종합적으로 분석된 자료는 찾기 어렵다. 다만, 최근 미국시장을 분석한 자료에서 유추 해석할 수는 있을 것 같다.

최근 미국의 MFI[9]는 '미국내 8대 유통업체 중 어떤 점이 마음에 들어 이들 매장을 찾는가?'라는 소비자 인식을 조사하였다. 이 조사에서 소비자들은 구입 편리성과 저렴한 가격을 우선순위로 꼽았고, 기타 깨끗하고 친절함, 원스톱 쇼핑 순으로 응답하였다.[10]

아래의 소비자 구매원인 그래프는 더욱 간결하게 승패기업의 특징을 나타낸다. 월마트는 가격경쟁력 2위, 원스톱쇼핑과 다양한 상품선택부문은 확실한 1위이고, 나머지 항목은 거의 꼴찌 수준이다. Costco는 신선한 고기, 자연식품, 깨끗함에서 1위이다. 가격도 월마트와 비슷한 2위 수준이다. Aldi는 가격경쟁력은 1위, 빠른 쇼핑은 상위권이나 나머지는 하위권 수준이다.

Publix는 품질과 신선도, 친절함, 분위기 등 모든 항목에서 최고 수준이지만 가격은 제일 높다. 한편, Giant Food와 Shoprite 등 나머지 기업들은 모든 항목에서 중간위치에 있다.

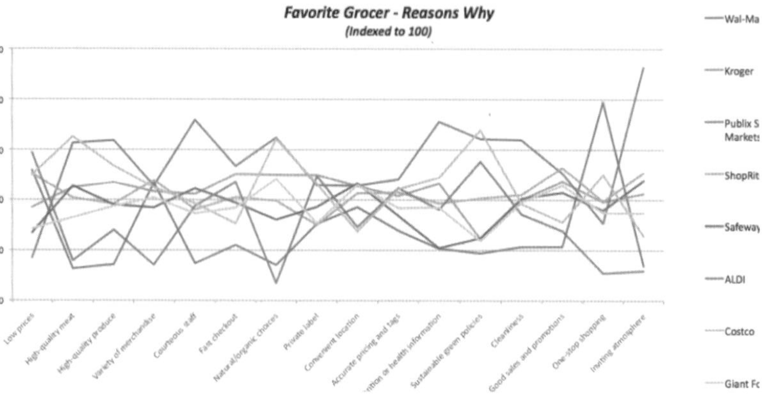

자료: MFI, Time Money Land(2012.5.23)

종합해 보면, 월마트와 Costco, Aldi 등 빠른 속도로 성장하고 있는 기업들은 곡선이 울퉁불퉁하다. 또 하나의 공통점은 저렴한 가격으로 승부한다는 점이다. 한편 이것도 저것도 아닌 밋밋한 그래프의 기업들은 추락하고 있다. 자기만의 고유하고 특징적인 이미지를 소비자에게 확실하게 각인시키는 기업과 뚜렷한 브랜드 아이덴티티 없는 기업의 이미지가 흥망을 가르고 있는 것처럼 보인다.

스토어 매거진이 발표한 2012년 '올해의 미국 100대 소매업체 보고서'에서도 이런 특징이 잘 드러난다. 급상승세인 아마존은 1위 월마트의 전략과 유사하다. 온라인 쇼핑으로 오프라인 매장의 건설 유지비가 절감되는 아마존은 '상시저가everyday low price' 정책으로 급성장하고 있다. 주주들에게도 지금은 수익보다 시장점유율이 중요하다는 점을 천명한 최고경영자 제프리 베조스는 불꽃 총을 거의 원가로 판매한다. 소비자들에게 확실한 기업이미지를 심어주기 위함이다.

2위를 차지한 크로거는 건강과 영양식품 판매에 주력하고, 3위의 타겟은 애플사 제품판매를 확대하고 있다. 60위에 오른 달러 트리는 약품 판매대를 추가하는 등 각자 고유한 기업이미지를 살리고자 진력하는 추세다.

매장의 크기도 변한다. 1위 월마트에서 27위 마이어에 이르기까지 대부분의 대형할인점들은 매장 크기를 줄이고 있다. 반면, 하위그룹의 소매기업들은 매장크기를 늘리고 있는데, 입지별로 상이할 것이다.

10년 후의 우리나라 시장이 오늘날의 일본시장, 미국시장과 비슷할 것인가? 아마도 상당부문 비슷하게 진전될 것으로 본다. 다른 점도 많다. 중소유통업 보호를 위한 정부규제의 벽은 높아지고, 시장의 대기업 과점은 심화되는 추세다.

그럼에도 시장은 더 빠르게 변화될 것으로 전망한다. 외형적인 구조는 덜 변할지 모르지만, 소비자의 구매행태와 유통 관련기술 등 내적인 발전과 변화는 상당히 빠른 속도로 진행된다. IT와 모바일 기술의 발전은 디지털 신세대의 소비자 행태를 더 가파르게 변화시킬 것이다. 시장의 미래는 매우 불투명하지만, 앞으로 10년의 변화가 지난 10년의 변화보다 훨씬 더 클 것이라는 점은 분명해 보인다.

더 빠르게 변화한다

'미디어 역사는 스마트폰 등장 이전과 이후로 구분될 것이다' 2012서울디지털포럼에서 나온 말이다. 국내 스마트폰 판매대수는 2,500만대, 불과 4~5년 만에 갓난아이와 노인층을 제외한 거의 모든 국민들이 스마트폰을 갖고 있다는 이야기다. 도로나 지하철에서 스마트폰을 보다가 정거장을 지나치기도 하고, 엘리베이터에서도 내려야 할 층계를 놓치고 만다. 전화통화와 문자메시지, 온라인으로 각종 정보를 취득하고, 게임과 채팅, 소셜 네트워크, 주식투자 등 온갖 일들이 가능해지면서 깨어있는 시간 내내 휴대폰을 끼고 산다.

모바일 스마트폰은 새로운 유통기술로도 주목받고 있다. 에버딘 Aberdeen사의 2011 시장조사에 따르면, 거의 모든 소매업체(93%)가 모바일 활용은 필수라고 응답했으며, 그 다음으로 태블릿(76%)과 피처폰(55%)이 뒤를 이었다. 이미 많은 선진유통기업들이 마케팅, 온라인/모바일 상거래, 매장운영, 고객서비스 등을 통합하는 다기능의 모바일 전략팀을 운영하고 있으며, 소비자가 안심하고 사용하기 편리한 이동 쇼핑기술과 비즈니스 모델개발에 박차를 가하고 있다.

인터넷의 온라인쇼핑은 가상의 쇼핑몰 그 자체로서 90년대 후반의 유통시장에 큰 충격을 주었다. 수천 년 지속되어 온 거리의 상점유통 역사에 선을 긋는 획기적인 사건이었다. 오마에 겐이치의 표현대로 지구상의 5대양 6대륙이 아니라 '눈에 보이지 않는 신대륙의 새로운 시장'이다. 부지 매입과 매장건설, 상품재고와 시설관리에 소요되는 상당한 비용을 부담하지 않고도 인터넷 가상공간에서 시간과 공간의 제약 없이 자유롭게 화면상의 상점을 만들고 운영할 수 있는 쇼핑몰이다.

1995년부터 시작된 인터넷경매는 피에르 오미디아르가 만든 "옥션웹"이 최초의 상거래 웹사이트다. 그는 여자친구가 수집한 캔디통을 팔기 위하여 이 사이트를 만들었다고 하는데, 1997년 e베이로 재출발한 후 2년도 안 되어 시장가치가 220억불에 이르렀다.

인터넷쇼핑의 시장 효용성과 잠재력은 이토록 무한하다. 원하는 물건을 어디서 얼마에 구입할 수 있는지 파악하는 데 필요한 시간과 노력, 비용이 절감된다. 일반에 잘 알려지지 않은 책도 검색엔진으로 금방 찾을 수 있고 누구든지 갖고 있는 헌책을 팔수도 있다. 먼지가 겹겹이 쌓인 중고서점이 글로벌시장으로 변모한 것이다.[11]

이런 온라인 쇼핑에 새로운 핵무기를 추가로 장착하고 있다. 모바일 기술과의 접목이다. 인터넷과 모바일기술이 융합된 '언제 어디서나 상품정보를 얻을 수 있고 쇼핑이 가능한 차세대 유비쿼터스 형의 쇼핑몰'이 탄생한다. 이 쇼핑몰은 점점 더 진화되어 디지털 신세대들이 주력 소비자가 되는 10년 후에는 정보의 접근성, 편리하고 신속한 쇼핑, 가격 경쟁력을 모두 만족시킬 수 있는 강력한 소매업태가 될 것으로 예상된다. 유통업의 지각변동을 예언할 수 있는 대목이다.

사람들은 새로운 시장을 끊임없이 만들어낸다. 다양한 상품들을 실제로 보고 만지며 쇼핑을 즐길 수 있는 거리의 오프라인 매장들도 발전한다. 온라인과 오프라인, 모바일 기술이 융합된 새로운 복합쇼핑몰도 등장하고 있다. 소비자들은 온라인에서 상품정보를 검색한 후 오프라인 매장에서 상품을 구입하기도 하고, 그 반대의 경로로 원하는 상품을 구하기도 한다.

지하철 광고판의 상품에 QR코드를 넣어 휴대폰으로 즉시 쇼핑도 가능하다. 우편, 전화, 라디오, TV와 위성통신 등 새로운 정보통신기술이 나올 때마다 새로운 시장이 태어난다. 오늘도 누군가 새로운 마켓을 설계하고 있다. 눈에 보이는 시장과 보이지 않는 시장이 서로 융합되고 분리되면서 새로운 모습으로 빠른 속도로 변하고 있는 것이다.

소비자 집단도 바뀐다. 우리나라 출산율은 세계 최저 수준으로 222개국 중 217위다. 고령화 사회로 빠르게 진전되어, 65세 이상 고령인구는 2000년 339만 명에서 2010년 536만 명으로 증가하였고, 10년 후에는 전체인구의 11%인 약 770만 명에 이를 것으로 통계청은 예상한다.

'늙어가는 대한민국' 보고서에 따르면 거주인구의 중간나이가 1980년 21.8세에서 2010년 37.9세, 2040년에는 52.6세가 될 전망이다. 전남지역의 경우는 60.2세나 된다.[12] '장래가구추계'에 의하면 현재도 전남과 강원, 경북 등 시골지역은 혼자 사는 1인 가구가 '부부+자녀' 가구를 추월하고 있지만, 2035년에는 1인 가구가 대세로 자리 잡는다고 한다.

국내 토지와 건물의 절반가량을 소유하고 있는 전후 베이비붐 세대(1955~1963년생) 712만 명은 대부분 5년 이내 직장에서 은퇴한다. 일본도 고령화 사회가 유통시장에 큰 영향을 미치고 있지만, 더 빠른 속도로 진전되고 있는 우리나라의 여러 가지 경제 사회 환경은 유통시장을 크게 변화시킬 것으로 예상된다.

> 전체인구의 14.6%를 차지하는 베이비붐세대의 토지/건물/주식소유 비중은 각각 42%, 58%, 20%에 달한다. 그러나 자녀결혼과 재산상속문화로 노후준비가 된 노인은 20%미만이다. (서울대 노화고령사회연구소)

특히, 주요 소비자 집단이 디지털 신세대로 변하고 있다. 어릴 때부터 전자게임기와 컴퓨터에 익숙한 이들은 온라인 화면이 자기집 거실이나 안방보다 더 즐겁고 편안하다. 1978년 이후 출생자들을 Y세대라고 한다. 60년대 진공관에서 트랜지스터 기반의 전자기기로 전환되기 시작한 후, 컴퓨터 칩에 내장되는 변환(트랜지스터)의 집적도가 18개월마다 두 배로 늘어난다는 '무어의 법칙' 속도로 빠르게 발전된 디지털 사회에서 태어난 첫 번째 세대다. 이들은 현재 30대 초 중반인데 앞으로 10년 후에는 40대 초중반이 되고 다음 세대와 함께 가장 중요한 소비자 집단이 될 것이다.

디지털 신세대는 아날로그 세대와 다르다. 컴퓨터와 스마트폰과 같은 신기술과 함께 일하고 잠들지만, '기술은 일이 아니라 삶을 위한 것'이라고 생각한다.[13] 개성적이고 삶의 가치와 즐거움, 쾌락, 편리함을 추구하는 소비자들이다.

디지털시대는 차가운 개인적 감성과 빠르고 정확하며, 투명하고 스마트한 특성이 있다. 어떤 때는 개성이 지나쳐 이기적으로 보인다. 브라질과 인도 등 개도국의 약속시간은 고무줄이다. 점심약속을 하면 최소한 1시간 정도는 기다려야 한다. 20~30년 전 우리나라 국민들도 약속시간 30분 후에 나타나곤 하였는데, 서구인들은 이를 두고 '코리안 타임'이라고 부른 적이 있었다. 정확한 스케줄대로 살아가는 서구인들에게는 무척 답답했을 것이다. 오늘날 우리 사회도 이런 느림과 정확하지 않은 것을 싫어한다. 그만큼 디지털시대로 진전된 것이다.

분초를 다투며 생활하는 젊은이들이 거리에서 느리게 걷는 노인들을 만나면, 우리 아날로그 세대들이 갖고 있는 인상 — 그 옛날 시골동네 느티나무 밑에서 하루 종일 소일하던 할아버지의 모습으로 비쳐질지 모른다.

컴퓨터와 휴대폰도 디자인 모양이 세련되고 기능이 날렵해야 대접받는다. 통화품질이 나쁘거나 정보검색시간이 조금 늦으면 짜증을 내고, 느리게 작동하는 엘리베이터는 배척받는다. 모든 게임에서도 속도감이 중요하다.

혼잡한 백화점 주차장으로 진입하는데 1시간이 넘게 걸린다든지, 대형마트에서 상품구입비용을 계산하기 위해 길게 줄서서 기다리는 것도 아날로그 시대의 모습이다. 배달된 상품의 내용물이 틀리거나 도착시간이 지연되어 불편을 준다면 아날로그 세대처럼 '그럴 수도 있겠지'라고 그냥 넘어가지 않는다. TV채널을 바꾸듯, 곧바로 다른 경쟁사의 유통채널로 옮기는 세대이다.

지난 시절 압축경제성장의 이면에는 투명성이 부족했고 고압적인 측면도 있었다. 아날로그인들은 이런 것들에 익숙해져 무디지만, 신세대는 예민하다. 각종 정보가 넘치는 투명하고 자유로운 세상에서 살아

온 신세대는 애매하고 억압된 분위기를 싫어한다. 가끔 부패와 연관된 아날로그 인사들이 사회를 몰랐다고 하는데, 그만큼 투명성과 도덕성 기준이 높아진 디지털 사회로의 변화를 몰랐다는 이야기다.

진부하거나 지루함을 참지 못하고 힘든 일을 싫어한다. 새로운 상품, 유행을 쫓으며 상품주기가 빨라진다. 상품의 내용이나 질에 관하여, 또는 각종 세일 마케팅을 하면서 한두 번의 꼼수가 디지털시대에서는 치명적이 될 수 있다. 브랜드 이미지가 좋은 기업일수록 더욱 그러할 것이다.

상품정보시스템이 고도화된다. 신세대 소비자 집단이 이를 요구하고, 관련 기술들이 무서운 속도로 발전하고 있기 때문이다. 오늘날의 컴퓨터는 최초의 IBM 컴퓨터보다 성능은 100만 배 이상 향상되었으면서도, 가격은 1/10로 떨어졌다. 이토록 놀라운 발전에도 불구하고, 마이크로소프트의 빌 게이츠 회장은 앞으로 10년은 지금까지와는 비교할 수 없을 만큼의 큰 발전이 있을 것으로 예상한다. IT 기반의 인프라와 넷 워크, 관련기술의 축적이 새로운 사실을 발견할 수 있는 능력, 집단적 지식의 융합과 협력능력을 배가시켜 생물, 나노, 시스템공학 등 모든 분야에서 기술혁명을 이루고 있다는 것이다.[14]

멀지않은 미래에 단 한 번의 빔으로 각종 농수축산물의 맛과 신선도를 정확하게 측정하는 기술이 나올 수도 있다. 일반 상품의 안전성과 품질, 가격정보의 비교 자료도 한 차원 높은 기술로 손쉽게 만들어 진다. 오늘날의 상품정보는 복잡하고 모호한 것들이 많지만, 미래의 상품정보는 소비자들이 알기 쉽게 간편하면서도 투명해질 것이다.

소비자들은 어떤 기업, 어느 매장에서 좋은 상품을 싸게 판매하고 있는지 알고 싶어 한다. 한국소비자원과 네이버 등에서 상품가격 정보를 제공하고 있지만, 아직 초기단계다. 현재는 제조/유통소매기업들에게 상품판매정보를 서비스하는 데이터 분석 전문기업만 존재한다. 하지만 점점 더 소비자를 위한 정보서비스가 중요해지고, 소비자가 신뢰할 수 있는 질 좋은 상품정보서비스의 시대가 머지않아 열릴 것으로 본다.

시장경쟁이 격화되면서 유통, 제조업체도 스스로 투명하고 정확한 상품정보를 소비자에게 제공하게 된다. 월마트는 최근 장바구니 판매가격을 발표하는 시범사업을 시카고와 알래스카에서 벌이고 있다. 소비자들이 많이 구입하는 품목들을 장바구니에 담고 다른 유통업체와 비교한 구입가격을 공시한다는 계획이다.

제3차 유통혁명이 1, 2차 유통혁명과 가장 크게 다른 점은 정보통신 등 관련기술의 발전으로 소비자정보가 고도화된다는 점이라고 할 수 있다. 차갑고 합리적이고 이기적이기도 한 신세대 소비자들에게 정확한 유통정보가 제공되면서 이들을 만족시키는 특정 기업과 매장으로의 쏠림 현상이 나타날 것으로 본다. 승자 독식률이 높아진다. 이런 흐름은 정보시스템이 고도화될수록 점점 더 증폭되어 유통시장을 뒤흔드는 폭풍이 될 수 있다.

오늘날 제조기업의 마케팅 책임자들은 크게 당황하며 우왕좌왕하고 있다. 자기영역인 줄 알았던 상품생산을 유통소매기업이 전면 확대하고 있기 때문이다. 그렇다고 각 개의 제조업체들이 전국적으로 매장을 설치할 수도 없는 노릇이다. 유통소매기업의 매장을 이용하면서 한편으로는 이들과 상품제조에서 판매까지 치열한 시장경쟁을 해야 할 곤란한 처지에 놓여있다. 게다가 소비자와 밀착하여 유통권력을 손에 쥔 소매기업과의 경쟁이다.

제조업 쪽에서는 다행히도 국내시장에서 유통소매기업의 PB전략이 크게 성공한 것 같지는 않다. 그러나 초기단계의 실패학습을 거치며 앞으로 더 좋은 PB상품이 출시될 것으로 예상된다. 아직은 덜한 편이지만, 대형 매장에서 잘 보이는 곳에는 PB상품이 차지하고, 제조기업의 NB상품은 후미진 곳에 자리할 날이 멀지 않다.

그럼에도 제조업은 이러한 상황을 타파할 만한 뾰족한 전략을 찾기 어렵다. NB의 유효한 수단은 이원화된 마케팅 전략일 것이다. 하나는 유통업체를 향한 것이고, 하나는 직접 최종 소비자를 향한 마케팅이다.

NB 제품의 대다수 판매는 앞으로도 상당기간 유통소매기업의 매장에서 이루어진다. 한편, 인터넷과 모바일 기술의 발전은 제조업에게 최종소비자를 향한 직접적인 마케팅 기회를 열어주고 있다. 제조업체들이 단합하여 새롭고 혁신적인 판매 사이트를 창조할 수도 있다. 아이디어가 문제이지, 이 신기술의 활용은 비용이 적게 들어 중소기업들에게도 절호의 기회가 될 수 있다.

포화된 성숙시장에서 NB의 가장 유효한 전략은 신제품을 내놓거나 가격을 파괴하는 혁신이다. 새로운 제품은 소비자로 하여금 가격을 무시하게 할 정도의 매우 높은 가치를 창출할 수 있다. 신세대 소비자들은 항상 새로운 상품에 대한 욕망으로 꿈틀거린다.

워키토키에서 삐삐, 휴대폰을 처음 만든 무선통신의 선구자 모토로라는 GE 잭 웰치의 품질경영을 신봉하다가 비틀거리고 있다. 전 세계 스마트폰 시장점유율 40%(2009)에서 8%로 떨어진 노키아는 삼성에게 밀리는 원인을 신제품 출시의 속도가 둔해졌기 때문이라고 자체 분석한다. 1980~1990년대 세계시장을 주름잡았던 소니는 삼성전자와 LG전자에 밀려 4년 연속 적자에다 작년에는 5,200억 엔(약 7조 원)에 달하는 최고 적자를 기록했다. 창조력이 시들면 명품기업도 시들게 마련이다.

사실 상품주기가 빨라지는 디지털시대에 소비자 마음을 휘어잡는 신상품 개발은 쉽지 않다. 개발비용도 만만찮지만 투자비 회수도 불확실하다. 차선책으로 유효한 NB전략은 PB상품보다 한 단계 우위의 품질로 승부하는 것이다. 이에 대한 유통소매업체의 대답은 반값 TV이고 반값 자전거의 출시다. 가격 혁신으로 약간의 질적 차이를 뒤엎는 전략인데, 아무래도 NB 입장은 피곤해 보인다.

당사자들은 괴롭겠지만, NB와 PB의 경쟁은 시장을 더욱 풍요롭게 하여 소비자집단인 국민을 즐겁게 한다. 이 경쟁은 치열하면 치열할수록 우리 제조/유통기업들의 경쟁력을 높여 해외시장 개척의 탄탄한 기반이 될 수도 있다. 제3차 유통전쟁은 NB와 PB, NB와 NB, PB와 PB간의 경쟁이 뒤엉킨 복잡한 구조에다가 서로 영역 없는 경쟁으로 그 범위와 치열함에 있어 기존의 전쟁과는 차원이 다른 유통시장을 만들고 있다.

유비쿼터스 유통매장과 신세대의 등장, 고도정보시스템으로의 발전, 시장경쟁구조의 변화가 동시에 빠르게 진행되고 있다. 하나하나의 사안들이 유통혁명을 일으킬 만한 요소들인데 이들이 한꺼번에 몰려오고 있는 것이다. 지금은 초기단계라서 미풍이지만, 머지않아 태풍이 될 것으로 전망한다. 세계 유통역사로 보면 대형슈퍼 등 다양한 유통업태들이 우후죽순처럼 생겨나 시장을 지배하기 위한 영토 확장과 사수, 탈취전쟁을 벌인 지 약 60~70년만의 일이다. 국내시장에서는 대형마트라는 신종 업태로 진입한 글로벌 유통업체들과 치열한 유통전쟁을 벌인지 대략 20년만이다.

새로운 유통전쟁이 시작되고 있다. 2차 유통혁명이 양量의 전쟁이었다면 3차 유통혁명은 질質의 전쟁이다. 영국 월마트 ASDA의 경영자였던 앤디 본드는 10년 이내에 아마존이 월마트를 추월할 것이라고 예상한다.[15] 시장의 지배자가 바뀔 수 있는 새로운 유통혁명이다.

앞으로 10년 후 세계 유통시장은 어떤 모습일까? 제3차 유통전쟁의 끝은 어디인가?

지금은 모든 것이 불확실하다. 다만, 미래의 유통흐름 중 몇 가지 큰 흐름은 미루어 짐작할 수 있다. 우선 시장은 다양한 개성과 보다 양질의 상품으로 구성되며, 소비자들의 구매행태는 더욱 개성적, 합리적으로 양극화가 심화된다. 온라인/모바일 또는 온라인/오프라인/모바일 복합쇼핑이 시장의 최강자가 되는 것은 시간문제로 보인다. 제조업체와 유통업체 간의 복잡한 경쟁구조는 한층 시장경쟁의 치열함을 가속시킨다. 유통이 투명해져 경쟁력 있는 기업들은 보다 유리해지고, 그렇지 못한 기업들은 지금보다 훨씬 더 큰 어려움을 겪을 수 있다. 또한 관련 기술의 발전 속도를 감안할 때, 신유통혁명이 예상보다 빠르게 진전될 것이라는 예측 등은 어느 정도 추정이 가능하겠다.

최소한 앞장에서 소개한 오늘날 일본의 시장이 10년 후 국내시장의 모습은 아닐 것이다. 독점과 과점, 정부규제가 얽혀 있는 복잡한 현재의 국내 시장이 상상하기 어려운 시장으로 변화될지도 모른다. 불확실함 속에서도 디지털세대가 주요소비자로 등장하는 유통환경과 흐름을 직시할 때, 정부규제의 온실 속에서 안주하려는 중소유통업체들의 미래는 그야말로 불투명하다.

전통시장과 동네슈퍼들

큰길가를 지나 한참을 가는 동네 모퉁이에 작은 슈퍼가 들어섰다. 50대 중반의 부부가 직장에서 은퇴 후 차린 상점인데, 매장 안도 깨끗하고 오는 손님들에게 친절하게 대하는 자세가 '장사의 기본'을 아는 것 같다. 최근 동네슈퍼를 개설하는 추세가 늘고 있는 30~40대의 젊은 층은

50대보다 더 적극적일 것이다. 인터넷을 통해 세계 최대의 프랜차이즈 기업인 맥도날드의 성공요인이 '미소와 시스템'이었다는 사실을 알고 시작하는 세대이다.

골목길을 더 올라가면 70대 노인이 혼자서 우두커니 앉아있는 구멍가게가 있다. 비좁은 상점 안에 상품종류도 많지 않지만, 손님도 뜸하다. 다행히 오래된 가게라서인지 담배를 팔고 있어 그나마 매출을 올리고 있다. "할머니, 이렇게 손님이 없는데 괜찮으세요?"라는 물음에 "이거라도 해야 먹고 살지"라고 대답하신다. 월 소득 30~40만원이면 족하다는 표정이시다.

전통시장(광명시장)

전통시장 내의 야채가게를 운영하는 60대 초반의 아주머니는 남자 같은 생김새에 씩씩해서 장사를 잘하는 것 같다. 무거운 채소를 운반하는 젊은이를 한명 채용할 정도로 고객이 제법 많은 편이다. 그래도 요새 어떠냐고 물으면 "아이고 말도 말아요. 이런 불황은 난생 처음이야!"라고 죽는 소리를 한다.

최근 통계청에서 공시한 '2010 도소매업 총 조사'(2012.4)는 이런 시장의 모습을 수치로 잘 표현하고 있다. 국내 유통시장의 전체 소매업 사업체수는 616천 개소, 종사자는 151만 명, 총 매출액은 263조 원 규모다. 이중 혼자 운영하는 소상인 점포는 268천 개소, 매출액은 15.7조 원 규모다. 이들 점포당 연간 매출액은 5,900만 원, 약 20%의 순이익이 발생한다고 가정해도 매월 소득액은 100만 원 정도에 불과할 것이다. 대형 유통점의 직원 1인당 매출액 592백만 원의 1/10 정도의 생산성이다.

2~4명이 운영하는 중소형 점포는 사정이 훨씬 좋다. 전체 31만 개소의 매장에서 점포당 매출액이 년 2.8억 원, 종사자 개인당 매출액도 지난 5년간 약 2배 증가한 년 1.2억 원 수준이다.

종업원 5명 이상 일하는 중대형 슈퍼의 주인은 고소득층이다. 이들의 점포당 평균 매출액은 28~321억 원 수준이고, 종업원 개인당 매출액도 년 3억 원대에 도달하고 있다.

300명 이상의 대형 유통점은 5년 전과 비슷한 매출을 보이고 있는데, 요약하면, 최근 국내유통시장은 중간급 소매기업의 성장이 두드러지면서 대기업은 주춤하는 모습이다. 다만, 아래 표와 같이 10년 전, 20년 전과 비교하면 대기업일수록 생산성이 크게 증가하였고, 1인 소상인들은 거의 향상되지 않았다.

소매업 종사자 규모별 종사자

1인당 매출액(백만원)

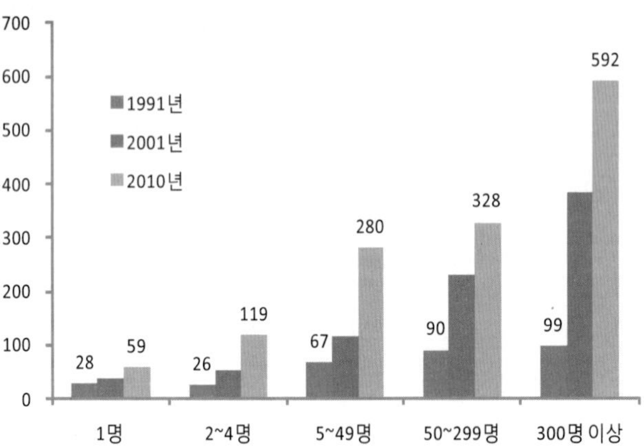

자료: 통계청 도소매업 총조사(2012.4)

1인이 운영하는 소상점들의 경영이 어려움에도 상점수는 오히려 증가하고 있다. 05~10년간 691개 점포가 늘어난 것이다. 같은 기간 종사자 2인 이상의 중소/중대형 점포는 28,452개가 증가한 반면, 종업원 300명 이상의 대형 점포는 2001년의 구조조정 이후 거의 증가하지 않았다.

유통기업의 대형화, 고도화로 특징되는 2차 유통혁명 기간에 중소형 상점들이 급격하게 감소한 선진국 시장과는 크게 다른 양상이다. 정부의 대기업 규제와 소상인 지원정책 등이 영향을 미치고 있는 것으로 보인다. 현재는 외견상 정부의 보호막 속에서 중소상인문제는 심각한 것 같지 않다. 그러나 포화된 국내유통시장에서 제 3차 유통혁명의 극심한 시장경쟁이 예상되고 있는 시점에 중소형 상점의 지속 증가는 바람직하지 않고 이들의 미래가 불안하다.

소매업 종사자 규모별 사업체수

(단위: 개수)

사업체수	1991	1996	2001	2005	2010
1명	341,470	406,742	289,317	267,462	268,153
2~4명	347,018	329,454	307,179	289,897	311,575
5~49명	27,925	32,106	29,464	28,860	35,414
50~299명	333	504	991	1,066	1,286
300명 이상	44	72	93	73	72

자료: 통계청 (년도별 소매업 총조사에서 종합)

해마다 12월에는 한국슈퍼마켓 협동조합연합회가 주관하는 정기총회가 열린다. 약 1,000명 내외의 중소유통업자들이 회의장을 가득 메운 가운데 여야 국회의원들의 축사와 유력 정치인들의 메시지가 낭독된다. 중소상인은 서민층을 상징하고 있어, 언제나 이 행사는 정부와 국회의 고위층 인사들이 참여하여 분위기를 더한다. 어느 해인가 필자가 단상에서 인사할 기회가 있어, 전통시장과 동네슈퍼들이 왜 살아야 하는가에 대하여 질문을 던진 적이 있다. 대형 유통업체들을 규제하여 중소유통업을 살려야 한다는 목소리로 열기가 가득한 회의장이 일순

간 침묵이 흘렀다. 잔치 집에 재를 뿌리는 것 같아 좋은 말로 끝을 맺었지만, 왜 중소유통업체들을 살려야 하는가에 대한 근본적인 질문을 던진 것이었다.

모든 산업의 업종에서 경쟁력이 없는 개인사업자나 중소기업들은 고전하고, 이들의 가정은 어려움을 겪는다. 그럼에도 유독 소상인문제가 사회적인 이슈가 되고 있는 것은 해방과 6·25전쟁 이후 재래시장이 서민들의 생활터전으로 상징화된 역사적인 배경 때문인 것 같다.

또한 혼자 운영하는 소상인 26만 8,000명, 종사자 5인 미만의 상점에 근무하는 중소유통업체의 상인까지 합하면 약 100만 명 규모의 집단적인 힘이 있다. 이들에게 상품을 공급하는 도매업체의 종사자와 가족까지 합하면 상당한 인원의 생계가 걸린 문제이기도 하다. 언론에서는 추운 겨울날 손을 불며 노점에서 장사하는 할머니를 보도하며 국민감정을 불러일으키기도 한다.

그러나 중소유통업이 발전해야 할 중요한 이유는 다른 곳에 있다. 생필품을 판매하는 유통소매업은 일반 업종과 달리 전국적으로 도시나 시골 구석구석에서 영업이 이루어진다. 대기업이 진출하는 데 한계가 있고 일정 지역은 소상인들이 담당해야 한다. 또한 승용차도 없고 소형 냉장고를 사용하는 서민들은 주로 재래시장이나 동네슈퍼에서 소량의 상품을 구입한다. 중소상인들이 유통능력이 부족하면 이들은 더 비싼 가격으로 생필품을 구입해야 한다. 소득이 적은 계층이 생활비는 더 많이 드는 경제구조가 되는 셈이다.

또 한 가지 중요한 이유는 중소상인들이 경쟁력이 없으면 계속적으로 정부의 규제를 요구하여 온실에서 안주하려 한다. 대기업들도 치열한 경쟁보다 적당한 경쟁을 하게 되어 가격거품이 많은 시장구조가 된다. 전체 소비자인 국민 모두의 생활비가 더 많이 소요되면서 쇼핑의 즐거움을 빼앗는 후진국형 유통구조가 될 수 있다. 규제와 보호, 과점적인 시장에서 국내유통산업은 발전보다는 후퇴하여 향후 글로벌 외국기업들의 진입으로 혹독한 대가를 치를지도 모른다.

막힘없이 흘러야 하는 유통에서 규제는 독이다. 어떤 형태의 규제이든지 흐름을 왜곡시키고 방해하게 마련이다. 그럼에도 필자는 어느 정도의 대기업 규제를 찬성하는 편이다. 대기업으로 편중되는 시장의 과점화도 문제이고, 위와 같은 중소유통업의 역할 때문이다. 치열한 시장경쟁에서 갑작스런 소상인들의 몰락은 사회적으로도 바람직하지 않다. 선진국 유통시장에서 대기업의 규제를 완화하고 있는 추세이지만 우리와는 여건이 다르다. 선진국시장은 먼저 대기업을 규제한 후 점차 완화하는 것이고, 국내시장에서는 상당기간 대기업 규제가 없었다가 강화하고 있는 것이다. 그래서 거꾸로 가고 있다는 생각을 갖게 한다.

사실 뒤 늦게 규제를 강화하고 있는 시점이 문제다. 과거 2~3개의 유통업태가 경쟁하고 있는 시장에서의 규제와 그 형태를 알 수 없을 정도의 수많은 업태들이 경쟁하고 있는 시장에서의 규제는 달라도 너무 다르다. 만약, 전통시장과 동네슈퍼가 소비자들에게 매력을 끌지 못한다면, 소비자들은 다른 선택의 길이 많다. 최근 대형마트의 의무휴무제 시행이후 온라인쇼핑이 크게 증가한 것과 같은 맥락이다. 잘못하면 규제효과는 적고 유통산업발전과 저가격시장체제에 해만 될 수 있다.

오늘날의 유통시장은 글로벌시장이다. 전 세계 주요시장은 모두 글로벌 기업들이 진입하여 경쟁하고 있다. 이런 시황에서 선진국 유통기업들은 자유로운 시장에서 다양한 업태로 발전하고, 국내시장은 규제로 인해 토종기업들이 발전할 수 없다면 큰 문제이다. 대기업은 포화된 국내시장을 더 이상 넘보지 말고 해외시장으로 진출하라는 주장도 국내시장만의 이야기이고 글로벌시장에서는 통하지 않는 논리이다. 국내시장이 낙후되어 있으면 언제든지 외국 기업이 진입하지 않겠는가. 또한, 성공한 모든 글로벌 기업들은 자국시장의 치열한 경쟁 속에서 경영기법과 노하우를 익힌 자들이다.

소상인들의 보호는 필요하다고 하면서 대기업규제는 바람직하지 않다니 모순되지 않는가? 아니다. 소상인의 보호가 발전적인 보호, 즉 경쟁력을 살리는 관점으로 바라보면 바람직한 대안이 나올 수 있다. 중소상인에게 일정기간 경쟁력을 키울 수 있는 시간을 주고, 이 기간 동안 대기업을 규제한 후 해제하는 것이다. 규제시한이 정해져 있지 않으면, 시장의 예측성이 없어져 갈등구조가 증폭되고 계속된다. 특히, 중소 상인들의 경쟁력을 높이려는 노력과 의지의 강도를 떨어뜨려, 낙후된 시장으로 계속 남아있거나 소비자 대혁명으로 일시에 소상인들이 몰락할 수도 있다.

보호와 규제기간은 향후 5년 정도가 적합할 것 같다. 개정된 유통관련법에 대형마트와 SSM의 입점 규제시한을 5년으로 정한 것은 매우 시의적절하다. 정부도 이 기간 동안 '소상인 경쟁력 살리기'에 집중 지원해야겠지만, 중소상인 스스로 총력을 기울여야 한다. 머뭇거리다가 시간을 소비한 뒤 규제시한 연장을 다시 요구할 수 있겠다. 하지만, 아마도 그때는 시장 자체가 이를 받아들이기 어려운 상황으로 변화될 수 있다.

신세대 소비자들이 등을 돌리기 전에 중소 유통업이 대기업과 비슷한 경쟁력을 갖출 것을 시장은 요구한다. 어떤 강력한 법으로도 소비자 흐름을 막을 수는 없지 않는가. 지금은 중소상인 스스로 간절하게 질문할 때이다. 앞으로 4~5년 내에 경쟁력을 배가할 수 있는 대책이 무엇이냐고, 우리가 무엇을 해야 하는가라고.

전통시장과 동네슈퍼를 살리기 위한 연구는 여러 기관에서 수행해 왔고 그 대책들은 유사하다. 대부분의 내용들이 중앙정부와 지방자치단체의 정책에 반영되어 막대한 정부 예산으로 추진되고 있다. 이중 가장 최근에 연구된 것으로서 대한상공회의소 유통물류진흥원이 중소형 슈퍼마켓 881곳을 대상으로 설문조사(2012.5)한 결과를 갖고 제시한 '동네슈퍼 생존 키워드 SUPER'는 적절한 방향을 제시하고 있는 것처럼 보인다.

- S(short distance) : 이웃 주민, 근거리 고객과 친숙한 관계
- U(union) : 소상인, 소상점들과 연합하여 공동 구매/물류와 마케팅
- P(price) : 가격 경쟁력과 상품 경쟁력 확보
- E(effort) : 혁신을 위한 자구노력
- R(retail support system) : 소매지원체계 구축

중소기업청은 지난 10년간(2002~2011) 전통시장 시설현대화를 위하여 1조 3,513억 원, 시장경영혁신사업에 2,198억 원, 합계 1조 5,711억 원을 투입하였다.[16] 상하수도와 전기, 소방시설 등 기반인프라 건설에는 지방자치단체에서도 40%를 지원하고 있으니 정부와 지자체의 지원액은 훨씬 더 큰 규모다.

동네슈퍼를 위해서도 2006~2011년까지 중소유통 공동도매물류센터 건설비로 297억 원을 지원하였다. 최근에는 점포면적 300m^2 이하의 4,700개 중소상점의 시설현대화와 POS기기, 경영컨설팅을 지원하는 '나들가게' 정책을 펴고 있다.

중앙정부의 지원 아래 서울시는 3不(불신, 불결, 불친절) 해소와 2力(자생력, 경쟁력)을 강화하기 위해 '전통시장 활력충전 종합계획'을 추진하고 있다. 대형할인점과 SSM에 대해 월 2회 의무휴업일 시행 이후의

후속대책이다.

주요 골자는 시설과 상거래의 현대화, 상인교육, 지역생활의 명소조성, 공동 마케팅지원 및 대표상품 브랜드화다. 주차장과 화장실 등 편의시설도 갖추고, 문화와 예술이 함께하는 전통시장으로 발전시킬 계획이다.

서울뿐만 아니라, 전국의 모든 시도에서 지방의 역사와 특성을 살려 기존의 재래시장을 볼거리가 풍성한 전통시장으로 특화시키기 위하여 다양한 시책을 추진하고 있다.

이런 노력들이 결집되어 전통시장과 동네슈퍼의 모습이 몰라보게 달라졌다. 아취형의 지붕이 설치되어 비만 오면 진흙탕이 되었던 시장 도로가 깨끗해지고, 파리들이 새까맣게 날아다니던 농수축산물 가게들이 청결해졌다. 동네슈퍼들도 번듯한 간판에다가 상품들이 보기 좋게 진열되어 있는 현대식의 상점으로 바뀌고 있다. 아직도 주차장이나 화장실이 없는 재래시장과 옛날 구멍가게 모습의 동네슈퍼들이 많지만 점차적으로 개선될 것이다.

국내 중소유통업은 발전하고 있다. 그럼에도 대형 유통기업과의 생산성 격차는 1/10 수준이고 경쟁력은 좁혀지지 않고 있다. 국회 예산정책처의 '전통시장 육성사업 평가' 보고서(2012.5)에 의하면, 전통시장 수는 2006년 1,610개소에서 1,517개소로 줄어들었고, 매출액 또한 같은 기간 중 29.8조 원에서 24조 원으로 감소하였다. 정부가 대기업의 입점과 영업활동을 규제하고, 세금을 감면하면서 막대한 재정을 지원함에도 전통시장이 활성화되지 않는 이유는 무엇인가? 이 보고서에서도 지적하였지만, 상인들의 자구노력과 연계되지 않는 가시적인 시설현대화만으로는 근본문제해결에 한계가 있다.

국회의 중소상인 인식조사에서도 이를 뒷받침한다. 상인들 스스로 소비자들이 전통시장을 찾지 않는 이유에 대하여 '상품이 다양하지 않고 품질이 떨어지며, 가격이 비싸서'라고 응답한 상인들이 절반을 훨씬 넘는다. 중소기업청의 소상인 인식조사(2011)에서도 비슷한 결과인데 '주차장이 불편해서'라는 응답자가 18.2%로 다소 높은 점이 눈에 띈다. 대한상공회의소 유통물류진흥원이 지난 5월 실시한 상인조사에서는 가격경쟁력이 가장 취약점이라는 상인응답이 54.5%에 달했다.

국회보고서는 향후대책으로 문화관광형 시장조성 등 지자체의 사업과 연계를 강화하고, 현재 0.4~3%대의 상인 부담률을 높여 '일방적인 정부의 지원이 아니라 상인들이 자발적인 의지를 갖고 발전을 위해 노력하는 전통시장에 대하여 정부가 보조하는 성격'으로의 정책전환을 주문하고 있다.

시의적절하고 올바른 지적이다. 일본과 영국의 사례에서도 정부는 유통인프라 건설 등 간접지원에 한정하고, 나머지 대부분은 상인들이 부담토록 제도화할 때 이들의 의지가 강해져 성공확률이 높았다. 상인들의 동의하에 부담방법과 조건을 확실히 하고, 이와 연계하여 정부가 지원함으로서 소기의 성과를 거두고 있다.

영국은 상가개발에서 얻게 되는 이익을 부동산 소유자와 상인들에게 환수하여 펀드를 조성한다. 양국이 모두 초기단계에는 이런 제도가 미흡하여 비용부담 문제로 상인들 간의 다툼이 많아 실패한 사례가 많았다. 정부가 지원하는 기반시설만 건설되고 나머지는 진척이 없어 소비자가 찾지 않는 상가로 남아 있게 되는 것이다.

근본적인 질문은 계속 남는다. 상인부담을 늘려 시설현대화와 주위 환경개선을 하면 전통시장과 동네슈퍼들이 과연 살아날 수 있는가? 필자의 견해는 회의적이다. 깨끗한 시설과 친절한 서비스도 필요하지만, 상업의 근본은 '좋은 상품을 값싸게 판매하여 소비자를 만족시키는 것'에 있다. 월마트가 30년 만에 세계 1위 기업으로 성장했고, 최근 수년간 유럽에서 돌풍을 일으키는 하드 디스카운터의 상승세는 모두 이 근본에 충실했기 때문이다.

그런데 각자 개별적인 상점운영으로는 기본적으로 좋은 상품을 값싸게 팔 수 있는 구조를 만들 수 없다. 소량주문과 배송으로 상품원가도 높고 물류와 관리비용도 많이 소요된다. 중소상점들이 가격경쟁력을 높일 수 있는 길은 외길인 것 같다. 어떤 형태이든지 단합하여 대량구매로 상품원가를 줄이고, 공동물류와 마케팅으로 유통비용을 감축시키는 것 외에는 다른 대안이 별로 없어 보인다. 말하자면, 대형 유통기업과 비슷한 비즈니스 모델과 유통시스템을 갖추는 것이다.

선진국 시장에서는 이미 결론이 난 사안이다. 일본과 유럽에서 수많은 정부의 지원 사업들이 실패하였지만, 성공한 사례는 대부분 소상점들을 체인기업형으로 발전시킨 경우다. 독일과 프랑스의 자유연쇄점이 그러하고, 유럽의 소규모 소매업체들로 구성된 EMD[17]의 총 매출액은 까르푸보다 많다.

사실, 중소상점들의 체인기업화는 쉽지 않은 과제다. 각자 이해가 엇갈리면서, 공동구매와 물류, 마케팅을 할 수 있는 유통인프라와 관리능력이 요구된다. 가장 확실하고도 투자비가 거의 들지 않는 방안은 이미 설치된 대형 유통기업들의 인프라와 능력을 활용하는 것이다. 대기업의 체인화규제를 해제하여 새로운 프랜차이즈형의 업태를 창출하면 된다. 이 경우, 대기업과 중소유통점이 가맹점 계약을 맺을 때 정부가 표준약관을 고시하고 감독하여 중소상인들의 재산과 경영권, 이익을 확실하게 보장해주는 제도마련이 필요하다. 대기업으로서도 더욱 강력한 구매력을 가지게 되고, 자사의 물류센터 시설 등 공급망 활용도를 높이는 이점이 있다.

국내 편의점이 대표적인 프랜차이즈형 소매기업이다. 대부분의 가맹점 주인들은 소액의 점포임대비만 투자한 소상인들이다. 그럼에도 국내시장은 물론, 대부분의 선진국 시장에서 크게 성장하고 있는 이유는 체인화로 공동구매와 통합물류, 공동마케팅이 가능하기 때문이다. 이런 유통인프라를 기반으로 지역친화형 식품개발 등 이 업태의 강점을 최대한 살려서 경쟁력을 더 하고 있다. 편의점협회의 관계자는 "사실 편의점 주인들이 가장 영세한 상인인데, 안정적인 영업을 하면서도 나라에 세금을 정확하게 내는 모범상인"이라고 말한다.

문제는 위와 같은 사업모델이 본격 추진되면 대기업에 의한 시장과점 수준이 더욱 높아진다는 점이다. 대기업들이 공급망 관리가 어려운 외지의 상점과 거래를 꺼릴 수 있고, 그 반대로 대기업과의 체인화를 싫어하는 중소상인들이 있을 법하다. 이들에게 상품을 공급해주는 중소도매상들의 몰락으로 사회문제화되는 것도 큰 문제다. 기본원칙에 관한 이야기지만, 중소상인들이 선택할 수 있는 길이 다양해야 약자의 권리도 보장되고 시장도 경쟁적으로 발전한다. 그래서 중소 소매업체와 도매업체를 통합, 혁신적으로 체인화 한 제3, 제4의 유통조직이 필요하다.

대한상공회의소 유통물류진흥원이 주도하고 국내 유통업계의 전문가와 대학 교수 등 12명이 집단적 연구와 토론을 거쳐 만든 '도매물류시스템 혁신을 통한 중소유통경쟁력 강화방안(2010.12)'은 새로운 체인형 유통기업과 유통고속도로 구축방안을 구체적으로 제시하고 있다.

정부는 중소상인들이 공동구매와 통합물류를 가능하게 하는 유통인프라로서 중소제조/물류/유통업체 전용의 거점별 광역 유통물류단지를 건설한다. 전문가들의 연구결과는 수도권과 각 권역별로 전국 5개 단지가 필요한데, 건설비용은 약 4,160억 원이 소요될 것으로 추정하고 있다. 초기 투자비는 큰 규모나, 이 유통망을 운영함으로서 장기간 얻게 되는 에너지와 물류비 감축비용 등 유무형의 이득은 훨씬 크다.

현재 정부가 건설비를 지원하고 있는 '중소유통 공동도매물류센터'는 50인 이상의 조합원이 결성되면 신청자격이 주어지는데, '물류센터'라기 보다는 작은 지역 내의 동네슈퍼들에게 상품을 공급하는 소규모 상품보관소이다. 향후 고속도로 격인 유통단지와 지방도로인 이들을 조합하면 훌륭한 전국적인 중소상인 유통망이 되지 않을까 기대한다.

또 하나의 중요한 과제는 광역 유통물류단지를 중심으로 표준바코드 기반의 유통물류정보시스템을 구축하여 중소제조/물류/유통업체들이 공동 활용토록 하는 것이다. 공동구매를 위한 상품주문/결제시스템, 생산지에서부터 소비지에 이르는 전체 공급망의 물류 및 재고관리 솔루션을 장착한 첨단 IT시스템이다. 중소 제조/물류/유통기업들이 각자 만든다면 그 비용만 해도 엄청나겠지만, 각자의 솔루션이 상이하여 원활한 정보교류를 할 수 없다.

광역 유통물류단지와 유통정보시스템 기반 위에 일본처럼 공동구매와 공동물류 촉진정책을 시행한다. 일본의약품의 경우, 정부가 중소기업전용 유통단지를 건설한 후, 공동물류를 시행하는 의약품제조사에게 인센티브를 제공하였다. 최초에는 1,200여 개의 중소 도매상들이 각자 소형차량으로 운송하다가 점차 대형차량에 의한 공동물류로 전환되면서, 88년에는 770개, 2006년에는 402개의 중견 도매기업으로 축소되었다. 시장의 힘에 의해 자연스럽게 구조 조정되어 상거래질서가 잡히고, 물류비용이 대폭 절감된 성공사례이다. 오늘날 일본의 물류효율이 높게 된 효시이기도 하다.

우리나라는 직접적인 중소상인 지원정책이 많아 훨씬 유리한 입장이다. 중소제조/유통기업들에게 유통단지 이용부담액을 차등 적용할 수도 있다.

교과서적으로 말하자면, 상품의 종류와 품질이 다양하고 공급망이 광역화되는 현대유통은 商的유통(상품 매매교환)과 物的유통(상품운송), 情報유통이 조직적이고 체계화되어 적시에 효율적으로 작동해야 한다. 그러나 중소 소매점의 상인들은 상품을 사고파는 상적유통에 머물러 있는 것 같다. 사실 전통적으로 물류를 가볍게 생각한 측면도 있지만, 물적유통과 정보유통은 인프라구축에 상당한 비용이 들고 서로 협력해야 하는 문제 때문에 중소상인들이 독자적으로 할 수 없는 부문이다. 이런 부문을 정부가 지원하여 이들의 경쟁력을 높일 필요가 있다.

최근 정부와 소상공인진흥원이 나들가게의 육성대책으로 POS설치를 확대하면서 몇몇 조합들이 공동구매를 시작했다고 한다. 이런 추세를 더욱 조장하려면 조합원 상점 앞까지 다양한 상품들을 저렴한 비용으로 운송해야 하는데 현재의 골목길로는 실현 할 방법이 거의 없는 것처럼 보인다. 광역 유통물류단지와 유통정보시스템은 전통시장과 동네슈퍼의 경쟁력을 높일 수 있는 기본적인 유통인프라이고 유통고속도로다.

상인들의 모임인 조합은 공동구매와 통합물류를 실현할 수 있는 유통조직화 모델이다. 현재 중앙정부와 지방자치단체가 건설비의 70%를 지원하는 중소유통 공동도매물류센터가 소상인들을 조합원으로 가입시키는 촉진제 역할을 하고 있지만, 동력은 미약한 것 같다. 기존 도매상들과의 사업관계가 단단한데다가 이 '센터'에서 공급하는 상품들이 좋고 가격이 싸다는 인식이 적기 때문이다.

전국적인 규모의 공동 대량구매와 통합물류로 가격을 대폭 내릴 수 있어야 하는데 그렇지 못하다. 조합의 상품소싱과 마케팅 능력도 보강되어야 한다. 기본적으로 사업성격상 1개 조합으로는 하기 어려운 구조다. 최소한 광역 유통물류단지를 중심으로 4~5개의 권역별 조합을 묶어서 체인형 조합 내지 프랜차이즈형의 조합기업으로 발전시킬 필요가 있다고 보여진다.

체인형 조합기업도 비슷한 구조이겠지만, 자율형 프랜차이즈 기업은 소상인(조합원)들이 가맹점으로 참여하여 사업본부로부터 상품공급 등 일체의 지원을 받되, 상점의 소유권을 갖고 자율 경영하는 체계이다. 본부와 가맹점 간 권리와 의무를 계약으로 정하고 각자의 역할과 기능을 조직적으로 체계화하는 사업모델이다. 친목+사업+정치적인 단체가 아니라 철저한 기업형 조직으로 발전하여 대기업과 경쟁할 수 있는 지속성장 가능한 조직체라고 할 수 있다.

전통시장의 중소상점과 동네슈퍼들은 대부분 10개소 이상의 소규모 도매상으로부터 상품을 공급받는다. 대한상공회의소의 조사에 의하면, 20개소 이상의 도매상으로부터 상품을 공급받고 있는 중소상인 비중도 17.6%를 차지하고 있다. 이들은 상품자금을 대여해주기도 하고 친인척관계로 먹이사슬이 형성된 곳이 많다. 또한, 혈연과 지연관계로 맺어진 소규모 물류업체들이 이들의 주문을 받아 소량의 상품들을 개별적으로 운송하고 있다.

이 복잡한 먹이사슬을 혁신하지 않는 한, 중소상인들이 첨단 유통망 고속도로 무장한 대기업과 기본적으로 경쟁할 수 없는 구조라고 할 수 있겠다. 체인형 조합 또는 프랜차이즈 기업은 도매업체와 소매업체, 물류기업들을 체계적으로 통합하여 경쟁력을 높일 수 있다. 이 방안이 중소상인들이 대기업과 경쟁할 수 있는 거의 유일한 대안처럼 보인다.

통계청 자료에 의하면, 도매 및 상품중개업의 전체 종사자 수는 99만 5천 명(2010), 이중 1인 사업체가 6만개소이고 매출액은 약 16조 원 규모다. 종업원 2~4명이 근무하는 약 13만개소의 중소 도매업체 매출액은 108조 원에 이른다.

중소 유통소매점이나 음식점, 제과점과 각종 서비스업을 하려는 이들에게 특별한 기술이나 노하우가 없으면 가급적 '나홀로 창업'은 하지 말라고 권하고 싶다. 의협심 강한 동네아저씨가 조폭들을 차례로 해치우는 장면은 영화에서나 볼 수 있는 것이지 실제와는 다르다. 냉혹한 시장에서 조직화된 기업과의 경쟁은 더 어려울 수도 있겠다. 다양한 상품, 광고의 범람으로 점점 더 브랜드를 신용하는 미래의 소비자를 보면 더욱 그러하다. 자기 삶의 거의 모든 시간을 희생하면서도 어렵게 마련한 창업자금 또는 평생 일한 대가로 받은 퇴직금을 잃어버릴 수 있다.

미국에서도 초기의 프랜차이즈를 사기fraud집단으로 여긴 적이 있었다. 미 상무성의 자료에 따르면, 점점 투명화되고 자리가 잡히면서 프랜차이즈 사업체들의 총 매출액이 1980년 3,500억불에서 1985년에는 5,290억불로 증가하였다. 최근 국제 프랜차이즈 연합회IFA에서는 총 매출규모가 1조 달러를 돌파하여, 미국 전체 소매매출 규모의 50%의 비중을 차지하고 있다고 한다.[18] 월마트 등 대기업이 강한 미국 유통시장에서 중소슈퍼들은 대부분 프랜차이즈 기업형 조직으로 이들과 경쟁하고 있다는 이야기다. 우리나라도 프랜차이즈 사업본부와 가맹점간의 여러 가지 사업관계에 대한 투명성을 높이는 제도적 장치를 마련하여 이 산업의 진흥을 도모해야겠다.

정부의 국책연구기관에서 중소상인 전용 광역 유통물류단지의 건설에 대하여 경제성이 없다는 결론을 내렸다고 한다. 단지조성사업의 투자비 대 환수이익ROI 위주로 검토하고, 고효율 유통구조로 얻게 되는 계량화 할 수 없는 유무형의 거대한 이득은 감안하지 않았다는 생각이 든다. 다단계적인 소로 길에서 직선 고속도로의 유통물류로 얻는 장기적인 에너지절약과 유통물류비용의 감축규모, 경쟁적인 시장으로부터 오는 경제효율성과 국민 생활의 이점을 충분히 고려한 결과인지 의문이다.

이 프로젝트는 거대하고 난제가 많다. 그럼에도 이를 추진해야 하는 이유는 중소유통 경쟁력제고를 위한 근본대책을 외면하고 멀리 돌아가면 더 많은 국가재정이 낭비된다는 사실이 일본의 사례에서 증명되었기 때문이다.

정부가 수출입물류를 위해 건설한 군포 등 5개 대형 내륙물류기지와 현재 추진 중인 수도권 남부와 북부 물류기지의 일부를 사용할 수 있다면 소요비용은 대폭 줄어들 수도 있다. 참고로 5개 내륙물류기지 건설에 정부가 총 8,389억 원을 지원하고, 민간 기업이 1조 2천억 원을 투입하여 총 2조 5백억 원이 소요되었다. 이 기지건설에 자금 없는 중소제조/유통기업들은 참여할 수가 없었다. 대기업들이 사용하는 물류기지 건설에 막대한 예산을 투입한 정부는 이제 중소 제조/물류/유통기업을 위한 물류기지를 제공해야 할 당위성이 있다고 본다.

일본과 영국이 중소유통업 발전정책을 추진하면서 겪은 성공과 실패사례는 우리에게 보석과 같은 교훈이다. 1930년대부터 중소소매상업 진흥을 위하여 각종 정책과 사업을 펼쳐온 일본정부는 성공보다 실패가 많았다고 자평한다. 1960년 후반부터 70년 초반까지 집중적으로 건설된 유통단지(약 190개)와 중소소매상의 체인화사업이 그중 성공한 사례라고 할 수 있다. 일본시장에서도 단독 운영점포는 고전하고 있고 체인화 프랜차이즈 점포로 가고 있는 추세다.

실패의 주요 원인은 일본정부가 지적한 바 있지만, 공급망 전체가 동시에 움직이는 것이 유통업인데 소매/도매/물류/정보 지원정책을 시차를 두고 따로 따로 추진한 데 있다. 또한, 낙후시설의 정비 등 하드위주로 지원한 점과 모든 소매상의 일률적인 지원을 반성하고 있다.

정부의 예산지원에만 눈독을 들이는 세력을 경계하고, 경쟁력 제고 의지가 있는 소상인들에게 집중 지원해야 한다는 이야기다. 특히 일본의 사례는 우리에게 많은 시사점을 주고 있어 연대별로 정리하였다.

일본의 년대별 추진사례

- 1929년 대공황이후 백화점과의 경쟁에 직면한 중소소매상업의 진흥을 위하여 상업조합법(1932) 제정하다. 중소소매상들이 조합을 조직하여 공동구입, 가격협상, 공동판매사업을 지원하기 위한 법이다.
- 1950년대 말, 통산성 산업합리화심의회 유통부회에서 중소소매상들의 공동점포사업을 실패로 평가하고 정책전환하다. 재래시장 시설정비와 소매/도매/물류의 체인화 사업을 역점 추진한다는 방향이다.

  법에는 소매, 도매, 물류업까지 지원토록 되어 있으나 소매업에만 집중 지원하였고, 경영노하우의 부족과 시설의 노후화가 공동점포사업의 실패요인으로 분석하다.
- '상점가 진흥조합법'(1962)을 제정, 현재 전국 상점가 진흥조합연합회에는 2,300여개의 진흥조합과 13만 점포가 회원으로 가입하였다.
- 1960년대 후반부터 도매업 유통단지를 건설하기 시작하여 현재 190개의 상업유통단지를 조성하다. 대부분의 소요자금을 정부가 보조 또는 융자 지원하였다.
- 1973년 '중소소매상업진흥법'을 제정하여 상점가 정비, 공동점포화, 체인화 사업에 특별상환제, 토지보유세의 면제, 사업세의 감면을 시행하고 프랜차이즈 체인화사업을 촉진하기 위하여 가맹점들이 불이익을 당하지 않도록 본부기업에 의무를 부과하다.
- '1980년대의 유통산업비전'(1983)에서 각종 지원정책에도 불구하고 중소소매상업의 환경은 호전되지 않았다고 평가하다. 시설정비(하드)면의 지원에 중점을 둔 시책을 반성했다. 지역커뮤니티를 강화하는 '마찌쭈쿠리(아름다운 마을조성)정책을 시작하다.

- '특정상업집적의 조정촉진에 관한 특별조치법'(1990)을 제정하여, 1991년 새로운 점포 집단화사업과 공동점포에 주차장, 스포츠시설 등 커뮤니티 조성사업 지원을 시작하다. 체인화 사업촉진을 위하여 공동창고, 배송센터, 유통정보화사업(POS, EOS 등) 지원에 박차를 가하다.
- 1998년 '중심시가지 활성화법'을 제정하여 정부의 지원정책을 點(개별점포, 특정상업지역)과 線(상점가)에서 面(중심시가지)대책으로 전환하다. 또한, 지원체계를 상인위주에서 지방정부와 상공회의소, 상인대표와 전문기업이 참여하는 Town management officeTMO에 지원하는 체계로 전환한다.[19]
- 2008년, 사업주관부서를 경제산업성(구 통산성)에서 내각총리실로 이관하다. 도시정비와 교통환경 등을 종합하기 쉽지 않고, TMO 참여자들의 비용부담 책임의 불명확성과 보조금을 목적으로 현장에 맞지 않는 사업을 전개한다는 자체 평가를 하다.

영국의 도심지 상권개발사업인 BID[20]는 비교적 성공한 것으로 평가할 수 있다. 성공요체는 주민동의를 받고 사업계획을 해당 사업자들의 투표로 결정하는 등 투명한 절차와 민주적인 방법으로 시행하는데 있다. 또한, 상권개발에 따라 발생하는 이익을 부동산 소유자와 상인 등 수혜자들에게 환수하여 BID펀드를 조성하여 자금을 마련하는 것도 좋은 사례이다.

지자체에서는 노점 상인들을 위하여 주중, 주말에 Street Market을 개설하고, 소규모 농민들이 직접 판매하는 Farmers Market이 런던에만 13개소, 전국적으로 약 250개소나 운영된다.

유럽 각국이 대부분 이런 마켓을 운영하고 있는데, 도시의 번화가나 유동인구가 많은 곳에 설치하여 가난한 노점 상인들을 내치지 않고 삶의 터전을 제공하고 있다. 화장실과 주차장 같은 인프라 시설도 온전한 것은 이들의 복지를 중시하는 시민정신의 산물일 것이다.

〈영국의 사례〉

영국은 도심지 상권을 활성화하여 새로운 지역도시로 변화시킨다는 목적으로 1991년 TCMtown centre management 연합회를 설치하다. 정부(중앙정부, 지자체, EU보조금)가 80%를 지원하고 민간이 20% 부담하는 제도이나, 상인회비 납부자와 미납자 문제로 기금마련이 여의치 않았다.

TCM의 대표적인 성공사례로는 런던 템즈강 인근의 Covent Garden이다. 600여개의 점포가 밀집된 번화가인데, 종래의 낡은 건물을 리모델링하고 상권을 체계적으로 개발하여 역사성을 살리면서 다양한 볼거리, 편리한 쇼핑환경을 만들었다. 오드리 햅번 주연의 영화 '마이 페어 레이디'에 소개되면서 더욱 유명해졌다.

2003년 BIDbusiness improvement district법을 제정하여 추진체계와 절차, 자금조달방안 등을 법제화하다. 주요사업내용은 상점가 시설개량, 거리환경개선, 공동마케팅과 질서유지다. BID사업제안은 누구나 할 수 있되, 지방정부와 사업자 대표, 지역주민 대표가 참여하는 운영위원회가 사업주체가 되며 해당구역 사업자들의 투표로 사업을 결정하고 주민동의를 받아야 한다. 개발이익의 수혜자인 부동산 소유자에게는 과세소득의 0.9%, 상인에게는 0.6%, 대형 유통기업에게는 1%의 이익금을 부과하여 BID펀드를 조성한다.[21]

우리나라의 소상공인 지원대책은 그 규모나 내용면에서 전 세계 1등이다. 정부가 상당한 재정지원을 한 일본도 유통인프라 구축과 컨설팅, 교육을 지원하는 정도이다. 우리나라처럼 간판교체비용까지 지원하는 나라는 없다. 중소기업을 축으로 경제발전을 이룩한 대만도 '중소상인'이라는 구분 없이 중소기업 정책에서 포괄하는데, 중소기업에 대한 직접적인 보호, 육성보다는 자유롭고 공정한 경쟁에서 스스로 자생력을 갖추는데 역점을 두고 있다.[22]

우리나라도 정부는 유통인프라를 구축하고 이를 중소상인들에게 제공하여 이들의 경쟁력을 높이는, 즉 보호보다는 발전방향으로의 정책전환이 필요하다. 일괄적인 지원보다는 선별지원으로 소상인 스스로 경쟁력을 높여야겠다는 의지와 노력을 촉발시키는 것도 중요하겠다.

특히, 종업원 5인 미만의 상점을 소상인으로 분류하고 무차별적인 지원정책은 재고되어야 한다. 종업원 4~5명을 둔 슈퍼의 주인은 고소득층이다. 미국이나 대만 등에서도 종업원 5인을 기준하여 소기업으로 분류하고 있으나, 우리나라처럼 직접적으로 지원하는 경우와는 다르다. 이들에게는 유통인프라를 제공하는 데 그치고, 1인 소상인 또는 노점상인 등 정부의 지원이 절박한 상인들에게 지원을 집중 할 필요가 있다고 본다.

한국의 중소소매업은 사방에서 위기의 경고등이 번쩍인다. 정부의 상당한 재정지원에도 상업경쟁력은 호전되는 것 같지 않다. 문제의 근본을 해결하기보다 주변을 돌기 때문이라고 생각한다. 앞장에서 미국 소비자들이 특정 상점을 찾는 이유를 가격과 구입의 편리성이라고 했다. 지금도 그렇지만 앞으로 이 두 요소는 더욱 중요해질 것이다. 중소유통기업들의 가격경쟁력문제는 위에서 자세히 언급하였고, 구입편리성을 확보하기위해서는 모든 전통시장에 주차장과 화장실은 필수적이겠다. 도로변의 주차허용은 임시적인 수단이지 소비자들에게 편리하다는 느낌을 주지 못한다. 이 두 가지 핵심요소에다가 전통문화를 곁들인다면 대기업과의 경쟁도 충분히 가능할 것으로 본다.

앞에서 걸어간 선진국의 사례는 우리에게 이점을 가르치고 있다. 목표와 방향이 불분명하여 갈지자를 걸으면 막대한 국가재정만 낭비될 수 있다. 더욱 중요한 점은 중소상인들이 경쟁력을 높일 수 있는 시간을 소모하여 미처 대비할 능력이 없는 가운데 제 3차 유통혁명전쟁을 맞이하는 것이다. 전통시장과 상점가의 소규모 잡화점들도 그러하고 야채가게와 청과물 점 등 농수산축산물 소매점도 그러하다. 특히 농수산물 유통체계는 근간이 흔들릴지도 모른다.

농수축산물의 유통구조가 문제다

일반 공업제품은 값이 오르면 구입을 뒤로 미루거나 포기할 수 있어 실생활에 미치는 영향이 비교적 탄력적이고 적은 편이다. 그러나 사람들이 먹고사는 곡식과 야채류와 같은 농산물은 다르다. 곡식이 품절되거나 가격이 오르면 국민생활에 직접적으로 즉각 영향을 미치고 삶이 어려워진다. 고른 영양분 섭취를 저해하거나 부패된 식품으로 국민건강을 해칠 수도 있다.

따라서 신선하고 다양한 양질의 농수축산물과 가공식품들이 저렴한 가격으로 유통되는 시장을 만드는 것이 중요하다. 선진국들의 정책은 이런 시장 만들기에 역점을 두고 있다. 국민 다수가 행복하려면 먹거리 비용이 적게 들면서, 오락과 문화생활을 더 즐길 수 있는 시장이 필요하다. 이런 관점에서 보면, 농수축산업이야말로 전체 소비자인 국민 입장에서 정책을 펴야 한다.

오랜 해외생활을 끝내고 귀국한 친구가 '과일이나 고기값이 너무 비싸서 먹고 사는 재미가 반감되었다'면서, 일반 국민들은 이것을 당연하게 생각하는데 자기로서는 이해할 수 없다고 한다. '수입통제가 주범이 아닌가?'라고 묻는다. 사실 그동안 곡물과 채소, 과일류와 고기류의 수입규제가 많이 완화되었지만, 아직도 높은 관세율과 수입검사와 같은 장벽들이 남아있고 수입 공급망이 길거나 복잡한 것은 사실이다. 게다가 국내 농수축산물의 유통구조와 시스템은 발전되었다고 보기 어렵다. 안과 밖으로 고비용 저효율의 유통흐름이니 수요와 공급조절이 잘 될 리 없고, 농수축산물 가격이 비쌀 수밖에 없다고 보여진다.

부패하기 쉬운 신선상품일수록 유통이 중요하고 상인들의 유통권력이 강해진다. 농민들이 논밭에서 힘들게 생산한 농산물이 유통에서 잘못되면 하루아침에 쓰레기로 변한다. 다양한 품종과 품질, 모양도 제각각이라서 포장도 어렵고, 손상되거나 부패하기 쉬워 운송도중에도 항온유지 등 특별한 관리가 요구되어 물류비용이 많이 소요된다. 계절별 생산시기와 소비시점이 일치하지 않아 특별한 저장기술도 필요하다. 한마디로 농수축산물은 농어촌에서 도시까지의 공급망 구조와 유통시스템, 관련기술과 관리능력에 따라 상품가격과 신선도가 크게 달라지는 특성을 갖는다.

그래서 발전된 유통구조는 국민에게 보다 싸고 신선한 농축수산물을 제공하지만, 후진국 형 유통구조는 농산물 수요공급파동이 반복된다. 평상시에도 유통비용 거품이 많아 '생산자인 농어민은 싸게 파는데 소비자는 비싸게 구입해야 하는 이상한 시장'을 만든다. 우리나라의 농수축산물 유통시장이 이런 모습이 아닌가?

실제로 전 국민을 놀라게 했던 2009년도 동절기의 배추파동 외에도 2004년도의 소고기와 돼지고기 파동 등 크고 작은 수급파동이 계속 발생하고 있다. 100년만의 가뭄이었다는 금년 5~6월도 그냥 넘어가지 않았다. 대파가격이 217% 폭등했고 나머지 농산물 가격도 줄줄이 치솟았다.[23]

수급파동문제와는 별개로 전반적인 농수축산물 가격이 큰 폭으로 계속 상승하고 있다. 작년에 소비자 물가는 전년대비 4% 상승했다. 다른 분야는 대부분 2~3%대의 상승에 그쳤으나 농산물은 8.8%, 고기류 축산물은 10.3% 상승하여 물가상승을 주도했다. 특히, 국민의 기본적 생필품인 농수축산물 가격이 2009년부터는 평균 임금상승률보다 훨씬 높은 7~9%대의 높은 상승세를 지속하고 있어, 서민생활을 어렵게 만들고 있다.

품목성질별 소비자물가지수

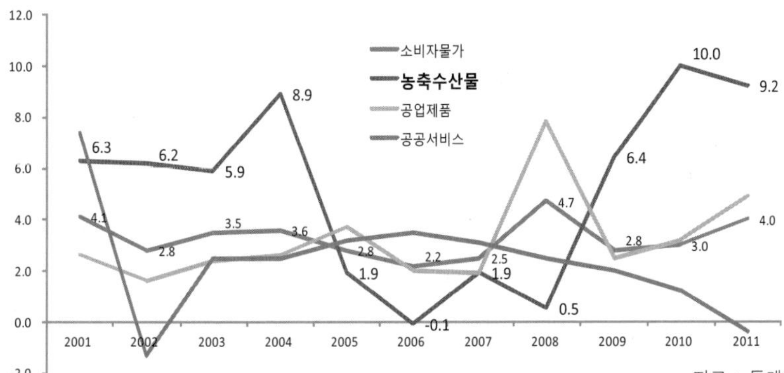

자료 : 통계청

군(軍)의 중심세력이었던 하나회를 청산하여 자신만만했던 1993년 초의 YS 문민정부, 이번에는 농민과 소비자 시민 모두에게 불만 덩어리인 농산물 유통구조를 혁파하기로 작심하였다.

당시 최인기 농림수산부장관의 지시를 받은 유통정책국장과 시장과장, 사무관은 「농수산물 유통 및 가격안정에 관한 법률」(약칭 농안법) 개정을 위하여 밤샘 작업을 계속했다. 과천청사에서 멀리 떨어진 한적하고 작은 한 호텔방에서다. 당시 여당이었던 민자당 농림수산위원회 국회의원들과의 당정 협의도 외진 곳에서 할 정도로 비밀리에 진행되었다.

법안 상정과 통과전략은 당연히 속전속결이다. 개정된 농안법은 1993년 5월 농림수산위원회와 국회 본회의를 통과하였고 6월 11일에 공포되었다. 개정된 주요 골자는 농산물 중매인仲賣人은 중개만 하고 매수와 도매를 금지하는 내용이었다.

새로운 법은 다음 해인 1994년 5월 1일 시행되었다. 그 이틀 뒤인 5월 3일, 73,000여 평의 드넓은 서울 가락동 시장이 이상했다. 무와 배추, 각종 과일과 생선을 가득 실은 대형화물차들이 시장 안에서 오도가도 못하고, 길거리에서 대기 중인 화물차들은 경적을 울리며 난리였다. 오후가 되자 야채와 과일, 생선 썩는 냄새가 진동하기 시작했다. 그 시각, 대전 농수산물 도매시장에서도 똑같은 상황이 벌어지고 있었다. 중매인들이 집단적으로 경매에 불참한 것이다.

상황은 오래가지 않았다. 바로 그 다음 날인 5월 4일 정부가 무릎을 꿇었기 때문이다. 농림수산부장관이 오전 10시에 농안법 시행연기와 재검토를 발표하고 관련 국장과 과장, 사무관까지 직위를 해제하였다. 그리고 농안법은 그 해 11월 1일, 다시 개정되어 중매인을 중도매인으로 명칭을 변경, 이들에게 중개업과 도매업을 할 수 있도록 허용하였다. 당시 농수산부 차관은 중매인 도매금지조항이 초안에는 없었으나 민자당 신모 의원이 법안심의과정에서 삽입한 것이라고 주장하여 여당은 물론 야당까지 집중성토를 하자 사표를 낸 웃지 못 할 사건도 있었다.[24]

중도매인仲都賣人, 정부와 국회를 한방에 날려 버린 농수산물 중매인들은 누구인가? 전국 47개 농수축산물 도매시장에서 거래되는 총 물량은 687만 톤(2010), 거래금액은 12조 3,200억 원 규모다. 이중 91%의 물량이 중도매인의 손을 거쳐 경매입찰로 소매상에게 팔려나간다. 한 해 총 4조 8천억 원의 농수축산물 도매거래가 이루어지는 서울 가락동 도매시장의 경우 중도매인 1,878명, 매매참가인 124명, 산지에서 물량을 공급하는 유통단체 309개와 개인 2,387명 등 복잡한 유통기구들이 활동하고 있다.[25] 이중 전국도매시장에 포진한 중도매인 8,110명(청과 6,397, 수산 1,464, 축산 161, 양곡 61, 약용류 27)은 농수축산물의 흐름을 좌우하는 유통권력을 한 손에 쥐고 있는 집단이다.

80년대 도매시장에 반입된 농수산물은 모두 중매인들이 판매하는데 일부는 경매, 나머지는 법인회사와 중매인이 합의하는 상대매매방법으로 거래하였다. 농어민들은 누구에게 얼마에 팔렸는지 알 수 없었다. 나중에 도매법인회사가 지급하는 거래내역서(장끼帳記)를 받아보면, 수수료와 상하역비, 청소비 등을 포함한 제반비용이 판매가격의 30%를 넘었다고 한다.[26]

소매상들은 도매시장 안에서 4~5단계의 중간상들을 거치고 난 후에야 농수산물을 살 수 있었다. 도매법인에게 농산물을 구입한 중매인들은 도매시장의 앞자리상에게 판매하고 이들은 지역시장의 중간도매상 또는 도매시장 내 소매상이나 행상에게 판매한다. 중매인이나 앞자리상은 직접 산지에 나가 농수산물을 구입도 하여 사실상 도매법인과 중개인, 도매상과 위탁상 모든 기능을 수행하였다.[27]

도매시장의 농수산물 상 하역 작업은 노조에 의하여 독점되었다. 서울 가락도매시장의 경우 상하역 인력은 청과물 1,167명, 수산물 236명인데 전원 노조원이다. 2010년 상 하역 물량은 233만 톤, 하역비로 316억 원이 지급되었다.[28] 톤당 13,000원이 넘는 비용이다. 매일 약 2만대의 화물 트럭이 물량을 실고 내리면서 파렛트 사용률은 전체물량의 8.7%, 19만 톤에 그치고 있다. 수입물량을 빼면 약 3% 수준이다. 그 옛날 등짐 나르는 물류를 지속하고 있는 것이다. 다단계 유통구조에다가 물류효율성은 거의 제로수준이니 농수산물 가격이 올라가지 않을 수 있겠는가.

조병찬 한국농업정책학회장은 1973년 「농수산물도매시장법」 제정

당시, 하나의 도시에 하나의 시장과 1개 도매법인을 두도록 한 '1都市, 1市場, 1法人' 정책이 화근의 씨앗이라고 분석한다. 6·25 전쟁시 미군 수물자의 시장통제를 위하여 만든 최초의 유통법인 「중앙도매시장법」(1951.6.22)의 내용을 그대로 답습한 것이다.

도시가 커지며 농수축산물 소비량이 크게 증가하여 1개 법인기업으로는 이를 담당할 수 없었고, 옛날부터 내려온 재래도매시장들을 통폐합할 수도 없었다. 관련법에는 무허가 유사도매시장 중매인들의 위탁도매행위를 금지하였으나, 1977년 시장점유율은 유사도매시장이 73.7%를 차지하고 있었다. 이들의 자유로운 영업방식과 노하우를 도매법인은 따라갈 수 없었고, 세금을 안 내는 유사도매시장의 상품가격이 더 싸고 다양했다.

1981년 전국의 도매시장 수는 모두 227개소, 이중 법정도매시장은 60개소이고, 농협과 수협이 운영하는 농수산물공판장은 88개소, 유사도매시장은 79개소(청과물 59, 수산물 20)였지만 거래량은 유사도매시장이 훨씬 많았다.[29]

서울 가락동 농수산물종합도매시장의 개장(1985. 6.19)은 우리나라 농수산물 유통사에 획기적인 사건이었다. 낡은 시설에 위생상태는 엉망이었고, 좁은 도로에 주차장이 없어 화물차가 진입하는 데 2~3시간이 걸렸던 재래시장과 비교할 때, 가락동시장은 현대식 시설을 갖춘 동양최대규모의 농수산물 도매시장이었다.

그러나 시설과 장비는 현대적이었지만, 사업방식은 옛날 그대로 이어 졌다. 도매법인과 유사도매시장의 상인들을 모두 참여토록 한 점은 좋았으나 상업방식을 혁신하지는 못했다. 달라진 점은 유사도매시장의 앞자리상과 소매상들을 보조중매인과 소매인이라고 이름을 부여한 것이다. 도매시장 내에서 "지정도매인" "중매인" "보조중매인" "지역중

개인" "소매인" 등 4~5단계를 거치는 것도 똑같았다.[30] 정부가 오히려 다단계적 유통구조를 제도화한 셈이다.

유통단계도 그렇지만 중매인과 보조중매인간 상호 역할도 애매하여, 서로 경쟁적으로 좋은 물건은 도매시장을 거치지 않고 별도 판매하거나 차명경매를 하는 등 각종 불법거래나 비정상적인 상행위 소지가 많고 이를 규제하기도 쉽지 않은 구조다.[31]

사실 농수축산물의 유통현대화를 위한 사업만큼 막대한 정부의 예산이 투입된 분야도 드물다. 정부와 지방자치단체의 예산이 지원되는 33개의 공영시장, 250여 개의 산지 유통센터, 18,000여 개의 저온 저장고와 예냉시설, 1,500여 개의 집하장과 선별장 등 전국적으로 현대적인 유통시설이 깔려 있다.[32] 그럼에도 농산물 유통이 원활하지 못한 주된 이유는 도매시장의 취약성에 있다. 수많은 종류의 농수축산물이 한곳에 모여져 각 소비처에 분배되는 도매시장은 유통의 핵심이고 중심지다. 그런데 이곳의 기능과 활동들이 다단계적이고 후진형이니 유통의 병목현상이 발생하고 있는 것이다.

또 하나의 근본적인 이유는 많은 현대식 유통시설들이 소비자보다는 생산자(농어민)의 이익과 의견에 기초 한 결과 제대로 작동이 안 된다는 데 있다. 공영도매시장이 과대하게 건설되어 운영이 어려운 중소도시의 도매시장, 주요 소비지와 멀리 떨어진 곳에 입지한 일부 종합유통센터의 도소매 영업 자체가 심각하다. 소비자가 찾지 않는 유통시설은 이미 생명줄이 끊긴 것이 아닌가.

다행히 농수산 도매시장이 변화고 있다. 정부의 힘으로도 어쩌지 못한 중도매인들의 위세가 꺾이고 있는 것이다. 대형마트의 농수산물 직거래가 확대되고, 소매상들이 농협 등 다른 곳에서 농수산물을 구입할 수 있는 카드를 갖게 되면서 이런 변화가 시작되었다. 아직 초기단계이지만, 이제 도매시장 내의 중도매인들도 소매상을 잡기 위한 경쟁이 시작되었고, 함부로 가격을 올리지 못하는 구조로 변화의 조짐이 보인다. 시장구조의 다변화가 이런 변화를 만들고 있는 것이다. 시장의 힘은 조용하지만 강하다.

파열음 없이 농수산유통을 혁신할 수 있는 최고의 대책은 시장구조의 다변화다. 도매시장과 소매시장의 참여자들이 치열하게 경쟁하도록 시장구조를 만들면 자동적으로 유통이 원활해지고 가격이 내려간다. 향후 이마트 등 유통 대기업은 농민과의 직거래와 농수축산물을 직접 생산/판매하는 자체브랜드 상품을 확대해나갈 것으로 예상된다. 일본의 추세가 그러한데, 이렇게 될 경우 대형마트의 경쟁력은 더욱 강해진다. 여기에다가 농협이 도매기능을 강화하여 보다 저렴한 가격으로 양질의 농수축산물을 소매상에게 판매할 수 있다면 기존 도매시장의 변화는 더욱 가속될 것이다. 도매시장의 혁신은 농협이 앞으로 어떤 역할을 하느냐에 달려있다고 본다.

각종 문제에도 불구, 가락도매시장으로 소매상들이 몰리는 이유는 다른 대안도 적고, 전국에서 당일 운송되는 싱싱한 무와 배추, 각종 양념류를 한 번에 구입하여 한 차로 실고 갈 수 있기 때문인 것 같다. 농협이 전국적으로 이런 도매역할을 하려면 현재의 도매업과 소매업 사업병행을 완전 분리하는 것도 하나의 바람직한 대안이라고 할 수 있겠다. 전국의 농어민단체와 협업체계를 구축, 전문 농수축산물 도매기업으로 발전하여 현재의 도매시장과 경쟁하는 체제를 구축하는 것이다. 농협소매점만이 아닌 전국의 소매상을 고객으로 하는 비즈니스 철학과 사업모델로의 혁신이다.

농협 하나로 마트 또한 농수축산물 전문 소매기업으로의 발전이 바람직하다고 본다. 꼭 농협의 도매공판장만이 아니라 전국의 도매시장에서 가장 물건 좋고 값싼 농수축산물을 조달하고 농어민과 직거래도 하면서, 소매업의 전문성을 높여야 대형 유통기업들과 경쟁할 수 있을 것 같다. 지금처럼 농협이 도소매업을 병행하면 경쟁이 치열한 시장에서 양쪽 모두를 절름발이로 만들 수 있을지도 모른다.

소매시장 또한 다양하고 경쟁적인 시장으로 구조화 되어야 최종 소비자들이 값싸고 좋은 식품을 구입할 수 있다. 농수축산물 소매시장도 대형마트의 경쟁력이 날로 강해져 과점현상이 우려된다. 개인들이 운영하는 청과물 점 등 중소형 소매점의 경쟁력 제고가 시급하다. 이들이 대형마트와 경쟁하기 위해서는 도매시장과 농협에서 좋은 상품을 저렴한 가격으로 소매상들에게 공급해야 가능한 일이다. 또한, 농수축산물 소매점을 체인화하여 대형마트처럼 직구매와 공동구매로 원가를 줄이고, 농어촌 유통단지 또는 도매시장에서 각 소매점까지 공동물류로 비용을 절감하여 가격경쟁력을 높일 필요가 있는 것 같다.

현재 약 300개의 점포를 운영하고 있는 초록마을과 같은 농수축산물 소매전문기업들도 발전하여 다양한 시장구조의 한 축이 되는 것이 바람직하다. 최근 농협에서 동네슈퍼에 저렴한 가격의 농수축산물 보급을 지원하는 협약을 체결했다고 한다. 중소상인의 매출확대와 농수축산물 판로를 늘리면서 시장구조의 다양성을 확대한다는 측면에서 긍정적이다.

농어민과 소비자를 직접 연결해주는 농수산물 직판장의 확대는 유통비용을 대폭 감축할 수 있는 시장 다변화의 좋은 모델이다. 그러나 직판장건설은 각개 사업별로 소비자 기반의 시장성을 면밀히 검토 한 후 추진할 필요가 있다. 잘못하면 적자투성이의 흉물스러운 존재가 될 수 있다. '1도시 1 농산물 유통기업'정책이 성공하려면 이들의 전문성과 창의력에 달려 있다. 가급적 초기단계에는 투자비가 소요되지 않는 비즈니스 모델 개발에 치중했으면 좋겠다. 지방자치단체나 농어민 개인의 온라인 농수산물 쇼핑몰 사업은 개별적인 택배물류비용이 문제다. 주문을 통합하여 대량 수송과 분배 가능한 사업모델로 발전시킬 필요가 있다고 본다. 현 시점에서는 특산물과 관광을 연계시키는 전국적인 홍보로 방문객을 늘려서 직판하는 모델이 더 효과적이겠다.

유럽의 Farmers market과 현지생산/소비 시스템은 모방할 만한 것이다. 주요 도심지 유동인구가 많은 곳에 소작 농민들이 직접 판매할 수 있는 거리마켓을 지방정부가 설치하고 관리한다. 거리마켓이라고 노점상의 모습이 아니다. 자판대와 화장실, 주차장을 갖춘 매장이다. 영국은 이 마켓 사용권한을 50만 마일 이내의 농민으로 한정하여 지역주민을 보호하고 있다.

현지 생산/소비시스템local food system은 농수산물 생산지역에서의 소비를 촉진하는 제도이다. 지역내 학교와 음식점 등 소비자 집단과 생산자 단체 간에 협약체결을 지방정부가 주선해줄 수도 있겠다. 서로 신뢰를 지키면 물류비용이 적게 들면서 신선한 상품을 주고받을 수 있어 양쪽이 모두 이득을 볼 수 있는 모델이다.

우리나라의 경우, 소형트럭에 농수산물을 가득 싣고 아파트 단지 등에서 판매하는 소상인들이 많다. 이들에게 신선상품을 값싸게 공급할 수 있는 시스템을 제공한다면 소비자에게 가깝고 편리한 시장을 창출하면서, 소상인 서민들에게 안정적인 일자리를 제공할 수 있을 것이다.

농가의 농산물판매는 크게 농민이 개별적으로 판매하거나 생산자조직을 통한 공동출하방식, 산지유통인(수집상)판매, 정부수매 또는 대형유통기업과의 직거래 등으로 다양하다. 생산자 조직으로는 농협, 작목반, 영농조합법인이 있다. 소위 밭떼기 구매로 유명한 산지 유통인들의 거래물량은 1998년 51%에서 현재 10%대로 떨어진 반면, 공동출하와 직거래 비중이 현저하게 증가하는 추세로서 발전하는 모습이다. 한 단계 더 나아가 북미와 유럽의 협동조합처럼 농수축산물 가공과 저장으로 부가가치를 높이면서 계절별 생산과 수요를 조절하는 기업형 조합으로의 발전도 생각할 수 있겠다.[33] 글로벌시장에서도 브랜드 인지도가 높은 미국 캘리포니아 협동조합기업의 선키스트sunkist 제품은 좋은 사례로 소개되고 있다.

물류가 문제다. 정보통신의 발전으로 농어민들도 상당한 정보와 지식을 갖고 있어 옛날처럼 바가지상술은 잘 통하지 않는다. 가락동 도매시장 관리자인 서울시 농수산물공사의 이래협 박사는 농수산물 거래의 투명성은 좋아졌으나, 物流가 가장 큰 문제라고 한다. 앞장에서 소개한 일반 상품을 판매하는 전통시장과 동네슈퍼들도 똑같은 문제를 안고 있지만, 특히 신선상품은 더욱 물류가 중요하다.

농수축산물 생산지에서 소비지까지 품목별 개별 공급망과 전체 공급망의 물류체계가 통합되고 정밀해야 한다. 물류생산지에서 도시 근교의 유통물류단지까지는 대형화물차량으로 운송하고, 단지에서 시내 판매점까지는 소형차량으로 운반하는 흐름이 원활하도록 유통인프라와 시스템 구축이 긴요하다.

생산지부터 살펴본다. 배추를 예로 들면, 산지에서 5톤 트럭에 약 2500개의 배추를 실으려면 7~8명의 인부가 거의 하루 종일 걸린다. 만약 산지인 몇 명이 이 일을 한다면 2~3일은 족히 걸려 배추는 운송 전에 시들해져 상품가치를 잃고 말 것이다. 이런 상황이라면 농민들은 운전수와 상하차 인부들에게 막걸리를 대접하지 않을 수 없다. 인정으로서가 아니라 갑과 을의 관계로서이다. 만약 이런 전문 용역업체들이 경쟁하는 시장을 만든다면 상황은 그 반대이고 운송, 상하역비는 내려갈 것이다.

농어민 단체가 기업형으로 발전하여 시발점인 생산지에서 완전 포장이 가능하다면 2차, 3차 포장비용을 절감할 수 있다. 운반 용기 또한 생산지에서 매장까지의 운송은 물론, 매장 내에서도 사용하고 다시 재활용하는 시스템을 구축한다면 상당한 비용절감이 가능하다. 대한상공회의소 유통물류진흥원의 '농수산유통포럼'에서 농수산물 포장을 표준화하면 포장비용의 약 30%를 절감할 수 있다는 연구결과를 도출한 적도 있다.

생산지에서 소비지까지 여러 단계를 거치면서 간단없는 흐름을 유지하기위해서는 시설인프라 외에 소프트인프라가 필요하다. 비즈니스 절차와 전자식 시스템에 의한 정보교류다. 비즈니스 행동절차의 정립은 수많은 단체와 기업의 작업자들이 적시에 자동적으로 움직이게 한다. 생산자와 판매인, 중간거래자와 운송인 등 관련된 모든 사람들이 상품 및 거래정보를 공유하고 문서를 교환하면 다툼도 없어지고 사전준비로 활동시간을 대폭 단축할 수 있을 것이다.

특히 농수축산물은 품종도 다양할 뿐만 아니라, 품질이 각양각색이라 신속한 단품관리를 위해서는 상품 코드의 표준화와 컴퓨터를 활용한 전자정보시스템의 구축이 중요하다. 현재도 상품을 표기하는 코드를 사용하고 있지만, 각 공급처별로 제각각이라 컴퓨터가 실시간 정보를 통합할 수도 없고, 거의 수작업겸용의 옛날 방식을 지속하고 있는 것 같다. 농민과 어민들이 손쉽게 이용할 수 있는 간단하고도 명료한 IT솔루션과 시스템을 구축하고, 정보교류가 왜 필요하고 어떤 이득을 주는지를 설득하는 교육이 필요하다고 본다.

2010 농수산물도매시장통계연보(2011.10)는 이 시장의 중요한 변화

를 시사하고 있다. 전국 농수축산물 도매시장의 거래금액은 2000년 6.2조에서 2010년 12.3조로 10년 동안 거의 2배로 증가하였다. 그러나 최근년도인 2009년과 2010년도의 거래실적을 비교해보면, 금액은 18억원 증가하였으나, 물량은 3.8톤 감소하였다. 계속 상승세였던 도매시장의 농수산물 거래량이 처음 감소세로 돌아선 것이다.

주된 원인은 농어민과 직거래하는 대형 마트의 농수축산물 판매량이 크게 증가하기 때문이다. 도매시장으로 갈 물량이 대형마트로 가고 있고, 농협이 도매기능을 확대하면 도매시장 거래량은 더욱 감소할 것으로 예상된다.

이마트 등 대형마트의 2010년 총 매출액은 33조 7,330억 원, 이중 농수축산물과 가공/조리식품의 판매액은 약 17조 원 규모로 추정된다.

농축수축산품 매출액 추이

(단위 : 조 원)

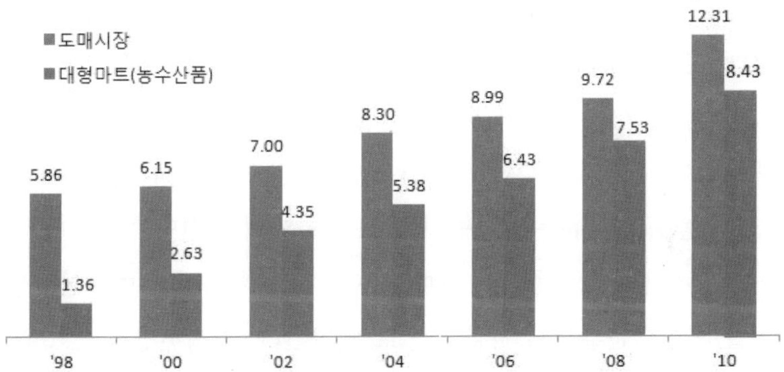

* 대형마트의 순수 농수산품 매출액 비중(각 사별 약 20~30%)을 감안, 대형마트 전체 매출액의 25%로 계산함

작년(2011)에는 총 매출액이 약 3조 원 증가하여, 농수축산물과 가공식품류의 판매는 거의 1조 원 이상 증가하였을 것이다. 가공/조리식품의 원료 또한 농수축산물이므로 전체시장규모는 대형마트가 전국 농수산물 도매시장을 합한 것보다 훨씬 더 큰 셈이다. 가공조리식품을

뺀 순수 농수축산물의 거래량도 이미 턱밑에까지 쫓아와, 조만간 도매시장을 추월할 것으로 보인다.

농수축산물 시장변화의 흐름은 우리에게 많은 점을 시사하고 있다. 농수축산물 유통정책 당국에게 생산자 위주 또는 도매시장과 농협만이 아니라, 민간의 대형마트와 개인 소매점, 전문점 등 시장 전체를 볼 것을 주문하고 있다. 또한, 대형마트와 경쟁해야 하는 과일/채소/수산물 가게들과 소매 정육점들의 경쟁력 제고가 시급하다는 경고의 메시지인 것 같다.

현대유통은 누가 소비자에게 좋은 상품을 싸게 공급할 수 있느냐 하는 공급망 대 공급망의 경쟁이다. 대형 유통기업의 강점은 바잉파워도 강하지만, 생산지에서 소비지에 이르는 공급망의 일체화에 있다. 도매시장과 농협의 매출은 농수축산물 소매점의 판매에 달려있다. 한편, 각 소매점의 경쟁력은 농협과 도매시장의 경쟁력에 의존하는 바, 도소매 공급망 전체의 경쟁력을 높여야 대형마트와 경쟁할 수 있을 것이다.

귀농인이 증가하고, 포화상태인 수도권 인구의 증가세는 완만해지고 있어 농수산물 유통량의 증가폭 또한 완만해질 전망이다. 그럼에도 대형마트에서의 농수축산물 판매량은 계속 증가하여 도매시장에서의 판매물량 상당분을 축소시킬 것으로 예상된다. 시장전망은 앞으로 농축수산물 도매시장과 전국의 생산지 유통시설의 유휴시설에 대한 활용방안을 더욱 고민하게 만들 수 있다.

농협이 도매사업의 활성화를 위하여 대형 농산물 유통단지를 조성하고 있다. 위와 같은 시장전망을 정밀 검토한 후, 꼭 필요한 곳에 유통단지를 건설하여 전략적으로 활용할 필요가 있다. 가급적 전국의 농수축산물 유휴시설을 활용하여 국도 공급망을 만들고, 유통단지와 연계하여 전국적인 농수축산물 유통고속도로를 만든다. 이 도로는 농협만이 아니라, 중소 소매/도매상인 모두가 활용토록 한다면 국가 전체의 물류비용을 절감할 수 있겠다.

농협물류는 각종 포장과 용기, 상품식별 코드를 표준화하고, 파렛트 사용과 상하차 기계화, 선진 정보시스템을 구현하여, 기존 도매시장의 재래식 물류비용과 현격한 차이를 보여줌으로써, 이들이 스스로 혁신하지 않으면 안 되는 상황을 만들었으면 좋겠다.

농수축산물의 수출입체계도 보다 기민하고 탄력적인 시스템으로의 변화가 필요하다. 주요 농산물은 국내와 해외 작황을 수시로 점검하여 미리 대응능력을 준비한다. 전문가들은 배추와 무, 알타리, 양파, 양배추, 대파와 쪽파 등 소위 7대 대중채소류의 수급조절이 중요하다고 한다. 다른 과채류는 공급이 부족하면 다른 대체재로 돌리거나, 심한 경우 먹는 양을 줄이면 되지만 이것들은 그렇게 할 수 없는 채소류다. 대중 채소류에 대해서는 수출입제도를 포함한 사전 대응 매뉴얼을 만들어 유사시 즉각 행동할 수 있도록 준비한다.

국민생활과 직결되는 농수축산물, 이 상품의 특성상 생산도 중요하지만 저비용 고효율의 원활한 유통이 중요하다. 선진형 유통정책은 생산과 수출입을 자유롭게 연계시켜 도매시장과 소매시장을 경쟁적인 시장구조로 만든다. 이런 시장은 농어민, 축산인에게 더 좋은 상품을 만들어 제 값을 받게 하고, 유통 물류인에게 적절한 대가를 지불하며, 소비자 국민에게는 신선한 산물을 저렴한 가격으로 즐기게 한다.

좁은 국토에 기후는 더욱 변덕스러워지고 있다. 언제 무슨 일이 발생할지 모르는 상황에서 보다 유연하게 수출입 장벽을 넘나들며 농산물 수급균형을 조절할 수 있는 제도와 시스템이 필요하겠다. 문제가 터지고 난 후에는 신속한 대응이 쉽지 않아 상당기간 국민의 식생활을 어렵게 함으로 사전 준비와 제도화가 긴요하다.

어떤 산업이든지 소비자와 동떨어진 산업은 발전할 수 없다. 소비자 중심의 시장은 장벽 없는 경쟁적인 시장이고, 궁극적으로 생산업과 판매업 모두를 발전시킨다. 농수축산물 유통의 고도화는 농업과 어업, 축산업의 발전을 촉진하면서, 국민건강과 삶을 이롭게 하는 국가적 정책과제이다.

해외시장진출,
왕도가 따로 없다

미국금융위기로 촉발된 글로벌 경제위기가 실물경제로 확산되던 2008년 중반, 국내와 해외 소비재시장에서는 그해 9월부터 소비증가세가 감소세로 돌아섰다. IMF는 2009년 세계경제성장률을 1970년 통계작성 이후 최저점인 −1.3%로 하향 전망하였다.

이 시점에 영국의 유통연구소 IGD는 극심한 경기침체기에 어떤 유통업체가 가장 유리한지와 바람직한 마케팅전략을 조사한 바 있다.[34] 이 연구는 경제 불확실성이 커지고 불황기일수록 가격 경쟁력이 높은 기업 그리고 해외시장, 특히 신흥국시장에 진출한 유통기업이 유리하다는 결론을 내렸다. 각 기업별로는 월마트(90%)가 가장 유리하고, 다음으로 Aldi(88%), Tesco(82%), Lidl & Schwarz(74%), Carrefour(43%), Metro(32%), Costco(21%) 순위로 평점을 주었다.

이로부터 3년 후인 2011년도의 주요 글로벌 유통기업들의 매출실적을 보면, 이 순위가 거의 비슷하게 나타난다. 차이가 있다면 가격경쟁력을 크게 높인 Costco와 Kroger의 약진이며, 가격 경쟁력이 떨어진 Carrefour는 Metro보다 더 추락하고 있다는 점이다.[35]

아일랜드에서 그리스, 스페인으로 이어지는 유럽의 경제위기는 세계경제의 불확실성을 더욱 가중시키고 있다. 세계경제구조가 글로벌화되면서 한 국가나 지역의 문제가 바로 세계경제와 우리나라의 경제상황에도 영향을 미쳐, 크고 작은 경제위기가 계속 반복되는 추세다.

뉴욕의 '2009 Global Retail BigShow'에서 세계적인 유통전문가들은 한 목소리로 '이제 풍성한 시대는 지나갔다'고 선언했다. 원래 기초 생필품이 충족된 선진국시장의 소비증가세는 낮은 편이다. 그럼에도 지금까지 거품소비가 많았다며, 앞으로 반복되는 경제위기는 소비자들의 지갑을 더욱 닫게 만들 것이라고 전망한다.

매년 높은 소비증가세를 보여 온 국내시장에서도 소비하락의 여러 가지 징후가 나타나고 있다. 아기 출생률이 낮아지고 고령화시대로 가면서 점점 2~3% 증가세의 선진국 시장을 닮아갈 것으로 예상된다. 게다가 정부는 대기업의 매장설치와 영업활동을 규제하기 시작했다. 이제 국내 유통대기업들은 생필품 소비가 매년 10% 이상 증가하고 있는 신흥국 시장으로 더욱 눈을 돌려야 할 때다. 해외시장 진출은 포화상태인 국내시장의 한계를 극복하면서 새로운 도약의 기회를 만들 수 있다.

유통업의 글로벌화는 국내시장과 해외시장 쌍방향 활동이고 다방면으로 이득이 발생한다. 외국시장에 매장을 개설하여 매출과 이익을 올리는 동시에, 진출국의 값싸고 좋은 상품을 자국시장에 반입하여 경쟁력을 높일 수 있다. 특히 국내시장의 소비가 침체되면 다른 외국시장에서 매출을 만회할 수 있는 큰 이점을 갖는다.

세계 250대 유통소매기업의 해외진출국은 평균 8개국(2010)이며, 해외시장에서의 매출이 23%를 차지한다. 대부분 미국과 유럽, 일본 등 자국시장보다 아시아와 남미지역의 해외매출이 상승한 덕분에 이들의 총 매출은 전년대비 5.3% 증가하였다. 해외시장에 제일 많이 진출한 패션의류 SPA기업들(평균 17개국)의 매출성장률은 전체 평균보다 3배 높은 14.6%였다.

참고로 한국 유통기업은 롯데쇼핑이 세계 매출 79위, 신세계는 82위, GS리테일은 228위인데, 해외진출은 평균 3~5개국, 해외시장에서의 매출규모는 미약한 수준이다.[36]

유통소매기업의 해외시장진출은 국내 제조업체에게도 이롭다. 진출국의 좋은 상품을 국내에 반입도 하지만, 역으로 국산품을 진출국시장에서 판매하는 확실한 통로가 된다. 이들의 해외매장에서 국산제품의 판매는 해당 제조업체의 매출을 올리는 동시에 그 지역 소비자들에게 광고효과도 있어 수출을 더욱 촉진할 수 있다.

최근에는 유통업체 자체브랜드PB상품이 해외시장에서 인기가 높아진다. 대한상공회의소가 조사한 해외진출현황자료에 의하면, PB상품 제조사 중 절반(49%)의 기업들이 유통업체와 동반 진출하였으며, 이 중에는 이마트에 납품하는 생활용품을 동유럽의 테스코 매장으로 수출하는 기업도 있다.[37]

최근 한국관광공사의 중국방문객 인식조사 결과, 한국방문목적 1위가 '쇼핑'이었다. 외국인 관광객들이 증가하여 국내 매장에서의 관광쇼핑도 확대해야겠지만, 한국방문이 어려운 수많은 중국인과 인도인, 동남아인들을 겨냥하여 현지에 설치된 주요매장을 인기 있는 국산품 판매매장으로 특화시켜볼 만하다.

유통의 글로벌화는 소비자를 가장 즐겁게 한다. 전 세계의 상품들이 국내시장으로 모여들어 경쟁이 심화되면서, 소비자는 값싸고 질 좋은 상품들을 선택할 수 있다. 현재 국내 대형소매점의 경우 해외상품 조달비율이 거의 30~40%에 도달하고 있다. 80년대 일본시장도 이런 방식으로 다양하면서도 양질의 저가격 상품시장이 만들어졌는데 우리의 경우 2010년부터 본격화되고 있다.

다만, 일부 품목들은 대기업이 독점 공급함으로서 오히려 상품 값이 해외시장보다 높다는 비난이 일고 있다. 유통의 독점 또는 과점화로 생기는 폐해인데, 합리적인 소비자만이 이런 횡포를 피해갈 수 있을 것이다.

세계 유통시장규모는 10조 5천억 달러(2009), 유럽시장이 3조 9천억 달러, 아메리카 3조 4천억 달러, 아시아시장이 2조 7천억 달러로 전체 시장의 95%를 차지한다.[38] 매년 약 4%대로 총 시장규모가 커지면서 아시아와 남미, 아프리카 시장의 성장률이 구미시장보다 더 높아 시장 진출기회는 전 세계지역으로 확대되고 있다.

소비재 유통시장은 각국별로 상이하다. 소비문화와 법 규정, 시장상황이 나라마다 달라서 대개 국가단위로 시장진출 여부를 검토한다. 그러니까 국가별로 인구가 많고 경제성장률이 높으면 소비수요나 구매잠재력이 큰 매력적인 시장이라고 할 수 있다. 게다가 진출국 유통산업이 덜 발전되어 경쟁기업이 적으면 최고의 시장이다.

지난 5년(2006~2011)간 소비 성장률이 가장 높은 시장은 아르헨티나, 중국, 브라질 순이다. 성장률 10위 내 국가 중 인도와 베네수엘라, 사우디와 태국도 비교적 시장규모가 크고, 자국 내 유통기업의 경쟁력이 약하여 진출하기에 괜찮은 시장처럼 보인다. 아래 표에서 국가별 유통산업의 발전정도를 소상점비중으로 표기하였는데, 개도국의 경우 대부분의 중소상점들이 조직화, 체인화되지 않은 점을 감안하여 이 비중이 클수록 경쟁력이 취약한 시장이라고 상정해도 괜찮을 것이다.

성장률 10위권 시장 외에 성장률 11위(10.9%)를 기록한 인구 1억 4천만의 러시아의 시장규모는 세계 7위의 4,309억불이다. 우리와 비슷한 인구 5천만의 남아공은 성장률 12위, 시장규모는 832억불인데 비하여 우리나라 시장은 14위의 성장률(8.68%)에다가 시장규모는 1,791억불로서 세계 15위다. 기타 시장규모도 비교적 크고 성장률도 괜찮은 시장으로는 캐나다, 호주, 멕시코, 터키, 인도네시아, 폴란드, 말레이시아 시장이 눈에 띄고 있다.

세계 Top 10 성장시장

(단위: 억 달러, %)

국 가	시장규모 (성장률)	소상점 비중(A+B)
아르헨티나	1,000 (80.1)	60 (46+14)
중국	12,451 (48.5)	11 (5+6)
브라질	3,358 (35.0)	46 (36+10)
홍콩	448 (34.2)	51 (21+30)
사우디아라비아	770 (21.0)	56 (38+18)
칠레	436 (20.4)	35 (17+18)
베네수엘라	1,043 (19.9)	60 (34+26)
인도	3,234 (18.0)	94 (69+25)
루마니아	295 (12.8)	29 (13+16)
태국	716 (11.3)	65 (25+40)

출처 : World Retail Data and Statistics, 7th Edition (EUROMONITOR International)
주) 1. 시장규모 : 각국 유통시장의 2011년 총매출액
2. 성장률 : 지난 5년간(2006~2011) 각국 유통시장 매출액의 실질성장률
3. 소상점 비중 : 전체 식품매출액 대비 A (소형 식품잡화점) + B (단일식품류 판매점)의 2011년 매출액 비중

인구 1인당 생필품 소비재 지출액은 스위스가 13,852불(2011)로 가장 높고 일본은 9,990불로 4위, 미국은 14위로 개인당 8,526불을 지출하였다. 우리나라는 3,650불, 러시아는 3,015불, 멕시코와 브라질, 남아공은 1,600~2,000불 정도다. 특히 아시아권의 인도(267불)와 베트남, 인도네

시아와 필리핀, 중국(928달러), 태국 등은 모두 개인당 소비 지출액이 1,000달러 미만이다. 선진국 국민들과는 무려 13~50배 이상의 차이가 나고 있어 향후 이 지역에서 경제발전으로 소득이 늘어나면 큰 폭의 생필품 수요 증가와 함께 고급 소비재의 수요도 증가할 것으로 예상된다.

의외로 최근 경제성장통을 앓고 있는 베트남 시장의 상황은 좋지 않다. 지난 5년 동안 소비재 구매 실질 성장률은 −4.04%, 시장규모는 48위인 294억불이다. 이 시장의 가장 큰 매력은 인구 8천 8백만에다가 개인당 소비 지출액이 거의 하위수준인 335달러밖에 안되어 앞으로 잠재력이 큰 시장이라는 점이겠다. 또한 소상점비중이 77%로 꽤 높아 우리 기업들이 미리 선점하기 좋은 시장이라고 할 수 있다.

통계는 일반적인 시장상황을 알려 주는 수치다. 해외시장 진출을 위해서는 유통통계 그 이상의 것들을 보아야 한다. 이 통계를 기반으로 당사국의 상관습과 소비문화, 법 규제와 향후 시장전망 등을 종합적으로 고려해야 한다. A.T. Kearney는 이런 요소들을 잘 알고 있는 글로벌 유통기업 임직원들에게 투표로서 해외유망시장을 선정토록 하고 발표한다. '2010 글로벌 소매업 개발지수[39]'에 따르면 글로벌 유통인들은 가장 매력적인 소매시장 투자처로 중국과 인도를 꼽았다. 그 전해에는 인도가 1위, 러시아와 중국 순위였고, 사우디와 슬로베니아, 칠레, 말레이시아가 10위권 내에 선정되었었다. 유럽의 경제위기가 지속되고 있는 요즈음, 이 지수를 다시 조사한다면 오일머니가 풍부하고 도시화가 빠르게 진행되는 중동지역과 생필품 수요가 계속 증가하고 있는 동남아 지역, 그리고 일부 남미의 국가들이 높은 점수를 받을 것 같다.

특히 13억 인구의 중국과 12억 명의 인도시장이 주목받고 있다. 양국 모두 높은 경제성장이 지속되어 국민들의 주머니가 갈수록 두툼해지고 있다. 맥킨지는 현재 중국인 82%가 서민층이지만, 2020년에는

35%로 줄어들고 중산층이 51%로 늘어나, 연 평균소득이 현재의 두 배인 약 8,000달러에 도달할 것으로 전망한다.[40] 중국의 도시화는 1980년 19.4%에서 2008년 45.6%로 고속 진행되고 있다. 식품류와 의류, 화장품은 물론, 주택용기와 가구, 사무실 집기 등 전체 소비재의 수요가 급증할 수밖에 없는 시장이다.

10년 후 세계 최대 인구의 나라가 될 인도의 경우, 영국 IGD는 년간 소득 4,500만 불 이상의 중산층 가구 수가 95~2006년 동안 약 6배 증가하여, 년 소득 2만 달러 이상의 부유층을 합한 인구는 1억 7천만 명(2010)에 이른다고 한다. 시장구조도 재래식 소매기업이 90% 이상 차지하고 있어 시장개척 또한 비교적 용이할 것으로 보인다.[41]

Figure B: Respondents say China, India, Brazil and Russia remain top targets for expansion

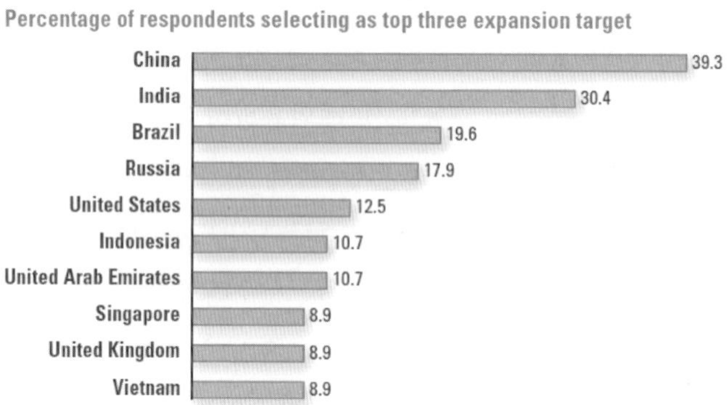

Source: A.T. Kearney analysis

세계 유통시장은 춘추전국시대의 모습이다. 세계 250대 유통기업들은 평균 8개국의 해외시장에 이미 진출했다. 자국시장이 워낙 커 해외시장진출에 소극적인 미국과 중국 기업 등을 제외하면 대부분의 유통기업들이 10여 개국 이상의 시장에 진출했다는 이야기다.

전 세계 유망시장이 그렇듯, 중국시장은 이미 글로벌 유통기업들의 시장쟁탈 각축장이 된 지 오래이다. 2009년 한해에 월마트는 중국시장에 52개의 새로운 매장을 개장했고, 까르푸는 22개의 매장을, 자국기업인 중국의 우마트Wumart도 323개의 매장을 오픈했다.[42] 이들은 경쟁적으로 북경과 상하이 등 동부의 대도시에서 내륙의 중간 도시로 시장을 확대하고 있는 중이다.

정부의 시장진입규제로 진출이 어려웠던 인도시장도 월마트와 메트로 등 글로벌기업들이 속속 진입하여 자리 잡고 있으며, 브라질의 남미와 동남아 시장 등 전 세계 시장에서 유통글로벌의 물결이 거세다.

국내 유통기업들도 해외시장진출에 속도를 내고 있다. 롯데백화점은 2007년 9월 모스크바점을 개장한 이래 중국에 4개점을 운영 중이고, 인도네시아와 베트남에도 매장을 설치 중에 있다. 롯데마트는 국내 92개소, 해외 106개소(2011)로 해외시장의 매장 수가 더 많다. 중국에 28개의 매장을 운영 중인 이마트는 최근 베트남 하노이에 매장 부지를 물색하고 있고, 메가마트는 중국에 3개소 미국에 1개의 매장을 운영하고 있다.

CJ오쇼핑은 2004년 중국에 진출하여 현재 남방과 천진 등 3개 홈쇼핑채널을 가동 중이고, 일본과 베트남에도 진출했다. GS홈쇼핑은 인도와 태국진출에 이어서 최근 베트남의 '비비홈쇼핑'과 합작계약을 체결했다.

프랜차이즈 제과점과 외식업의 해외진출도 증가하고 있다. 파리바게트는 중국에 48개소, 미주지역에 15개 지점을 설치했다. 뚜레쥬르는 최근 중국에 11호점, 베트남에 15호점을 열어 총 7개국에 47개점을 운영 중이다. 지금까지 미국, 중국, 스페인 등 43개국에 진출한 BBQ치킨을 포함하여 크고 작은 96개의 프랜차이즈 브랜드가 해외시장에 진출하였으며, 계속 확대되는 추세다.

해외시장에 진출한 기업들은 모두 똑같지 않다. 어떤 기업은 성공하고 어떤 기업은 실패한다. 문화와 역사가 다르고 인종이 다른 외국시장에서의 유통전쟁은 항상 위험이 따른다. 그럼에도 각국의 주요 유통기업들은 어느 나라의 시장이든지 기회만 있으면 상륙하여 시장점령의 영토싸움을 벌이고 있다. 이 전쟁에서 승리한 기업의 전리품은 막대하다. 반면 실패한 기업은 상당한 손해를 보고 철수시기를 고민해야 한다. 승자와 패자의 결과는 하늘과 땅 차이지만, 그 성공과 실패의 원인은 작은 데서 출발할 수도 있겠다. 그래서 가장 중요한 질문을 하게 된다. 불확실한 해외시장에서 성공의 핵심요소는 무엇인가?

A.T. Kearney는 한 나라에 집중투자보다는 크고 작은 나라들에 균형투자를 권고한다. 세계경제가 불확실할수록 성장성이 높은 이머징마켓이나 현금흐름과 수익창출이 확실한 시장에 우선투자하는 전략이 필요할 것이다. 또한, 시장경쟁도 덜 치열하고 매장부지 값도 저렴한 개도국에 먼저 진출하여 시장을 선점하는 것이 중요하다. 가급적 정부의 시장개방 조치 전에 사전 시장조사하여 개방직 후 신속하게 좋은 입지를 확보하고, 소비자들에게 현대적 상업기업, 친 시민기업이라는 강력한 인상을 심어줄 수 있다.

글로벌 기업들이 진출하여 경쟁이 치열해지고 시장이 성숙될수록 새로운 기업이 진입할 수 있는 문은 좁아지고 사업 환경이 어려워진다. A.T. Kearney는 체코와 슬로베니아, 헝가리 등 동구권은 이미 새로운 진입이 어려운 시장이 되었고, 중국과 인도, 러시아 베트남은 서서히 성숙시장으로 변하고 있다고 한다.

외국시장은 관련 법제도와 전통적 상 관행, 기업의 생리, 소비자의 취향과 구매행태 등이 국내시장과는 판이하다. 한 국가 내에서도 소비시장이 전혀 다를 수도 있다. 56개의 다민족으로 구성된 중국은 북경과 동북부지역, 상하이의 양자강일대와 서북, 남방지역이 사용언어나 문화, 소비행태가 상이하다. 동부와 서부, 도시와 농어촌의 소득과 생활수준의 격차는 점점 커지고 있다.

보스톤 컨설팅그룹BCG의 조사에 따르면, 북경/상해/광주와 같은 1차 도시와 내륙의 2, 3차 도시 거주자의 생필품가격차이가 약 2배, 주거비용은 약 3배 차이가 나 실질적인 구매여력은 대도시 소비자보다 높을 수 있다고 한다. 우리나라처럼 단일시장이 아니고 EU같은 복수시장이면서[43], 외국인들이 정확히 파악하기 어려운 복잡한 시장이다.

인도도 델리중심의 북부와 뭄바이의 서부, 벵갈로의 남부와 꼴까따의 동부지역 상권이 크게 다르다. 또한 종래의 신분제도에 따라 소득과 소비수준, 구매행태가 판이하다. 최근 베트남에서 인기가 급상승하고 있는 PB상품은 계란, 차, 생수, 냉동식품, 옷 등이라고 하는데, 태국과 인도네시아의 시장상황은 또 다르다. 따라서 우선 진출국 시장과 그 지역 소비자를 제대로 아는 것이 중요하다. 오다가다 둘러보거나 몇 개월 있어 본 시장지식 정도가 아니고, 정부의 정책과 법령, 각 지역별 비즈니스행태와 문화, 소비자의 속성과 시장생리를 현지인 수준으로 속속들이 아는 것이 우선적 과제라고 할 수 있다.

흔히 현지화가 성공의 관건이라고 한다. 그러나 해외시장 진출에 성공한 기업들은 무조건 현지화가 아니라, 진출국시장을 알고 난 후 그 시장에 적합한 사업진출방식과 모델, 전략을 구사하는 기업들이었다. 고기를 먹지 않는 힌두교도가 전체인구의 81%인 인도에서 맥도날드가 성공한 이유는 채식주의자를 위한 메뉴를 개발하고 식사장소를 별도로 관리하는 전략이 주효했기 때문이다.

독일의 메트로는 소매업진출을 금지한 인도정부의 법망을 피하여

2003년도에 Cash & Carry의 창고형 도매업을 시작했고, 월마트도 이런 방법으로 진출한 후 소매점은 월마트 간판을 사용하는 프랜차이즈 소매점을 모집하여 사실상 전체 유통사업을 펼치고 있다.

합작투자 또는 단독으로 진출할 것인지 여부도 진출국의 법규와 현지시장 여건에 달려있다. 초기단계에 사업의 원활한 추진을 위하여 견실한 현지기업과의 합작은 바람직한 진출모델이나, 사업추진 시 여러 가지 파트너와의 갈등으로 일을 그르칠 수 있다. 이런 경우 대부분 자국정부와 소비자의 응원을 받는 토종기업이 유리해질 수 있어, 사전에 예방대책을 준비해두는 것이 필요하다. 글로벌 기업들은 대부분 합작 협상 시에 여러 가지 시나리오에 대한 파트너와의 권한과 관계설정을 확실하게 하고, 구체적인 내용으로 계약하여 갈등을 최소화한다.

네덜란드의 아홀드Ahold는 해외시장진출에 성공한 대표적인 기업이다. 이 기업의 특징은 미국과 스웨덴, 독일, 스페인, 체코 등 모든 시장을 합작투자 방식으로 진출하여 번성하였다. 성공노하우는 파트너를 신중히 고르되 일단 성사되면 신뢰기반의 협력활동을 하는 것이다. 또한, 합작조건 협상 시 틀에 매이지 않는 유연성을 갖으며, 유사시에 대비한 철저한 계약서 작성과 대안을 사전에 준비해두는 것이라고 한다. 대부분 선진국 기업들이 합작 파트너임에도 계약서를 상세하게 작성하여 사전에 말썽소지를 최소화한 사례인데, 신흥국 기업들과의 합작은 이런 사전준비가 더욱 필요할 것이다.

현지화는 진출국 소비자의 편익과 가치에 초점을 맞추는 것이다. 경제개발 초기단계인 신흥국들은 소득과 소비의 양극화현상이 더욱 심하다. 또한, 높은 경제성장으로 소득이 증가하면서 자국제품보다 품질이 우수한 외국상품을 선호하는 추세가 증가된다. 과거 1970~ 1980년대 우리의 시장과 비슷한 현상이다. 따라서 시장진출 초기부터 높은 기술제품이라는 인식을 소비자에게 심어주면서, 점차 그 나라의 문화와 풍속을 가미한 제품개발이 중요하다. 현재 중국시장에서 성공하고 있는 국내 제조/소매 기업들은 대부분 중상층을 겨냥하여 기술제품으로 승부하고 있는 기업들이다. 중장기적으로 부유층과 중상층, 아니면 소득수준이 낮은 소비자계층에 기반을 두어야 할지 전략방향이 분명하고 일관성 있어야 점차 브랜드 정체성이 확립되어 성공가도로 들어설 수 있겠다.

의류제품의 이랜드는 부유층이 찾는 백화점에 매장을 두고 차별화된 인테리어로 치장하면서 고급이미지를 심는 데 주력하고 있다. 오리온의 초코파이도 백화점에서 팔리는 선물용 제빵으로 구입하게 하여 고급브랜드로 매출을 올린다. 락앤락의 밀폐용기도 고급품질로 시장점유율 1위에 '상해 인기브랜드'로 선정되었으며, 특히 차를 즐겨 마시는 중국인들의 특성을 살려 개발한 차통, 스포츠물병은 다른 제품보다 비싼 가격에도 잘 팔리고 있다. 농심의 신라면도 북경, 상해, 광주의 중산층과 고소득층을 겨냥하는 전략으로 성공하고 있다. 아모레퍼시픽은 백화점 판매로 고급 화장품 이미지를 제고하면서 방문판매를 겸하여 매출이 급신장되고 있다.[44]

명품이 아닌 일반소비재상품의 경우, 신흥국 시장에서도 가격경쟁력은 최고의 무기다. 글로벌 외국기업들은 상품원가를 최대한 낮추기 위해, 글로벌소싱과 공급망 효율성을 제고하고 유통기업 자체브랜드PB 상품을 적극 개발하는 추세다. 월마트는 최근 인도의 농산물 공급망이 취약하여 부패식품이 증가하자 농가와 매장을 직적 연결하는 공급망을 만들고 있다. 특히, 최근에는 전체 신흥국시장에서 '외제품이면서 가격이 저렴한 PB상품'의 인기가 날로 높아지고 있다.

해외시장 진출에 왕도가 따로 없다. 결국 진출국 지역의 소비자층에서 '좋은 물건을 저렴한 가격으로 판매하는 기업, 우리 고향과 우리 소비자를 위하는 기업'이라는 인식이 확산되어 브랜드화될 때 소매업의 해외시장진출은 성공할 수 있을 것으로 본다.

현지화는 진출국 시장에 따라 매장의 크기와 형태, 경영방법을 달리하는 유연한 대응을 말한다. 소비자 계층에 따라 상품종류와 가격을 달리하거나, 매장 입지에 따라 그 크기와 형태를 자유롭게 조정하여 설치한다. 까르푸의 중국매장은 재래시장 분위기를 연출하고, 월마트는 저가판매전략 외에 중국인들이 좋아하는 판촉행사를 병행한다. 최근에는 소형점포를 개설하는 추세다. 자가 차량이 적은 신흥국시장에서 소규모점포는 소비자와 더 가까워질 수 있고, 초기투자비용이 적어 자금유동성에서 유리하다.

(사례 1) 월마트는 멕시코에서 9가지의 다양한 점포 유형을 운영한다. 저소득층을 위한 할인매장과 중상층을 위한 Superama, 젊은층을 위한 Suburbia 등이다. 미국 내에서도 아랍계 50만 명이 거주하는 미시건주 디어본 매장은 베이루트의 시골시장처럼 꾸미고, 아랍문화와 언어에 능통한 직원을 채용하고 있다. 현대문명을 거부하는 아미시 교파가 많은 오하이오주의 한 매장은 말고삐를 매놓는 말뚝을 설치하였다.[45]

(사례 2 ; 일본 세븐일레븐의 성공사례) 직영점 영업위주의 이토요카토가 프랜차이즈 형의 편의점 1호를 1974년 5월 개점당시 내부적으로 상당한 논란이 있었다. 개척자 스즈키는 20년 만에 약 5,000여개 점포를 가진 일본 최대의 편의점업체로 발전시켰고, 자신들에게 편의점 기술과 노하우를 제공했던 미국 세븐일레븐을 1990년 인수 합병하여 고전하던 기업을 다시 일으켰다.

일본시장에서는 입지선정, 점포의 크기, 공급망 구조를 미국의 것과 다르게 하고, 가맹점과의 이익분배 방식 등 관계를 동양식으로 튼튼하게 만든 것이 성공의 핵심요소였다. 미국 세븐일레븐은 할인점과 경쟁하기위하여 가격을 할인하고 이를 위한 비용절감에 치중한 반면, 스즈키는 편의점에서 고객이 주로 찾는 상품을 개발하고, 신선한 상태로 적시에 공급하는 등 편의점 특유의 고객 욕구와 편리성 가치를 극대화하는 전략을 추진한 것이 큰 차이다.[46]

현지화는 매장을 운영하는 인력의 현지화다. 공급망과 매장에서 고객을 만나는 직원은 소비자가 친근하게 느끼는 현지인을 채용하는 것은 기본이다. 한국시장에서 뼈아픈 경험을 한 월마트는 중국에서 현지인을 대거 채용한다. 월마트 한국매장에서 중간관리직으로 근무했던 P씨는 국내시장에서 테스코 홈플러스의 성공과 월마트의 실패는 한마디로 최고경영자가 국내인인가 아닌가가 갈랐다고 말한다. 시장을 잘 모르거나 어설프게 아는 사람이 최종 의사결정을 하는 자리에 있으면 성공과는 멀어짐이 분명하다.

속이 시커멓게 타들어간다. 국내 본부에서 외국에 파견된 현지 경영자들의 한숨 섞인 목소리다. 매장 내 수많은 종업원과 공급업체, 물류업체들을 통제하기가 그야말로 쉽지 않다. 도저히 이해할 수 없는 일도 태연하게 하고는 모른척하기 일수라고 한다. A.T. Kearney가 조사한 자료에 의하면, 현지 글로벌 유통기업 경영자의 65%가 프랜차이즈나 합작투자 같은 애매한 경영체제보다 확실하게 통제가 가능한 체제를 원하고 있다.

어떤 체계가 해외시장공략에 바람직한가? 경영관리 책임을 현지인에게 맡겨야 하는가 아니면, 경영관리를 자국인이 맡으면서도 원활한 사업추진 방법은 없는가?

영국의 테스코는 한국 홈플러스에 재무담당 책임자만 본사에서 파견하고, 나머지 경영관리는 현지인 최고경영자에게 일임하는 전략을 구사한다. 기업에 대한 사회적 요구가 높아지는 때에 현지 사회와의 밀착경영이 가능하고, 권한과 책임을 확실히 하면서 핵심사항만을 통제하겠다는 좋은 경영체계로 보여진다.

월마트는 사람도 중요하지만, 시스템과 제도로 통제능력을 강화한다. 그들은 매장부터 짓지 않는다. 공급망을 설계하고 거점에 물류센터를 설치한 후, 첨단 정보시스템과 연결하여 공급망을 투명하게 만들고 관리능력을 높인다. 공급업체와 물류업체 등 모든 관련기업과의 계약서에는 일반 조건 외에 상세한 행동규칙이 포함된다. 상품조달절차와 도착시간, 이를 위반했을 때 벌금기준 심지어는 환경과 인권보호문제까지 규정하고 있다. 종업원과의 계약서 내용도 마찬가지다.

로마제국의 군대가 해외원정시 병참선을 우선 확보하고, 각 예하부대와 병사들에게 행동지침 준수를 엄하게 요구한 것을 빼 닮았다. 일부국가에서 문화적인 차이로 월마트 정책과 충돌하여 손해를 보는 경우도 있지만, 월마트의 경영진은 확고하다. 이런 체제와 전략이 해외시장에서 장기적으로 성공할 수 있는 길이라고 믿고 있다.

물류와 재고비용을 줄이면서, 각 매장에는 적절한 시점에 적절한 량의 상품을 안전하게 확보 가능한 체계를 구축하는 것이다. 해외에서도 매일 최저가에 상품을 판매한다는 'ELP 전략'이 통할 것이라고 확신하면서, 이를 실현하기 위한 핵심적 사안은 양보할 수 없다고 한다.

하시모토는 '이노베이션 론'(2001)에서 후발형 경제에서 선진적인 경영기술의 국제이전은 창조와 적응을 동반한 혁신이라고 한다.[47]

중국시장에서 외국소매기업의 실태를 분석한 골드만[48]은 현지시장에의 적응은 현지 소매기업과 경쟁의 동질화를 이루어, 외국 자본의 경쟁우위성을 떨어뜨린다고 지적하였다. 선진국 시장에서 확립한 표준은 해당기업 고유의 경영자원으로 국제경쟁에 있어 중요한 능력이다. 자기경영적인 '표준'을 현지 시장에 적응시키는 프로세스가 필요하며, 표준화와 현지적응을 양립하는 것이야말로 외국 진출기업의 성공가능성을 높이는 요인이라고 한다.[49]

해외시장에서 경쟁우위를 확보하기 위해서는 '적과의 동침'도 주저하지 않는다. 유통기업들이 서로 연합하여 정보도 교환하고 공동구매와 공동물류를 시행하는 단체를 만들어 경쟁력을 높이고 있다. 유럽의 대형소매기업들은 1989년 AMS[50]를 창설했고, 영국의 Sainsbury와 이탈리아의 Esselon, 프랑스의 Docks de France는 1994년 SEDD를 만들었다. 월마트의 RMX[51]는 소매업자, 도매업자, 제조업자 간의 커뮤니케이션과 협력, 공급망 관리를 지원하는 대규모시장이다.[52]

중국과 비즈니스를 하고 있는 사업가들은 대부분 중국인들과의 관계가 중요하다고 말한다.[53] 중국을 잘 아는 지인은 '보통의 관계가 아니라 친밀한 관계가 구축되면 사업의 절반은 성공한 것과 같다면서 단기간의 이익보다 중장기적인 이익을 추구하고 서로 이익을 나누는 것이 중요하다'고 말한다. 대기업들도 이런 친분관계가 중요하겠지만, 특히 중소규모의 프랜차이즈 기업들이 진출하는데 중요한 요소이겠다. 다만, 모든 것을 통째로 현지인에게 맡기는 것보다 핵심사항은 항상 통제하면서 어떤 경우가 발생해도 대비 가능한 수단을 미리 마련해 두어야 함은 기본이겠다.

물류기업들도 중국시장 진출이 만만치 않다. 지식경제부의 후원으로 국내 물류인들과 함께 매년 1회 중국시장 전 지역을 둘러본 적이 있다. 민관 합동의 투자시찰단이라 중국 각 성의 관리와 중국물류업체들과의 인적 네트워크를 구축도 하고 현장의 생생한 정보를 얻기 위해서다.

처음에는 이미 진출한 국내제조업체의 물량을 확보하여 교두보를 마련할 수 있지 않을까 하는 기대가 있었지만, 어림도 없다. 중국물류기업들은 트럭을 개조하여 법으로 정한 물량의 1.5~2배의 물량을 운송하는데, 외국물류기업은 그렇게 할 수가 없다. 이런 경쟁력에 밀려 일본 제조기업과 동반 진출한 일본국적 물류기업들도 철수하고 있는 실정이다. 중국 안을 들여다볼수록 현지 안내원의 '정부에 정책이 있다면 국민들은 대책이 있다'는 말이 진실로 다가온다.

중국물류시장 진출을 위해서는 새로운 비즈니스 모델의 개발이 필요하다. 한국과 중국, 일본 물류기업의 장점을 결합시켜 세계적인 물류망을 구축하는 모델이다. 동북아시아 3국의 수출입 물동량은 전 세계 물동량의 거의 절반을 차지하고 있다. 컨테이너 선박물량은 97억톤(2010)으로 전 세계 물량의 51%, 항공화물실적은 중국이 미국 다음으로 2위, 한국이 6위, 일본이 7위다.[54] 이 거대한 물량의 원자재와 상품들이 남미의 아르헨티나와 아프리카의 짐바브웨 시골마을까지 지구촌 전 지역으로 매일 운송된다. 바다를 건너고 대륙을 지나 험한 산과 강을 건너야 목적지에 도달할 수 있다. 고객이 요구하는 시점까지 온전한 상태로 안전하게, 가장 저렴한 비용으로 운송하기 위해서는 전 세계적인 네트워크가 필요하다.

한국과 중국, 일본 3개국의 물류기업이 전략적 제휴로 연합한 후 각사가 보유한 물류망을 통합하여 활용한다면 훌륭한 글로벌 네트워크가 될 수 있다. 각사의 화물정보와 운송정보를 실시간 교류하여, 선박과 비행기, 철도와 화물자동차 등 육해공 복합물류로 조합, 가장 안전하고 비용이 적게 소요되는 최적의 물류방법을 찾아내어 실행하는 전략이다. 3국의 수출 물동량을 시차별, 성질별, 지역별로 취합하여 대량선박에 의해 수송하고, 자국지역내의 물량은 자국기업이 운송하는 등 시간과 안전성, 경제성에서 다른 기업들보다 월등한 경쟁력을 가질 수 있는 방안이라고 말할 수 있다.

세계 해운선사들도 예외는 아닌 것 같다. 해운공룡 머스크가 중국과 유럽 간 매일 셔틀 선단을 운영한다는 'Dailey Service'를 발표(2011.9)한 이후, 2위와 3위 선사인 MSC와 CMA CGM이 전략적 제휴를 합의하였고, 기존의 글로벌 전략동맹체들도 다시 연합하여 G6를 구축하는 등 최근에 전략적 협력기반의 경쟁구도로 급속히 재편되고 있다.[55] 덩치가 큰 해운사들도 전략적 동맹이 필요하겠지만, 육지와 바다, 항공물류를 조합하는 종합물류기업들에게는 더욱 필요한 전략이라고 할 수 있겠다.

다자간 양국간 무역협정FTA의 확대, 개발도상국들의 경제발전으로 국제교역 물동량은 계속 증가할 것으로 전망된다. 상품의 모양과 성질도 더욱 다양해지고 고객들의 요구도 까다로워진다. 화주는 자기의 물량을 안전하고 적시에, 가장 저렴한 가격으로 운반해줄 물류기업을 찾고 있다. 고객을 만족시키기 위해서는 더욱 정교하고 높은 수준의 물류능력, 글로벌 물류능력을 사전에 구축해야 한다. 이런 능력은 기업 단독의 역량으로는 확보하기 어렵다. 설사 역량이 있다 해도 기업연합을 통하여 더 고도의 능력을 갖출 수 있을 것이다.

그러나 기업연합은 말처럼 쉽지 않다. 사소한 이익에도 다툼이 생길 수 있다. 서로 믿고 협력하는 신뢰기반이 구축되어야 하고, 개방성과 투명성, 국제표준의 비즈니스 절차와 행동양식의 정립이 긴요할 것이다. 이 덕목은 21세기 모든 기업의 번영을 좌우하는 핵심요소가 되고 있지만, 국내기업들에게는 생소한 것 같다.

월마트가 1999년 영국의 3위 유통기업 ASDA를 인수하자 영국유통시장은 충격에 빠졌다. Tesco는 1위 자리 수성을 위해 진력했고, 최근에는 미국시장에 중소형 슈퍼를 개점하여 반격에 나섰다. 현재 2위로 올라선 월마트 ASDA는 곧 바로 영국시장에서 2015년까지 중소슈퍼 150개소를 추가 개점하여 Tesco를 앞서겠다는 계획을 발표(2011.12)하였다.[56] 맞대응 육박전을 준비하고 있는 셈이다.

정부도 원거리 포격으로 자국기업을 지원한다. 영국 광고표준청은 2012년 3월, 월마트ASDA의 광고를 금지시켰다. '항상 10% 싼 단 하나의 슈퍼마켓'이라는 광고 문안이었는데 다분히 라이벌 Tesco를 겨냥한 것이었다.

유통전장은 신흥국시장만이 아니다. 전 세계 시장에서 불꽃 튀는 전쟁이 벌어지고 있다. 이토록 치열한 전장에서 승리하려면 무엇인들 하지 못하겠는가. 기업연합은 오히려 쉬운 과제일지도 모른다.

정부로부터 효과적인 해외시장진출 지원방안을 내놓으라고 심하게(?) 압박을 받은 적이 있다. 중국이나 인도시장에 대하여 연구도 하고 세미나도 개최하였지만, 사실 이 시장에 진출하려는 기업들은 몇 개월간 현지에 체류하면서 속속들이 시장을 조사하여 더 많이 알고 있다. 선뜻 나서기가 쉽지 않았다.

그럼에도 정부의 역할은 중요하다. 진출국 정부의 정책이나 계획을 파악하고, 정부 관료와의 인맥을 형성하는데 도움을 줄 수 있다. 외교통상부와 코트라에서 각국의 시장정보와 관련 법규 등을 서비스하고 있지만, 업종별로 전문화된 내용을 담기에는 한계가 있다. 유통물류에 특화된 보다 구체적이고 실질적으로 기업에 도움을 줄 수 있는 정보를 종합하여 제공하는 시스템 구축이 필요하다.

각 기업의 임직원은 물론 개인들도 수시로 해외시장을 살펴본다. 모두가 개별적으로 활동하여 소중한 정보들이 사장되고 있다. 이런 정보들을 한곳에 모을 수 있다면 보다 종합적이고 객관적인, 생생하고 요긴

한 정보가 될 수 있다. "현지 소비자의 니즈와 시장상황, 규제내용을 파악하는데 예상보다 더 많은 비용이 들고 어려웠다"는 해외진출 실무 책임자의 고충을 덜어줄 수도 있다. 기업들의 노력과 활동이 90이라면 정부가 10을 보태어 성공확률을 높일 시점이라고 본다.

해외시장에 진출한 국내 유통기업들이 대부분 고전하고 있다고 한다. 새로운 시장에서 정착하는 데 초기 적응기간의 진통일수도 있다. 그러나 원인은 분명하게 밝히고 개선을 해야 성공가도로 진입할 수 있을 것이다. 각 사별로 상세하게 분석하겠지만, 필자는 만국공통으로 통하는 국제적인 비즈니스절차와 행동 기준, 글로벌 경영전략이 부족하다는 점과 국내시장에서의 성공이 오히려 해가 되는 '성공함정'에 빠진 것이 아닌가 생각한다.

선진 글로벌 기업들은 자국 시장에서 치열한 경쟁을 거치며 경영전략과 노하우를 익힌다. 전쟁이 치열할 수록 이기는 법을 배우면서 더욱 강해진다. 이들은 자신뿐만 아니라 제조/물류기업을 포함한 공급망 전체의 경쟁력이 강해야 싸움에서 이길 수 있다는 것을 알고 있다.

정부에서 상생협력을 외쳐서가 아니라, 유통업체 스스로 제조/물류기업과 실시간 판매정보를 공유하여 유통비용을 줄이고, 소비자가 찾는 상품이 무엇인지, 더 좋은 상품을 어떻게 만들지를 함께 고민하고 협력한다. 일방적이거나 손목 비트는 강요가 아니다. 최고경영층에서부터 말단 직원까지 마땅히 그렇게 해야 되는 것으로 알고 있다. 이런 경영전략과 관리방식, 기업문화가 모든 나라의 시장에서 통할 수 있는 국제표준이라고 할 수 있다.

많은 유통전문가들은 90년대 중반 국내시장에서의 월마트 철수를 두고 '국내기업들이 잘해서가 아니라, 월마트가 못했기 때문'이라고 평가한다. 철수이유야 어쨌든 당시 월마트의 시장진입은 국내시장에서 진검승부의 전쟁을 일으켜 우리 기업들의 경쟁력이 한층 도약하는 기폭제역할을 했다.

하지만 그 이후 국내시장에서 그런 치열한 전쟁은 없었다. 세계 15위권의 거대한 시장볼륨이 매년 7~8%씩 커진데다가, 첨단무기로 조직화된 대기업들에게 경쟁상대도 안 되는 중소유통업체들의 시장비중이 60~70% 되는 구조였는데 무슨 전쟁이 필요한가? 대기업들의 1~3위 순위경쟁이지 전쟁은 아니었다. 기업형 유통업체의 경우 웬만큼만 잘하면 매출이 오르는 시장구조다.

한편, 해외시장은 이미 글로벌 유통기업들이 치열하게 경쟁하는 시장이다. 국내시장에서 성공했다고 국내용 무기와 전략을 그대로 사용했다가는 낭패를 보기 쉽다. 국내시장에서의 실적에 도취되어 소위 '성공의 덫Sucess Trap'에 빠지는 것을 경계할 필요가 있다고 보여진다.

우리나라는 세계 최대시장인 중국과 인접해 있고, 인도와 동남아국가들과는 아시아 지역이라는 정서적 유대가 있다. 이는 유통업에서 대단한 강점이다. 여기에 글로벌 상업능력을 한층 높인다면, 거대한 세계시장을 우리 시장으로 만들어 기업이 번영하고 대한민국이 다시 한 번 도약할 수 있는 절호의 기회다. 좋은 시점을 놓치면 기회는 날아간다. 유통물류기업의 해외시장 진출, 현 시점이 적기이고 지금 우리가 해야 할 시대적 과제다.

| 맺음말 |

한국의 유통인들은 2009년 10월 17일, 토요일 밤을 잊지 못할 것이다. 아태지역 외국의 유통인 1,084명을 포함하여 24개국 3,327명이 참석한 '제14회 아시아 · 태평양 소매업자대회' 폐회식이 열린 날이다. 이 날 마지막 행사로 우리의 전통의상 쇼에 이어서 각국의 대표들이 직접 자국의 전통의상을 입고 벌인 쇼는 최고의 백미였다. 아마도 일생 보기 힘든 장면이었을 것이다.

이 행사는 일본, 중국 등 아시아 17개국이 2년마다 한 번씩 순회 개최하는 아시아지역에서 가장 큰 유통행사다. 전 세계 유통흐름과 각국의 유통시장에 대한 발표와 토론, 상품전시회 등을 준비하면서, 1985년 제2회 서울대회 이후 24년 만에 개최되는 이 행사를 우리의 발전된 유통산업의 모습을 보여주고, 우리의 문화를 소개하는 기회로 삼고자 노력했다.

이 당시 싸스 독감 공포로 전국적 행사들이 모두 취소되고 있는 가운데, 대회장이신 대한상공회의소 손경식 회장님과 조직위원장 이철우 롯데쇼핑 사장님, 홈플러스의 이승한 회장님 등 전 유통인들이 합심하여 최고의 대회를 만들었다. 콧대 높은 일본 유통인 들로부터 2년 전 동경대회와는 격이 다른 대회였다는 평가를 받기도 했다.

경제관련 행사는 해외에서 외국인이 1,000명 이상 참석하는 행사가 흔치않다. 이 행사는 그 해 국내에서 개최되는 경제관련 국제회의 중 가장 큰 행사였다. 그럼에도 국무총리께서 참석해주시고 기자간담회 등 상당한 노력을 기울였으나 언론과 일반대중매체에서는 큰 관심을 받지 못하고 유통인들 만의 잔치로 끝이 났다.

우리 사회는 생필품 소비재가 거래되는 유통시장이 국가경제와 국민생활에 미치는 영향력이 얼마나 심대한지를 잘 모르는 것 같다는 생각이 들었다. 일반국민들은 가끔씩 불량식품을 제조, 판매하여 사회적으로 지탄받는 일부 악덕업자들의 행태를 유통인의 모습으로 더 각인되어 있고, 유통기업과 유통인들이 그동안 국민들의 삶의 질을 향상하는데 얼마나 기여했는가에 대해서는 잘 모르고 있는 것처럼 보인다.

국가경제에서 산업별 중요도를 따질 때 흔히 GDP 비중을 인용한다. 작년 우리나라 GDP 총액은 1,081조 원, 이중 도소매업 생산액은 82조 원으로서 7.5%를 차지하고 있다.

그런데, 유통업은 그 특성상 GDP 비중보다 훨씬 큰 경제적, 사회적 파급효과를 갖는다. 재래식 유통에서 현대적 유통으로 발전하면서 단지 물건을 사고파는 상적기능 외에 제조와 물류, 정보기능이 일체화되고 있다. 소매기업들이 자체 브랜드 상품을 제조하고, 물류센터를 운영하는 등 제조와 도소매, 물류의 경계가 없어진지 오래이다. 그래서 선진국들은 소비자산업Consumer Industry 또는 소비재산업이라는 용어를 자주 사용한다.

광의의 유통산업은 소비재를 생산, 운반하는 제조업과 물류업, 그리고 생산자와 소비자를 소프트웨어로 연결하는 유통정보업을 포괄하는 산업으로 볼 수 있다. 신용카드 또한 대부분 유통활동에서 사용된다.

유통산업 범주에 대하여 논란이 있겠으나, 최소한 도소매업과 이로부터 파생되는 직간접적인 경제효과는 GDP의 7%대가 아닌 그 몇 배일 것이다. 유통업으로 인하여 취업되는 고용자 수도 도소매업 종사자 358만 명보다 훨씬 많은 약 500~600만 명 규모는 되지 않을까?

사실 유통업은 눈으로 보이지 않는 계량화할 수 없는 경제사회적 효과가 더 크다. 인간의 행복지수는 개인의 가치기준에 따라 다르지만, 보통사람들은 안전이 보장되고 의식주 생활에 불편이 없으면 일단 행복조건은 갖춰진 것으로 볼 수 있다. 국민의 안전은 국가정부의 책임이라고 한다면, 국민 생활에 지장이 없도록 생필품을 공급하는 것은 유통업의 기본적 역할이다. 유통은 국민행복과 직결되어 있다. 이것이 다른 산업과 유별난 유통업의 사명이고 가치다.

가끔 인체에 해로운 식품을 만들어 판 악덕업자들이 언론에 보도되지만, 유통산업이 낙후되면 이런 일들이 다반사로 일어난다. 인도네시아 지방도시를 여행했던 친구 한명이 소매점에서 구입한 식음료를 먹고 배탈이 나 고생했다고 한다. 우리나라도 20~30년 전에는 그랬지만, 이제 시골지역 어느 곳을 가든지 이런 염려는 없어졌다. 국내 유통시장의 발전덕분이라고 볼 수 있다.

수많은 종류의 생필품을 생산, 운송, 판매하는 유통업은 복잡하다. 자연재해나 기후이상으로 생산지에서 문제가 생기면 필요한 물자가 부족하고, 가격이 올라간다. 공급망과 매장에서 효율이 떨어지거나 문제가 생겨도 마찬가지다. 아직 낙후된 분야가 있긴 하지만, 오늘날의 국내유통시장은 대체로 효율이 높고 선진화되어 있다. 소비자들은 다양한 상품들이 넘쳐나는 시장에서 가격과 품질을 저울질 하면서 원하는 상품을 구입한다. 국내 유통시장이 발전되어 국민의 삶이 풍요롭고 편해진 것이다.

넓은 지역 복잡한 공급망과 매장에서의 유통업은 사람이 중요한 산업이다. 기계가 상품을 생산하고 운송하지만 사람은 이것들을 운영하고, 상품개발과 수요량을 예측하며, 각종 시스템 운영과 혁신, 매장에서의 상품전시나 고객을 만나는 일도 사람이 한다. 그럼으로 국내 유통시장의 발전 중심에는 언제나 열심히 일하며 도전해온 유통인들이 있었다. 국내 유통인들이 시장을 선진화시킨 것이다. 어느 작은 매장의 모퉁이에서 일하는 직원들은 실감이 나지 않겠지만, 이런 활동들이 모여져 만들어진 역사이다.

말하자면, 국가경제발전에도 기여하고, 국민위생과 삶의 질을 실질적으로 높여 온 주역이 유통인이라고 할 수 있다. 특히, 급격한 유통혁명의 파고를 넘고 월마트 등 글로벌 유통 강자들과 경쟁하면서 국내시장을 발전시킨 한국의 유통인은 자신들이 이룬 업적에 대하여, 그리고 자기 직업과 일에 대한 보람과 긍지를 가질 만한 것이다.

이제 한국의 유통인들은 새로운 도전을 받고 있다. 더 빠른 속도로 변화되고 있는 유통시장과 유통기술에 직면한 오늘날의 유통인들은 국내 유통시장을 보다 발전된 시장으로 만들어야 할 책임과 사명이 있다. 단기적인 실적을 중시하는 기업풍토를 넘어서 인재양성 등 장기적인 성장능력을 확충하여 넓은 세계시장으로 펼쳐 나가는 꿈과 의지가 필요한 시점이다.

상도商道의 유통문화는 유통인들이 발전시켜야 할 중요한 과제라고 본다. 조선시대와 일제하의 식민지, 해방 이후 국내 시장에서의 상인들은 대부분 하루 벌어 먹고사는 영세민들이었다. 상도가 들어설 여지가 없었다. 조선 후기의 거상 임상옥1779-1855이 의義를 강조하고 '상업의 본질은 이윤을 남기는 것이 아니라 사람을 남기는 것이다'라고 했지만, 사회와 시장 환경은 열악했다.

이제 유통업은 옛날 보부상 시절의 상업이 아니라 국가경제의 중심산업으로 발전하고 있다. 상인은 과거 소비자를 속여 자신의 이익만을 탐했던 '장사꾼'이 아니다.

오늘날 현대유통에서 상도는 국제경쟁력이다. 소비자를 위한 시장을 만들고 공정한 거래와 협력업체를 사업파트너로서 존중하는 상생협력정신을 상도라고 한다면 이는 모든 시장에서 통할 수 있는 경쟁력이라고 볼 수 있다.

2007년 동경에서 개최된 아시아소매업자대회 전날에 일본소매업협회는 각국의 대표들을 초청하여 리셉션을 열었다. 스탠딩부페식의 행사여서 모두가 일어 선채로 행사에 참여했는데 밤 10시가 넘도록 80대 중반의 노인 몇 분이 선채로 행사가 거의 끝날 때까지 3~4시간을 함께 했다. 일본 관계자에게 물어보니 유통대기업의 회장들이라고 한다. 그 속에는 이온그룹의 창업자겸 회장도 계셨다.

유통업을 사랑하고 후배들을 아끼는 진심이 배어난다. 원로 분들은 후배들을 격려하고 후배들은 이 분들을 존경하는 모습이 보기에도 좋았고 감동적이었다.

그 후 한국유통학회와 공동으로 매년 말에 '유통인의 밤' 행사를 개최하고, 이 자리에서 유통원로상과 유통명인상을 시상하는 제도를 만들었는데 앞으로 잘 발전되기를 기원한다. 위로는 국내 유통산업발전에 공이 많은 원로 분들을 존경하면서 상하좌우에서 일하는 유통인들이 열린 마음으로 한 차원 높은 협업문화는 미래유통에서 최고의 상도이자 경쟁력이라고 할 수 있다. 상도의 유통문화는 우리 유통기업을 국내와 해외시장에서 우뚝 서게 만들 것이다.

최고경영층과 중간관리자, 말단 직원에 이르기까지 모두 동참해야 소기의 성과를 거둘 수 있는 경영혁신은 어렵다. 관리 스타일이나 업무프로세스 등을 바꾼다고 해도 그 근저에 있는 가치 내지 지향성이 바뀌지 않으면 근본적인 변화는 일어나지 않는다. '무엇 때문에 우리 기업이 있는가, 우리는 어떠한 사업을 하고 있는가'에 대한 기본적인 인식과 사고를 포함한 기업의 패러다임을 변혁해야 경영혁신은 가능하다고 본다.[1]

1개 기업의 경영혁신도 이러한데 전체 기업의 합인 유통산업의 문화를 바로 세우는 일은 더더욱 어려울 것이다. 한국의 유통산업을 이끄는 리더급 최고 경영자들의 사명이 막중하다. 무엇보다 인재양성을 위한 교육이 필요한 것 같다. 단기적인 실적에 치중하여 '현장근무가 바로 교육이다'라면서 유통업을 이어갈 후진들을 '시장의 검투사'로만 키우지 말고, 폭 넓은 전략과 식견을 가진 유통인으로 양성하는 교육프로그램을 개발했으면 좋겠다.

우리나라가 중후장대重厚長大형 산업의 대표 격인 조선 산업의 중심국가로 발전한 사례는 흥미롭다. 영국이 1920년대까지 조선업을 주도하다가 2차 대전 전후에는 미국으로 넘어 갔고, 1965년부터 1998년까지 일본이 전 세계 시장의 40~50%를 차지했던 산업이다.

지금은 1970년대 말부터 시작한 한국의 조선 산업이 세계 부동의 1위다. 어떻게 이런 일이 가능했을까? 일본 삼성주식회사 대표를 역임한 이창렬 씨는 그 주요원인을 사람에서 찾는다. 일본은 경제력과 생활수준이 올라가면서 해안가 시골에 있는 조선소는 좋은 인재를 구하기 어려웠던 반면, 우리는 국가 정책적으로 대학에서 우수한 공대생들을 배출하였다. 때마침 해운업이 세계적으로 활기를 띠면서 맞춤형 선박수요가 높아 졌다. 일본은 설계할 사람이 없었고 우리는 선주의 요구대로 배의 길이나 폭을 자유자재로 만들어, 그것도 일본보다 빨리 납기를 맞출 수 있었기 때문에 앞설 수 있었다고 설명한다.[2]

조선업뿐만 아니라 모든 국내 산업에서 이와 비슷한 성공사례들을 볼 수 있을 것 같다. 천연자원이 부족하고 자본도 없었던 이 나라 경제와 산업발전의 주역이 사람 외에 누가 있었겠는가. 그런데, 다른 산업은 대학과 산업체에서의 교육과정이 잘 갖추어진 반면, 도소매업 합계 약 700조 원 규모의 유통산업의 교육과정과 체계는 매우 미흡한 실정이다. 소비자시장 환경이 빠르게 변하고 관련 기술들이 급속하게 발전되는 현대유통 추세에서 해외시장 진출을 확장하고 있는 이 시점에 세계 일류기업으로 성장하기 위해서는 인재양성이 무엇보다도 긴요한 과제라고 할 수 있다.

짧은 지식과 경험으로 책을 내기에는 상당한 용기가 필요했다. 부족함이 크지만, 부디 이 책이 1등 유통기업과 상도의 유통문화를 만드는데 아주 작은 밀알이 되기를 소망한다.

---

1) 기업이란 무엇인가, p.219
2) 겉보다 속이 더 두려운 일본의 산업경쟁력, p.24~27

| 주석 |

제1차 유통혁명

1) 뽈 망투, 산업혁명사, p.347~348
2) 뽈 망뚜, 산업혁명사 下, p.504
3) 뽈 망투, 산업혁명사, p.347~348)
4) 제3의 물결에서 요약
5) 제3의 물결에서 요약
6) 제3의 물결에서 요약
7) 초기 제국에 있어서의 교역과 시장, p.96~100
8) 상기서, p.331~342
9) 초기제국에 있어서의 교역과 시장, p.28, 29
10) 초기제국에 있어서의 교역과 시장, p.9~11
11) 챨스 린드브롬, 시장체제, p.61
12) 허드, p.88, 89
13) 간결한 세계경제사, p.122~127
14) 유통의 이해, p.19
15) 시장의 탄생, p.36~38
16) 문화일보 11면, 2011.9.20
17) 시장의 탄생, P.163
18) 기업의 역사, p.32, 33
19) 시장의 진실, p.77
20) 시장의 탄생, p.263~265
21) 기업의 역사, 유경찬 머리말, p.6
22) 기업이란 무엇인가, p.87
23) 초 일류기업의 시장지배전략, p.79, 88
24) 시장의 탄생, p.393
25) 찰스 린드블롬, 시장체제, p.144, 145, 320
26) 제3의 물결, p.61~77
27) 분노하라, p.20

28) 미래는 어떻게 오는가, p.57~59
29) 풍요한 사회 p.260~21
30) 기업의 역사, p.114~134
31) 천년기업을 향한 변화의 조건, p.92~93
32) 가시마 시게루, 백화점의 탄생, p.15~17
33) 가시마 시게루, 백화점의 탄생에서 요약
34) 가시마 시게루, 백화점의 탄생 p.39
35) 가시마 시게루, 백화점의 탄생에서 요약
36) 가시마 시게루, 백화점의 탄생에서 요약
37) 가시마 시게루, 백화점의 탄생에서 요약
38) 백화점의 탄생, p.172
39) 백화점의 탄생에서 요약
40) 유통의 이해, p.149, 150
41) 서울대 서양사학과 교수 주경철의 글에서 발췌
42) 최광식, 한국무역의 역사, p.274~339, (徐競 選, 高麗圖經 第卷三), p.151~163, 한국시장사 p.59~60
43) 시장의 역사, p.92
44) 시장의 역사, p.186, 한국시장사, p.65~66
45) 시장의 역사, p.171
46) 유통학원론, p.141
47) 시장의 역사, p.17, 18
48) 한국시장사 p.74~81
49) 한국시장사, p.175~177
50) 조병찬, 한국시장사에서 요약
51) 조병찬, 한국시장사에서 요약
52) 시장의 역사, p.287, 288, 395
53) 김영호, 3.1운동에 나타난 경제적 민족주의, 3.1운동 50주년 기념논집, 동아일보사, 1978, p.644
54) 한국시장사 p.224
55) 한국무역사, p.610, 611
56) 許稡烈, Daum 백과사전
57) 1944년 5월의 조선총독부 조사자료임
58) 김병도, 주영혁, 한국백화점 역사, 서울대 경영대학교 기업경영사 연구총서

4, p.80~81

59) 한국백화점역사, p.87~96

60) 한국백화점역사, p.80

61) 대한상공회의소 조사자료

62) 조병찬, 한국시장사에서 요약

63) 조병국, 한국시장사에서 옮김

제2차 유통혁명

1) 김광석, 수입자유화의 경제적 효과와 산업조정정책, p.27, 32

2) 강성득, 국내할인업태의 현황과 전략적 방향, p.9

3) 한국경제, A21, 2011.12.19

4) 대한상공회의소, 2011 유통산업통계, p.158~161

5) 대한상공회의소, 2011 유통산업통계, p.239~244

6) 한국체인스토어협회 유통통계

7) 2011 유통산업통계, 대한상공회의소

8) 2012년 유통산업전망세미나, 노화봉, p.83

9) 한일 소매유통전쟁, p.75

10) 한국온라인쇼핑협회, 2010온라인쇼핑 시장에대한 이해와 전망

11) 대한상공회의소 2012유통산업통계

12) 대한상공회의소, 2011

13) Datamonitor, 2010 Global retailing, 유통산업위상제고연구, p.87~89

14) 통계청 도소매업조사, 중소기업청 2011 소상공인 정책관련통계, p.14~16

15) 대한상공회의소 유통물류진흥원 연구자료에서 발췌

16) 백화점의 역사에서 요약

17) Retail CEO Report, vol.8 대한상공회의소, 2011.4

18) 시장의 탄생, p.99~102

19) 매일경제 26면, 2012.3.2

20) 국내외 일반의약품 규제개선사례와 시사점, 대한상공회의소, 2009.6

21) 시장의 탄생, p.53~75

22) 국내외 일반의약품 규제개선사례와 시사점, 대한상공회의소, 2009.6

23) 한국 유통산업 흐름, p.291

24) 한국경제, A3, 2012.3.19
25) 김철중, 조선일보 A33, 2011.9.27
26) Digitalgengis.com 2009.4.29
27) 어빙 피셔가 들려주는 물가 이야기, p.108
28) 환율, 임금, 물가가 국제경쟁력 및 수출입산업에 미치는 영향, p.26
29) 어빙 피셔가 들려주는 물가 이야기에서 요약
30) 소매업의 글로벌전략, p.48
31) 소매업의 글로벌전략, p.54
32) 소매업의 글로벌전략, p.94, 95
33) 소매업의 글로벌전략, p.37, 79
34) 대한상공회의소, RETAIL CEO REPORT, Vol.9, p.6, 2011.6.28
35) 시장의 탄생에서 요약
36) 권력의 이동, p.135
37) 시장의 탄생, p.81~87
38) KSA, Kurt Salmon Associates, 1985
39) Efficiency Customer Response
40) Customer Relation Management
41) Collaboration Planning Forecasting Replenishment
42) 화주, 물류기업 상생을 위한 성공키워드, p.3, 대한상공회의소 2011.8
43) Point of Sale
44) Electronic Ordering System
45) Value Added Network
46) Electronic Data Exchange
47) 대한상공회의소, RETAIL CEO REPORT, VOL.7, 9
48) 2010/2011 Inditex Annual Report, 2010/2011 H&M Annual Report
49) 대한상공회의소, RETAIL CEO REPORT, VOL.7, p.6, 7
50) 대한상공회의소, RETAIL CEO REPORT, VOL.7~10
51) 대한상공회의소, RETAIL CEO REPORT, VOL.7~10
52) 매일경제, 2012.3.12, A3
53) 영국FT, 헤럴드경제 2012.4.9, p.9
54) 한국경제, 2012.4.4
55) 헤럴드경제11면, 2012.3.30
56) Understanding China's Growing Love for Luxury, Mckinsey&Company, 2011.3

57) Understanding China's Growing Love for Luxury, Mckinsey&Company, 2011.3
58) '최고의 브랜드에는 특별한 드라마가 있다.'에서 요약, p.404, 405
59) 브랜드와 유통의 전쟁, p.88
60) 브랜드와 유통의 전쟁, p.88, 89
61) 럭셔리 브랜드 마케팅, p.185에서 각색
62) 이상은 '럭셔리 브랜드 마케팅'에서 요약
63) 럭셔리 브랜드 마케팅, 고은주 지음, p.182~187
64) 럭셔리 브랜드 마케팅, 고은주 지음, p.36~38
65) 서울종합예술학교 소품 디자인과 교수 박경윤의 글에서 요약
66) 럭셔리 브랜드 마케팅, 고은주 지음, p.58, 59
67) 매일경제, 2012.3.12, A3
68) 럭셔리 브랜드 마케팅, p.47, 56, 124, 165
69) 서울종합예술학교 소품 디자인과 교수 박경윤의 글에서 요약
70) 브랜드와 유통의 전략, p.89~91
71) 마켓3.0시대의 스마트 비즈니스전략, p.106
72) 브랜드와 유통의 전쟁, p.193
73) 헤럴드경제, 2012.4.6
74) 대한상공회의소, RETAIL CEO REPORT, VOL.6, p.8, 9
75) 대한상공회의소, RETAIL CEO REPORT, VOL.6, p.10
76) 대한상공회의소, RETAIL CEO REPORT, Vol 6, p.20, 2010.10
77) 대한상공회의소, RETAIL CEO REPORT, VOL.6, p.7
78) 소매업의 글로벌전략, p.95~98
79) 매일경제, 2012,1.31, A14
80) 월마트 이펙트, p.18
81) 월마트 이펙트, p.36, 37
82) 월마트 이펙트, p.52, 53
83) 월마트 이펙트, p.44
84) 월마트 이펙트, p.14, 200~205
85) 월마트 이펙트, p.22, 23
86) 월마트 이펙트, p.11,12
87) 소매업의 글로벌전략, p.183,184
88) 소매업의 글로벌전략, p.180
89) 소매업의 글로벌전략, p.176

90) 소매업의 글로벌전략, p.181, 182

제3차 유통혁명

1) 손일선, 인구구조변화에 따른 유통기업 대응전략, p.12, 2012.8
2) 손일선, 인구구조변화에 따른 유통기업 대응전략, p.10, 2012.8
3) 한일 소매유통전쟁, p.80~82
4) 한일 소매유통전쟁, p.82~84
5) town management office
6) 세키네 타카시, 한.일 소매유통전쟁, p.82~89
7) 손일선, 인구구조변화에 따른 유통기업 대응전략에서 요약
8) 손일선, 인구구조변화에 따른 유통기업 대응전략에서 요약
9) market force information
10) Time Money Land지, 2012.5.23
11) 시장의 탄생, p.39~41
12) 중앙일보, 8면, 2012.6.28
13) The New Normal p.17, Peter Hinssen, 2010.7
14) 상상 오디세이 p.46~61
15) NRF, 2012.8.6
16) 국회예산정책처, 전통시장육성사업 평가보고서
17) european marketing distribution
18) 프랜차이즈 성공학, 설봉식, p.28, 29
19) 백인수의 일본 중소유통 진흥 및 지역유통 활성화 정책연구, 시장경영지원센터의 연구자료에서 발췌
20) Business Improvement District
21) 백인수의 일본 중소유통 진흥 및 지역유통 활성화 정책연구, 시장경영지원센터의 연구자료에서 발췌
22) 2010 소상공인백서, p.283
23) 헤럴드경제, 8, 2012.6・25
24) 조병찬, 한국시장사에서 요약
25) 2010 농수산물도매시장통계연보 2011.10, 농수산유통공사
26) 한국식품유통학회, 농수산물도매시장 운영개선을 위한 조사연구, 1984,12, p.74
27) 한국시장사, p.295~302

28) 2010 농수산물도매시장통계연보 2011.10, 농수산유통공사
29) 한국시장사, p.239~283
30) 한국시장사, p.263~317
31) 조병찬, 한국시장사에서 요약
32) 김동환, 농산물유통론 p.109
33) 김동환외, 농산물 유통론에서 발췌
34) IGD Global Retail Survey, 2008.10, Which international grocery retailers are best placed to capitalize in a global economic slowdown?
35) Global Powers of Retailing 2012, 대한상공회의소 유통물류진흥원, 2012.4
36) Global Powers of Retailing 2012, 대한상공회의소 유통물류진흥원, 2012.4
37) PB상품 제조업체의 해외시장 진출실태 조사, 대한상공회의소 유통물류진흥원, 2012.3.6
38) Datamonitor, 2010 Global retailing, p.10, 유통산업위상제고 연구 p.87
39) GRDI, Global retail development index
40) 월간유통산업동향, 대한상공회의소, 2012.5
41) 사례로 보는 인도 소비시장 진출전략, 대한상공회의소, 2009.11
42) Expanding Opportunities for global retailers, ATKEARNEY, p.3~4
43) China Marketing p.7, 76, 김용준, 2011.4
44) China Marketing, 김용준, p.182~228
45) 글로벌 유통기업의 미래 경영전략, 대한상공회의소 유통물류진흥원, 2009.5
46) 소매업의 글로벌전략에서 요약
47) 한눈에 보는 한일 소매유통전쟁, p.300
48) Goldman, 2001
49) 한눈에 보는 한일 소매유통전쟁, p.301
50) associated marketing service
51) retailers market exchange
52) 소매업의 글로벌전략, p.126~131, 134, 135
53) 한국경제 A2, 2011.5.24
54) 국내외 물류 산업통계, 대한상공회의소, 2012.6
55) 한국해양수산개발원, 정기선시장 경쟁구도 변화와 전망에서 요약, 2012.6
56) Bloomberg Business week, 2011.12.3